基金项目：国家社科基金点项目（编号20FJYA001）

系统研究经济违规首部《经济违规学》

经济违规学

JINGJI WEIGUIXUE

郑石桥◎著

山西出版传媒集团
SHANXI PUBLISHING MEDIA GROUP
山西经济出版社

图书在版编目（CIP）数据

经济违规学 / 郑石桥著 .-- 太原：山西经济出版社，2023.2
ISBN 978-7-5577-1127-6

Ⅰ.①经… Ⅱ.①郑… Ⅲ.①经济学—研究 Ⅳ.①F0

中国国家版本馆 CIP 数据核字（2023）第 051238 号

经济违规学

著　　者：郑石桥
选题策划：范继义
责任编辑：李春梅
助理责编：梁灵均
装帧设计：人文在线

出 版 者：山西出版传媒集团·山西经济出版社
地　　址：太原市建设南路 21 号
邮　　编：030012
电　　话：0351-4922133（市场部）
　　　　　0351-4922085（总编室）
E – mail：scb@sxjjcb.com（市场部）
　　　　　zbs@sxjjcb.com（总编室）

经 销 者：山西出版传媒集团·山西经济出版社
承 印 者：三河市龙大印装有限公司

开　　本：787mm×1092mm　1/16
印　　张：19.5
字　　数：300 千字
版　　次：2023 年 6 月　第 1 版
印　　次：2023 年 6 月　第 1 次印刷
书　　号：ISBN 978-7-5577-1127-6
定　　价：78.00 元

前　言

　　人类的经济行为是有目的的，因而必须遵守一定的规范，这些规范就是经济法律法规。然而，由于各种原因，违反经济法律和经济法规的经济违规行为时有发生，甚至屡禁不止。根据相关数据，2006年到2017年，全国审计机关发现的违规金额占当年GDP的比例一直在0.93%~2.18%波动，占当年财政收入的比例一直在4.68%~10.01%波动，两个比例都较高，并且未呈现明显的下降趋势。证券监管、金融监督、市场监督、资源环境监管等发现的经济违规也基本上是这种态势。总体来说，经济违规的态势还比较严峻。那么，这其中的原因是什么？如何才能有效地遏制这种态势？要回答这两个问题，就必须对经济违规开展深入系统的研究。

　　现有学科中，合规管理学、合规审计学、内部控制学都涉及经济违规，经济犯罪学和经济刑法学对经济违规的应对有一定的借鉴价值，但是，这些相关学科都未能对经济违规开展深入系统的研究，因此，有必要建立经济违规学这个专门的学科来研究经济违规现象。

　　本书是对经济违规学的初步探索，主要内容包括三部分：一是绪论，阐述建构经济违规学的必要性、经济违规学的研究对象、研究内容和研究方法；二是经济违规的现象、性质、后果及原因，这些内容构成本书上编；三是经济违规的防控，这些内容构成本书下编。

　　本书主要由郑石桥完成，其中的数据工作由邹艳红完成。本书虽然回应了经济社会生活中遏制经济违规现象的重大需求，但是，尚属于探索性研究和阶段性成果，由于作者的水平有限，书中可能存在一些疏漏、不当之处，敬请读者批评指正。

本书得到国家自然科学基金项目"政府审计与内部控制整合视角的腐败综合治理机制研究：基于政府和企业两种情景"（项目批准号：71772089）的支助，特此致谢！

郑石桥

2022年6月于南京老山

目 录
CONTENTS

绪　论 / 1

上编　经济违规的现象、性质、后果及原因

第一章　经济违规的现象 / 17
第一节　经济违规的现象：宏观层面的观察 / 17

第二节　经济违规的现象：微观层面的观察 / 21

第二章　经济违规的性质 / 30
第一节　经济违规的本质 / 30

第二节　经济违规的构成 / 33

第三节　经济违规的类型 / 45

第三章　经济违规的经济后果 / 54
第一节　经济违规的经济后果：微观层面的考察 / 54

第二节　经济违规的经济后果：宏观层面的考察 / 60

第四章　经济违规的原因 / 70
第一节　经济违规原因的主要理论 / 70

第二节　个体层面的经济违规原因 / 85

第三节　单位层面的经济违规原因 / 89

第四节　区域层面的经济违规原因 / 95

下编　经济违规的防控

第五章　经济违规的防控体系　/ 107

第一节　经济违规防控体系的基本架构　/ 107

第二节　经济违规防控的环境因素　/ 112

第三节　经济违规的外部防控体系　/ 114

第四节　经济违规的内部防控体系　/ 118

第六章　环境因素对经济违规的防控　/ 125

第一节　政治因素与经济违规的防控　/ 125

第二节　经济因素与经济违规的防控　/ 129

第三节　法律因素与经济违规的防控　/ 132

第四节　社会因素与经济违规的防控　/ 135

第七章　经济违规的外部防控（一）：专业经济监管　/ 138

第一节　专业经济监管防控经济违规的一般原理　/ 138

第二节　各专业经济监管概要　/ 143

第八章　经济违规的外部防控（二）：政府审计监督和民间审计监督　/ 176

第一节　政府审计监督与经济违规防控　/ 176

第二节　民间审计监督与经济违规防控　/ 188

第九章　经济违规的外部防控（三）：非专业经济监督　/ 194

第一节　人大监督与经济违规防控　/ 194

第二节　纪检监察与经济违规防控　/ 196

第三节　巡视巡察与经济违规防控　/ 204

第四节　媒体监督、群众监督和社会公益组织监督对经济违规的防控作用　/ 206

第十章 经济违规的内部防控（一）：防控主体、防控客体和防控内容 / 210

第一节 经济违规内部防控的防控主体 / 210

第二节 经济违规内部防控的防控客体 / 220

第三节 经济违规内部防控的防控内容 / 226

第十一章 经济违规的内部防控（二）：防控目标和防控要素 / 234

第一节 经济违规内部防控的防控目标 / 234

第二节 经济违规内部防控的基本原则 / 238

第三节 经济违规内部防控的防控环境 / 245

第四节 经济违规内部防控的违规风险评估 / 250

第五节 经济违规内部防控的防控活动 / 254

第六节 经济违规内部防控的信息与沟通 / 261

第七节 经济违规内部防控的防控监视 / 265

第十二章 经济违规的内部防控（三）：经济违规责任追究 / 272

第一节 经济违规责任追究的一般原理 / 272

第二节 中央企业违规经营投资责任追究 / 277

第十三章 经济违规的内部防控（四）：保障机制 / 293

第一节 合规培训 / 293

第二节 合规考核机制 / 296

第三节 商业伙伴合规管理 / 299

绪 论

经济违法就是违反经济法律，经济违规就是违反经济法规，很显然，经济法律和经济法规不同，因此，经济违法和经济违规不同。但是，如果二者均未达到经济犯罪的程度，则实质性是趋同的。同时，由于我国的经济法规和经济法律同样具有法律效力，因此，通常不区分经济违规和经济违法，将二者合并为经济违法违规，简称经济违规，本书就是从这个意义上使用经济违规。

现实生活中，经济违规现象在各个领域都有发生，不少领域还显现出较为严重的经济违规，并且总体趋势并未得到有效遏制。以审计发现违规金额为例，根据相关年度的《中国审计年鉴》的数据，2006年到2017年期间，[①]全国审计机关发现的违规金额占当年国内生产总值（GDP）的比例一直在0.93%~2.18%波动，占当年财政收入的比例一直在4.68%~10.01%波动，两个比例都较高，并且未呈现明显的下降趋势。证券监管、金融监督、市场监督、资源环境监管等发现的经济违规也基本上是这种态势。严峻的事实面前，人们不禁要问，经济违规为什么屡禁不止？如何才能有效地治理经济违规？要正确地回答这两个问题，必须对经济违规现象进行深入系统的研究，而构建经济违规学是实现这种深入系统研究的基本条件。

现有文献中，未发现有文献提出要建构经济违规学，相关学科的研究对经济违规的防控虽然有一定的借鉴价值，但是，关于经济违规这种现象，尚缺乏专门的学科对其进行深入系统的研究。为了有效地应对经济违规，有必要建构

---

① 目前，《中国审计年鉴》最新数据只截止到2017年。

独立的经济违规学，下面探讨经济违规学的必要性、研究对象、研究内容和研究方法。

一、文献综述

现有文献中，研究经济违规的文献不少（刘大洪，1998），但是，未发现有文献提出要建构经济违规学。

一些文献探讨的相关学科的建构，对经济违规学的建构有一定的启发，这些相关学科主要包括合规管理学、合规审计学、经济犯罪学和经济刑法学。

合规管理学文献中，陈瑞华（2021）出版的《企业合规基本理论》，主要内容包括企业合规的概念、企业合规的基本价值、企业合规计划、企业合规的行政和解及企业合规不起诉制度，主要是从法学角度探讨企业违规问题的处理。又如，华东师范大学企业合规研究中心（2018）出版的《企业合规讲义》，主要内容包括合规的概念、合规管理流程及企业各主要领域的合规管理，主要是从风险管理的角度来探讨企业违规问题的应对。

合规审计学文献中，一些研究合规管理的文献将合规审计作为应对经济违规的一种举措（郭青红，2020），郑石桥（2018）出版了专门的《合规审计》，阐述了数字化时代，风险导向审计模式下的经济行为合规审计。

内部控制学文献中，通常是按内部控制要素来建构其学科体系，违规风险只是内部控制要应对的多种风险之一（郑石桥，2018）。

经济犯罪学文献中，陈兴良（1989）从经济犯罪学的概念、经济犯罪学与相关学科的关系、经济犯罪学的结构与体系这些方面讨论了经济犯罪学的建构。马茹萍、陆晓春（1992）从意义、条件、概念、范围、研究对象等方面讨论了创立经济犯罪学的构想。目前，经济犯罪学的专著及教材已经出版了多本（李永升、朱建华，2012）。

经济刑法学文献中，张天虹、刘荣（2002）从经济刑法在维护市场经济秩序中的地位、经济刑法学的研究对象和目的、经济刑法学体系建构和经济刑事法一体化等方面讨论了经济刑法学体系。王昌学（2017）讨论了创立经济刑法的哲学基础和学科价值。目前，经济刑法学的专著及教材已经出版了多本（陈兴良，1990；楼伯坤，2017）。

上述这些相关学科的研究对经济违规学的建构虽然有一定的启发价值，但是，所建构的学科毕竟不是经济违规学。就合规管理学来说，现有文献主要关注企业合规，同时关注违规问题的内部防控、违规问题的行政和解、合规不起诉制度，未能形成对经济违规的深入系统研究。就合规审计学来说，很显然，合规审计只是应对经济违规的举措之一，合规审计学不能涵盖经济违规学。就内部控制学来说，一方面，它并不关注经济违规的外部防控；另一方面，经济违规风险只是内部控制应对的多种风险之一，因此，内部控制学并不能取代经济违规学。就经济犯罪学和经济刑法学来说，二者关注的都是经济犯罪，这些研究对经济违规学虽然有一定的借鉴意义，但是，经济违规毕竟不是经济犯罪。所以，经济犯罪学和经济刑法学的研究并不能取代经济违规学的研究。

总体来说，现有相关学科的研究对经济违规的防控虽然有一定的借鉴价值，但是，对于经济违规这种现象，尚缺乏专门的学科对其进行深入系统的研究。

二、建构经济违规学的必要性

建构经济违规学的必要性表现在两个方面：一是严峻的经济违规现实，需要对经济违规现象开展深入系统的研究；二是现有学科难以对经济违规现象开展深入系统研究。

（一）经济违规的严峻现实呼唤深入系统地研究经济违规现象

经济违规违反经济法律法规，破坏现有经济秩序，并具有社会危害性，因此，从理论上来说，它应该是特殊情形下的个别现象。但是，从现实来看，并非如此。

从宏观层面来看，根据相关年度的《中国审计年鉴》的数据，2006年以来，全国审计机关查出的违规金额有三个特点：一是违规金额规模很大，从平均每个项目发现的违规金额来说，即使考虑物价变动，也未呈现显著下降趋势。二是违规程度较为严重，这主要体现在违规金额占一些宏观指标的比例，如违规金额占 GDP 的比例，最低比例是 0.93%，最高比例达到 2.18%；违规金额占财政收入的比例，最低比例是 4.68%，最高比例达到 10.01%。三是违规问题未能得到有效遏制，数据显示，违规金额、违规金额占 GDP 的比例、违规金额占财政收入的比例，三者均未呈现明显的下降趋势，有的甚至还呈现上升趋势。

灰色收入在一定程度上从宏观层面显现了经济违规的状况。有的专家估计，居民灰色收入约占 GDP 的 12%，并且灰色收入有向某些中高收入阶层蔓延的趋势，它对社会的影响在扩大，社会面临严重挑战。[①]

从微观层面来看，数据显示，出现违规的上市公司数量占全部上市公司的比例，并未出现下降的趋势，而是在一定程度上呈现上升的趋势，这说明上市公司在证券市场的违规行为，并未得到有效遏制。

商业银行监督、保险机构监管、市场监管、企业家犯罪也显现基本类似的态势。就审计机关查出的行政事业单位违规问题，也有两个显著特征：一是违规程度不低，这从平均每个单位发现的违规金额可以显现出来，最小违规金额是 91.815 万元，最大违规金额是 166.724 万元；[②] 二是行政事业单位财务违规的总体情况并没有呈现下降趋势，从违规金额总额及平均每个单位发现的违规金额都可以看出，违规的总趋势没有得到有效遏制，在一定程度上还呈现上升趋势。

基于上述宏观和微观两个层面的数据，关于经济违规，可以有如下结论：经济违规较为普遍，经济违规较为严重，经济违规并未得到抑制。基于经济违规现象的这种严峻现实，必须对经济违规现象进行深入系统的研究，在此基础上，建构有效的防控体系。

[①] 报告称中国居民年灰色收入 6.2 亿，约占 GDP 的 12%，[EB/OL]. (2013-09-24) [2022-03-11]. https://sd.ifeng.com/zbc/detail_2013_09/24/1258775_0.shtml

[②] 数据来源于 2002—2011 年的《中国审计年鉴》。

（二）现有学科难以对经济违规现象开展深入系统的研究

基于严峻的经济违规现实，有必要对经济违规现象开展深入系统的研究，那么，现有学科是否能够满足对经济违规现象的深入系统研究呢？

从现有学科体系来看，与经济违规有一定关联的学科包括合规管理学、合规审计学、内部控制学、经济犯罪学和经济刑法学等，这些学科都难承担对经济违规现象的深入系统研究。

从合规管理学来说，主要是研究两类问题：一是企业本身如何应对违规风险，二是违规问题的行政和解及合规不起诉制度。关于经济违规的不少问题，并未纳入合规管理学的研究范围，例如，非企业组织的经济违规，经济违规的原因，经济违规的外部防控，经济违规的责任追究，经济违规的环境因素，等等，都未纳入合规管理学。

从合规审计学来说，主要是采用系统方法寻找已经发生的经济违规行为。如果只是从这个角度来关注经济违规现象，显然不构成对经济违规现象的深入系统研究。

从内部控制学来说，主要研究如何识别和应对风险，因此也称为风险管理学。内部控制学对经济违规的关注也未达到深入系统的程度：一是内部控制关注各种风险，违规风险只是其中之一，所以内部控制不是专门关注违规风险的；二是对于违规风险，内部控制主要关注违规风险的防控，并不关注违规风险的产生原因；三是内部控制主要关注本单位对违规风险的防控，并不关注违规风险的外部防控，也不关注外部环境因素对违规风险的影响。

从经济犯罪学和经济刑法学来说，二者都以经济犯罪为研究对象，前者主要关注经济犯罪的原因及防控，后者主要关注经济犯罪的刑罚，这两门学科对经济违规防控都有借鉴作用，但是，经济违规毕竟不是经济犯罪，其社会危害程度要显著低于经济犯罪，因此，经济违规的防控和责任追究与经济犯罪的防控和刑罚有重大区别，不能将经济犯罪学和经济刑法学的研究视同经济违规学的研究。

基于以上分析，可以得出的结论是，现有的一些与经济违规相关的学科，从不同的角度对经济违规现象有所涉及或有借鉴作用，但是整体来说，并没有一门学科对经济违规现象进行深入系统的研究。也正是因为如此，面对严酷的经济违规现象，人们并不清楚其产生的原因，也不清楚如何才能有效地遏制经济违规。因此，必须建立专门的经济违规学，对经济违规现象开展深入系统的研究，为有效地应对经济违规现象提供学科支持。

接下来的问题是，如何建构经济违规学，下面主要讨论三个问题：一是经济违规学的研究对象，二是经济违规学的研究内容，三是经济违规学的研究方法。

三、经济违规学的研究对象

专门的研究对象的存在是一门学科存在的前提。毛泽东同志指出："科学研究的区分，就是根据科学对象所具有的特殊的矛盾性。因此，对于某一现象的领域所特有的某一种矛盾的研究，就构成某一门科学的对象。"[①] 国务院学位委员会、教育部颁布的《学位授予和人才培养学科目录设置与管理办法》规定的学科设置基本条件之一就是"具有确定的研究对象"。可见，建构经济违规学的首要问题是确定其研究对象。

前面阐述的内容显示，正是由于现实生活中经济违规较为普遍、经济违规较为严重、经济违规并未得到抑制，基于这种严酷现实，必须对经济违规现象进行深入系统的研究，而建立经济违规学是实现这种深入系统研究的基本条件。因此，经济违规学是以经济违规现象为研究对象。

那么，什么是经济违规呢？我们认为，经济违规是经济主体违反现行经济法律法规、客观上危害社会、主观上有过错、但未构成经济犯罪的经济行为。这个概念有以下五个方面的核心内涵：经济违规是经济主体的经济行为；经济违规是违反现行经济法律法规的经济行为；经济违规是客观上危害社会的经济行为；经济违规是主观上有过错的经济行为；经济违规是未构成经济犯罪的经济行为。下面，对上述各方面的内涵予以阐释。

[①] 毛泽东：《矛盾论》，载于《毛泽东选集（第一卷）》，北京：人民出版社，1991。

（一）经济违规是经济主体的经济行为

经济违规是经济主体的经济行为有两方面的内涵，一是经济违规的主体是经济主体，二是经济违规是经济行为违规。经济主体是经济活动的从事者，经济社会生活中的任何主体，都可能是经济主体，因为任何主体都必须获得经济资源和使用经济资源，所以从这个意义上说，都是经济主体。当然，当特定的主体是经济主体时，并不排除它同时还是其他主体。例如，政治机构在作为经济主体的同时，还从事政治活动，因此也是政治主体；军事机构在作为经济主体的同时，还从事军事活动，因此也是军事主体。通常来说，所有的主体都必须获得和使用资源，因此，从经济角度来看，都属于经济主体，从这个意义上来说，所有的主体都可能出现经济违规。

经济行为通常指经济资源的获得、分配、管理和使用等活动。任何一个主体，都必须有自己的使命，为了完成自己的使命，必须实施一些业务活动，而实施这些业务活动时，必须使用经济资源，所以，经济活动和业务活动是任何一个组织都必须实施的两类活动，许多主体的这两类活动融为一体，企业组织就是这种情形。另外一些主体的这两类活动则相对分离，非企业组织基本上都是这种情形，即使在这种情形下，经济资源的使用与业务活动也是密切关联的，几乎是同时实施的。经济违规主要是指经济主体的经济活动违反经济法律法规，而不是指业务活动违反相关的法律法规。当然，许多主体的经济活动和业务活动融为一体时，经济活动违规的同时也会造成业务活动的违规。

（二）经济违规是违反现行经济法律法规的经济行为

经济违规是经济行为违反了现行的经济法律法规，这里强调两个方面：第一，违反的是经济法律法规。根据《中华人民共和国立法法》，我国的法律法规分为法律、行政法规、地方性法规和行政规章四个层级，各个层级的法律法规中，凡是对经济行为进行规范的，都属于经济法律法规，违反任何一个层级的经济法律法规都属于经济违规，所以，这里的经济违规应该是广义的，既包括经济违法，也包括经济违规，精确的名称应该是经济违法违规，经济违规只是其简称。第二，违反的是现行有效的经济法律法规。特定的经济法律法规只适用于一定的环境条件，当这些环境条件发生变化时，原来的经济法律法规可能变得不再适用，因此，为了更好地发挥经济法律法规对经济行为的规范作用，必须对已经过时的经济法律法规进行修改完善。既然如此，已经废止的经济法律法规就不再具有约束力，只有违反了现行有效的经济法律法规，才构成经济违规。

（三）经济违规是客观上危害社会的经济行为

经济违规在客观上必须是危害社会的，也就是这种违反现行有效经济法律法规的行为对国家利益、社会公共利益和其他利益相关者造成了现实危害。

违反现行有效经济法律法规的经济行为有两种情形：一是这种经济行为在违反现行有效法律法规的同时，还带来了社会危害性，对于这种行为，显然要判断为经济违规；二是这种经济行为虽然违反了现行有效的法律法规，但是无害于社会，甚至有益于社会，对于这种经济行为，是否能够判断为经济违规呢？

经济法律法规的表层目标是规范经济秩序，而规范经济秩序则是为了保障社会公共利益，因此，经济法律法规的最终目标还是保障社会公共利益，如果一种经济行为违反了经济法律法规，但并没有损害甚至促进了社会公共利益，这种经济行为是符合经济法律法规的终极目标的，如果判断为经济违规，则出现了以工具理性来取代价值理性，是典型的本末倒置。

一种经济行为违反了现行有效的经济法律法规，但其结果无害于社会，甚至有益于社会，为什么会出现这种情形呢？主要原因是经济法律法规是人制定的，而人是有限理性的，正是由于人们认知能力的局限性和经济生活的无限性，造成经济法律法规存在一些缺陷，而这些缺陷的存在，使得人们的经济行为违反了现行有效的经济法律法规，其结果无害于社会，甚至有益于社会，也正是这些行为的存在，使得人们能够发现现行有效的经济法律法规所存在的缺陷，并予以完善。如果不考虑违反现行有效经济法律法规的经济行为是否具有社会危害性，只是机械式地套用经济法律法规的法条，那么就会出现经济行为合法与合理的背离，治理经济违规行为，很有可能就抑制了合理的经济行为，甚至是扼杀了经济创新行为，这种治理本身也就变得具有社会危害性了。

（四）经济违规是主观上有过错的经济行为

经济违规是主观上有过错的经济行为指经济主体对其经济行为的社会危害性所持的故意或过失的心理状态，如果经济主体明知且追求，明知且放任，已经预见却又轻信能够避免，应当预见而未预见，那么这些经济行为都属于故意行为，在这些情形下实施的违反现行有效的经济法律法规且具有社会危害性的经济行为都属于经济违规。反之，就不能认为经济主体在主观上存在过错，因此，不宜将这种经济行为认定为经济违规。

（五）经济违规是未构成经济犯罪的经济行为

经济主体的特定经济行为，违反了现行有效的经济法律法规，具有社会危害性，经济主体还存在主观上的过错，这种情形下的经济行为就一定是经济违规吗？答案是，不一定！这些经济行动既可能是经济犯罪，也可能是经济违规。通常来说，经济犯罪是严重的经济违规，只有当经济违规的社会危害性达到一定程度，依照经济法律法规规定应受刑罚处罚的经济违规行为，才属于经济犯罪。所以，经济法律法规没有规定要进行刑罚处罚的经济违规行为，都属于通常意义上的经济违规，而不是经济犯罪。当然，经济法律法规的规定在变化，因此，经济违规和经济犯罪之间的界限也在变化。

根据对经济违规的上述界定，合规管理学、合规审计学和内部控制学都涉及经济违规现象。其中，合规管理学主要关注企业经济违规的内部防控，合规审计学主要关注经济违规的查找，内部控制学主要关注经济违规的内部防控，合规管理学实质上是内部控制学在违规风险控制中的应用，这些学科的研究对象与经济违规学的研究对象有一定的交叉，但是，不同的学科从不同的角度对经济违规现象进行研究，对于同一研究对象从不同角度进行研究，进而形成不同的学科，这是一种正常现象。例如，犯罪学的研究对象是犯罪现象，但是，以犯罪现象作为研究对象的还有刑法学、刑事侦查学、刑事诉讼学，犯罪学的研究视角是犯罪及其产生原因和预防对策，而刑法学的研究视角是犯罪及其惩罚，刑事侦查学的视角是犯罪及其查找技术和策略（许章润，2005）。当然，为了避免学科之间的不必要交叉，合规管理学可以作为经济违规学的组成部分，主要关注的是经济违规的内部防控。

此外，与经济违规现象相关的还有经济犯罪学和经济刑法学，虽然这些学科对经济违规的防控有借鉴价值，但其研究对象是经济犯罪，不是经济违规，它们与经济违规学之间不存在研究对象的交叉。

四、经济违规学的研究内容

经济违规学要对经济违规现象开展深入系统的研究，那么，要研究哪些内容呢？总体来说，研究内容可以分为两个方面：一是经济违规的现象、性质、后果及原因，二是经济违规的防控。

（一）经济违规的现象、性质、后果及原因

（1）经济违规的现象：从宏观层面和微观层面，描述经济违规现象。

（2）经济违规的性质：分析经济违规的本质、经济违规的构成、经济违规的分类。

（3）经济违规的后果：分析经济违规的微观经济后果和宏观经济后果。

（4）经济违规的原因：从多个层面分析经济违规的原因，包括经济违规原因的主要理论、个体层面的经济违规原因、单位层面的经济违规原因、区域层面的经济违规原因。

（二）经济违规的防控体系

首先是建构经济违规的防控体系，在此基础上，分析防控体系的各个构成要素。因此，经济违规防控体系的构成及其要素的具体分析是经济违规学研究的最核心内容。经济违规具有社会危害性，因此，需要采取一些措施来应对，而这些应对措施既有经济主体自己采取的措施，也有外部单位采取的措施，而这些外部措施和内部措施的作用还会受到许多环境因素的影响，环境因素也可能直接对经济违规发挥作用,通过这些环境因素、外部防控措施和内部防控措施的共同作用,使得经济违规达到可容忍的水平,这个基本过程如图 0-1 所示,该图显示,需要通过一定的措施来应对这些违规现象,以达到所期望的防控水平,作为应对措施的经济违规防控体系包括两个部分:一是经济违规防控目标,二是经济违规应对措施。

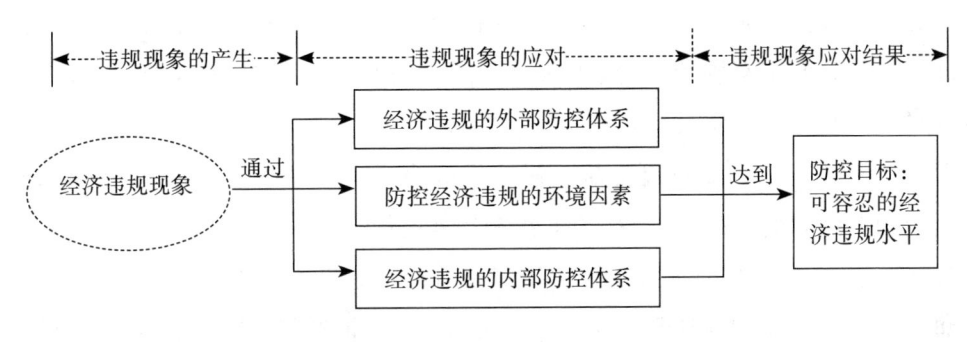

图 0-1 经济违规防控体系

经济违规的防控目标是人们希望通过经济违规的防控所得到的结果,也可以表述为,期望通过经济违规的防控所达到的境界。这个目标是什么呢?就是抑制经济违规,使其达到可容忍的水平。那么,如何实现这个目标呢?就是建构经济违规的应对措施,这些应对措施包括三种类型:一是外部防控体系,二是内部防控体系,三是防控经济违规的环境因素。

经济违规的外部防控体系是经济主体之外的单位或个人,通过一定的措施对经济主体的经济违规行为的防控。由于这不是经济主体自己实施的经济违规防控,所以,这种经济违规的防控通常称为经济违规的外部防控,主要包括政府防控体系和民间防控体系。政府防控体系包括政府设立的行业规制部门所实施的专业经济监管、政府审计监督、人大监督、纪检监察、巡视巡察、官方媒体监督;民间防控体系包括民间审计(注册会计师审计)、群众监督、非官方媒体监督、社会公益组织监督。

经济违规的内部防控体系是各个经济主体在其内部建立的经济违规的防控体系,由于经济违规也是一种风险,因此,通常按风险管理构架来建构经济违规的内部防控体系,防控目标是起点和终点,在此基础上,实现防控目标的措施包括防控环境、违规风险评估、防控活动、违规责任追究、信息与沟通、防控监视、保障机制，上述这些防控措施和防控目标一起，共同组成经济违规的内部防控体系。

就防控经济违规的环境因素来说，由于一些环境因素会影响经济违规是否发生，因此，这些因素的变化也会影响经济违规的变化，从这个意义上说，也可以通过环境因素来防控经济违规。通常来说，影响经济违规的环境因素包括政治因素、经济因素、法律因素和社会因素，可以从上述各个方面出发，通过营造有利的环境来抑制经济违规的发生。例如，政治环境中，减少政府机构的官僚主义和官员腐败，可以抑制经济违规；法律因素中，对经济犯罪的刑罚，一定程度上也会影响经济违规，增加经济犯罪刑罚的确定性、及时性和刑罚力度，都有利于抑制经济违规。

上述三方面的经济违规防控措施具有密切的关系，首先，经济违规的内部控制防控体系与外部防控体系密切相关，要把外部防控要求落实到内部防控中来，同时，二者要相互配合，协同发挥作用；其次，经济违规的内部控制防控体系与外部防控体系的作用的发挥，都会受到环境因素的影响，在某种意义上可以认为环境因素对内外防控体系的效果发挥调节作用，有利的环境因素，会促进内外防控体系的作用的发挥；而不利的环境因素，则会降低内外防控体系的效果。既然如此，政府对经济违规的防控体系要有顶层设计，在此基础上，负责外部防控体系和环境因素的建构，而各经济主体则主要负责内部防控体系的建构，同时，政府还要对各经济主体内部防控体系进行监督检查，促进其与外部防控体系和环境因素的协同。

五、经济违规学的研究方法

以上分析了经济违规学的研究对象和研究内容，那么，经济违规学有哪些研究方法呢？由于经济违规学是在厘清经济违规相关理论问题的基础上，重点关注经济违规的防控，因此，从学科性质来说，属于管理学门类，既然如此，其研究方法主要以管理学研究方法为主，具体地说，主要包括规范研究、经验研究和案例研究。

规范研究是以逻辑思辨为基础的研究，它是包括管理学在内的社会科学的重要研究方法，当然也适用于经济违规学的研究，经济违规的性质、原因、后果及防控等都可以采取这种研究方法。这种方法可以在前人研究的基础上，提出一些新观点，甚至新的体系结构，因此，规范研究是推动经济违规学建构和创新的重要研究方法。但是，研究结论的科学性是自身无法证明的。

经验研究是以经验数据为基础的实证研究，这种研究首先要从理论上对所研究的问题进行深入分析，并且将分析的结论作为研究假设，在此基础上，要用经验数据来检验研究假设是否得到数据支持。这种研究方法能够证明研究结论的正确性，但是，受数据的限制，有些问题难以采用这种方法。经济违规学中，不少问题都可以采用这种方法。例如，从宏观层面来说，经济违规与经济发展是什么关系，审计力度、审计整改与经济违规是什么关系，监管力度与经济违规是什么关系，区域文化价值观对经济违规有什么影响；从微观来说，公司治理对经济违规有什么影响，内部控制对经济违规有什么影响，监管处罚与经济违规是什么关系。上述这些宏观和微观层面的问题，都可以采用经验研究方法。事实上，这方面的研究文献已经不少（黄溶冰，2017；陆瑶、胡江燕，2016；李世辉、杨丽、曾辉祥，2019）。

案例研究是管理学中的重要研究方法，在经济违规学中，可以通过经济违规案例进行深入研究来获得对经济违规的新鲜认知，也可以用现有的经济违规学理论来解释一些已经发生的经济违规案例，以便于今后防控这类经济违规现象。

当然，以上阐述的只是经济违规学研究的主要方法，管理学和经济学甚至法学研究中的其他一些方法也可以运用于经济违规学的研究。

参考文献

［1］刘大洪.经济违法行为的法经济学分析［J］.中南财经政法大学学报，1998（3）：76-80.

［2］陈瑞华.企业合规基本理论［M］.北京：法律出版社，2021.

［3］华东师范大学企业合规研究中心编.企业合规讲义［M］.北京：中国法制出版社，2018.

［4］郭青红.企业合规管理体系实务指南［M］.北京：人民法院出版社，2020.

［5］郑石桥.合规审计［M］.北京：中国人民大学出版社，2018.

［6］陈兴良.经济犯罪学初探［J］.现代法学，1989（1）：64-66.

［7］马茹萍，陆晓春.创立经济犯罪学构想［J］.中国人民公安大学学报（社会科学版），1992（3）.

［8］李永升，朱建华.经济犯罪学［M］.北京：法律出版社，2012.

［9］张天虹，刘荣.经济刑法学体系建构略论［J］.山西大学学报（哲学社会科学版），2002（3）.

［10］王昌学.论创立经济刑法的哲学基础和学科价值［J］.东方法学，2017（3）.

［11］郑石桥.内部控制基础理论研究［M］.北京：中国国际广播出版社，2018.

［12］陈兴良.经济刑法学（各论）［M］.北京：中国社会科学出版社，1990.

［13］楼伯坤主编.经济刑法学［M］.杭州：浙江大学出版社，2017.

［14］胡鞍钢.腐败：中国最大的社会污染——对中国90年代后半期腐败经济损失的初步估计［J］.北京观察，2001（6）.

［15］许章润主编.犯罪学［M］.北京：法律出版社，2005.

［16］黄溶冰.审计处理、审计整改与财政收支违规行为［J］.财经理论与实践，2017（2）.

［17］陆瑶，胡江燕.CEO与董事间"老乡"关系对公司违规行为的影响研究［J］.南开管理评论，2016（2）.

［18］李世辉，杨丽，曾辉祥.内部审计经理监察能力与企业违规——来自我国中小板上市企业的经验证据［J］.会计研究，2019（8）.

上编 经济违规的现象、性质、后果及原因

第一章 经济违规的现象

经济违规就是违反经济法律法规的行为，表现为经济违规现象。人们在经济社会生活中，经常能够观察到各类经济违规现象，有些经济违规现象还很严重，甚至在较长时期内都存在，这些违规经济现象会危害经济法律法规所维持的经济秩序，因此，是经济活动的非正常现象。本章从不同的层面对经济违规现象进行描述，以形成对经济违规现象的整体印象。通过从宏观到微观多个角度对经济违规现象的描述，可以得出三个结论：经济违规较为普遍、经济违规较为严重、经济违规并未得到抑制。

第一节 经济违规的现象：宏观层面的观察

目前，官方尚没有以地区、行业这类宏观客体为对象的经济违规数据，因此，严格地说，尚无法从宏观层面来描述经济违规现象。但是，有些数据本身并不是专门用来反映宏观层面的经济违规的，却可以在一定程度上反映宏观层面的经济违规状况。本节从这些角度来描述宏观层面的经济违规现象。

一、基于国家审计机关的数据

国家审计机关每年都对其管辖范围内的单位进行审计，发现这些单位的违规问题是其主要工作内容之一。对于每个接受审计的单位来说，审计发现的这些违规问题都是微观层面的，但是，一个地区所有接受审计的单位所存在的违规问题汇总起来，就具有宏观意义了。因此，我们以省市为考察对象，以审计发现违规金额来描述该省市经济违规的宏观状况。

根据相关年度的《中国审计年鉴》，2006年[①]以来，全国审计机关发现的违规金额的基本情况如表1-1所示，将该表的数据绘制成图，如图1-1所示。

表1-1 2006—2017年全国审计机关发现的违规金额及其占比

年份	违规金额（万元）	审计（调查）项目数量（个）	平均每个项目发现的违规金额（万元）	占当年GDP比例（%）	占当年财政收入比例（%）
2006	28 597 067	137 350	208.21	1.30	7.38
2007	34 257 128	142 734	240.01	1.27	6.67
2008	36 532 643	148 116	246.65	1.14	5.96
2009	32 286 341	139 868	230.83	0.93	4.71
2010	38 901 198	157 698	246.68	0.94	4.68
2011	54 393 192	168 857	322.13	1.11	5.24
2012	59 035 117	150 253	392.90	1.10	5.03
2013	92 868 104	152 367	609.50	1.57	7.19
2014	140 491 386	131 971	1 064.56	2.18	10.01
2015	137 987 008	138 772	994.34	2.00	9.06
2016	107 044 605	137 575	778.08	1.43	6.71
2017	112 536 784	131 064	858.64	1.35	6.52

注：目前公开发行的《中国审计年鉴》截止到2018年，因此相关审计数据目前只更新至2017年。

---

① 2006年，审计统计指标发生了变化，因此选择2006年及其以后的资料，数据之间具有可比性。

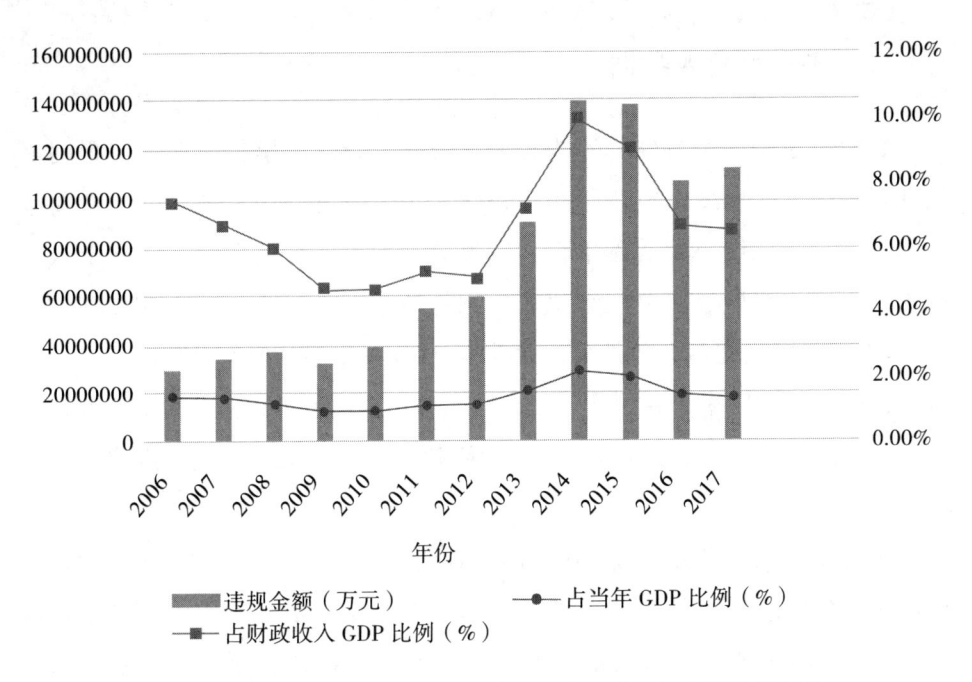

图 1-1 2006—2017 年全国审计机关发现的违规金额及其占比

表 1-1 和图 1-1 显示的审计查出违规金额有三个特点：一是违规金额规模很大，最小数值是 2 859.7 亿元，最大金额达到 1.4049 万亿元，从平均每个项目发现的违规金额来说，即使考虑物价变动，也未呈现显著下降趋势；二是违规程度较为严重，这主要体现在违规金额占一些宏观指标的比例，如违规金额占 GDP 的比例，最低比例是 0.93%，最高比例达到 2.18%；违规金额占财政收入的比例，最低比例是 4.68%，最高比例达到 10.01%，这些高比例，都表明违规程度较高；三是违规问题未能得到有效遏制，表 1-1 和图 1-1 的数据显示，违规金额、违规金额占 GDP 的比例、违规金额占财政收入的比例，三者均未呈现明显的下降趋势，有的甚至还呈现上升趋势。因此，整体来说，审计机关查出的违规问题，具有体量大、程度严重、并未得到有效遏制三个特征。

二、基于反腐败数据

腐败肯定是一种特殊的违规行为，因此，腐败规模也能在一定程度上反映经济违规的程度。2021年6月28日，在庆祝中国共产党成立100周年新闻发布会上，中央纪委副书记、国家监委副主任肖培介绍，党的十八大以来，全国纪检监察机关立案审查的案件达到385万件，查处408.9万人，374.2万人受到党纪和政务处分。此外，自2014年起开展反腐败国际追逃追赃"天网"行动以来，我国从120个国家和地区追回外逃人员9 165人，其中，党和国家工作人员2 408人，追回赃款217.39亿元。百名"红通"人员中，已有60名归案。

也有专家从定量方面对中国的腐败程度做出了估计。有的专家认为，中国的腐败金额占GDP的比例为13.2%～16.8%（胡鞍钢，2001）；有的专家认为，中国GDP的腐败系数的最低水平是10%，上限可能很高，而且各时期不同，可以是20%或更高。①按这些比例计算，腐败金额就相当惊人了。

以上这些数据，一方面反映了党和国家反腐败的决心，在党中央的领导下，反腐败已经形成了无禁区、全覆盖、零容忍的战略态势，已经形成了利剑高悬、震慑常在，发现一起、查处一起的常态，已经形成了不敢腐、不能腐、不想腐的体制机制，这就是压倒性胜利。但是，另外一方面也反映了腐败的严重程度，表明反腐败的斗争形势依然严峻复杂，因此，要充分认识其长期性、复杂性、艰巨性。

三、基于灰色经济数据

灰色收入指来路不明、没有记录在案、没有纳税、游离在申报之外的个人隐秘收入，很显然，它具有违规的性质，是基于现有的制度框架和交易秩序无法甄别来路的非法收入。灰色经济渗透许多的行业，返点、好处费、感

---

① 汪丁丁. 中国每年腐败金额下限3万亿 [EB/OL]（2011-07-14）[2021-03-06]. https://www.yicai.com/news/931078.html.

谢费、劳务费、礼金等名目繁多，大体来说，可以分为三种类型：一是违规不犯法的收入，也称为"正灰色收入"；二是名为"灰"实为"黑"的收入，实质上是变相受贿，例如，商业回扣、收礼、小金库私分、庆典礼品等；三是"浅灰色收入"，这部分收入虽然渠道正当，但缺乏税务监管，未尽纳税义务。那么，灰色收入的规模有多大呢？有的专家估计，居民灰色收入约占 GDP 的 12%，并且灰色收入有向某些中高收入阶层蔓延的趋势，它对社会的影响在扩大，社会面临严重挑战。①

第二节　经济违规的现象：微观层面的观察

虽然宏观经济主体可能有违规行为，但是，经济违规主要是微观经济主体实施的，所以，从微观层面来观察经济违规现象，更能显示经济违规的状况。

一、上市公司在证券市场中的违规行为

证券市场是有行为规范的，遵守这些行为规范，是证券市场效率的保障，也是利益相关方利益的基础。但是，上市公司及其股东与高管层为了一己私利，会违反证券市场的规范，出现违规行为。上市公司在证券市场的违规行为可以分为信息披露违规、经营违规和公司治理及内部监控不规范三种类型。信息披露违规行为包括虚构利润、虚列资产、虚假记载（误导性陈述）、推迟披露、重大遗漏、披露不实（其他）和欺诈上市等违规行为；经营违规行为包括出资违规、擅自改变资金用途、占用公司资产、违规担保、内幕交易、违法违规买卖股票和操纵股价等违规行为；公司治理及内部监控不规范违规行为包括一般会计处理不当等其他违规行为。

自上市公司制度建立以来，证券市场中存在的违规违法行为就不断。

---

① 灰色收入约占 GDP 的 12% 且仍在扩大［EB/OL］.（2013-09-28）［2022-03-11］. http://finance.sina.com.cn/360desktop/zl/china/20130928/005816875784.shtml

2009年，中国证监会发布了《关于加强上市证券公司监管的规定》；2020年，对该规定进行了修订。2009年以来，中国的上市公司在证券市场中的违规行为，其基本情况如表1-2所示，其发展趋势如图1-2所示。

表1-2　2009—2021年上市公司出现违规的数量及其占比

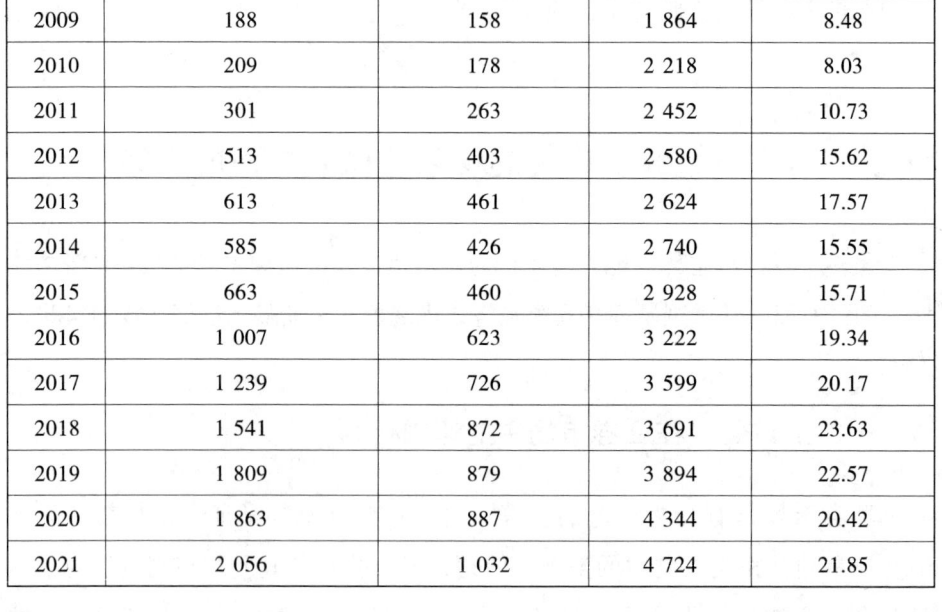

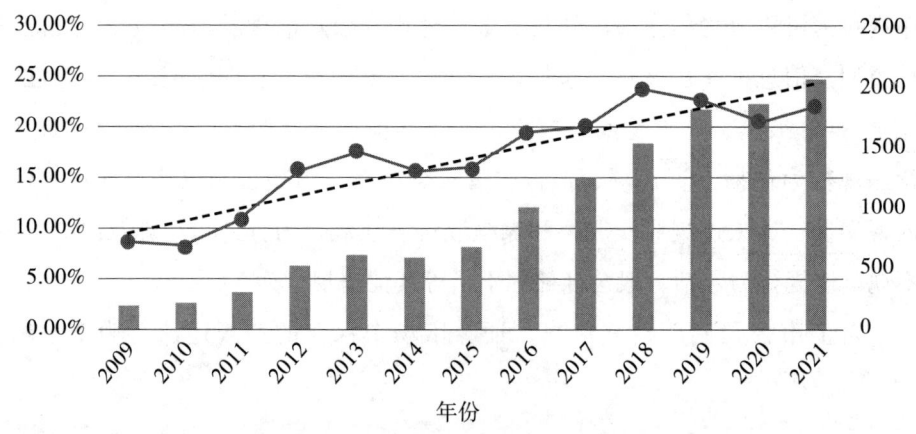

年份	当年违规企业数量（次）	有违规行为的上市公司（家）	全部上市公司（家）	违规公司占比（%）
2009	188	158	1 864	8.48
2010	209	178	2 218	8.03
2011	301	263	2 452	10.73
2012	513	403	2 580	15.62
2013	613	461	2 624	17.57
2014	585	426	2 740	15.55
2015	663	460	2 928	15.71
2016	1 007	623	3 222	19.34
2017	1 239	726	3 599	20.17
2018	1 541	872	3 691	23.63
2019	1 809	879	3 894	22.57
2020	1 863	887	4 344	20.42
2021	2 056	1 032	4 724	21.85

图1-2　2009—2021年上市公司出现违规的数量及其占比

表1-2和图1-2显示的上市公司在证券市场的违规行为有四个特点：第一，从"当年违规企业数量（次）"和"有违规行为的上市公司"这两个数据来看，证券市场的违规企业，主要是上市公司；第二，在证券市场出现违规行为的上市公司较多，最小的数值是158家，最大的数值是1 032家；第三，上市公司在证券市场违规的程度较为严重，主要体现在违规的上市公司占全部上市公司最小的比例是8.03%，最大的比例是23.63%；第四，出现违规的上市公司数量、占全部上市公司的比例，并未出现下降的趋势，而是在一定程度上呈现上升的趋势，因此，上市公司在证券市场的违规行为，并未得到有效遏制。

二、市场主体在市场中的违规行为

市场主体是在商品市场（包括服务市场）中从事交易活动的组织和个人，目前，我国的市场主体已经突破1.5亿户。很显然，市场主体在商品市场中的各类经营行为，都必须遵守相关的法律法规。但是，一些市场主体为了自己的私利，不惜损害他人利益，出现各类违法违规行为。例如，欺诈性交易方法，假冒他人的注册商标，擅自使用知名商品的名称、包装、装潢或者使用与知名商品近似的名称、包装、装潢，商业贿赂行为，虚假广告，这些都是典型的市场违规行为。2018年之前，工商行政管理部门负责监管市场主体的违规违法行为；2018年国家机构改革之后，国家市场监管部门负责监管市场主体的违规违法行为（表1-3）。[①]

表1-3　全国市场监督管理局行政处罚实施情况统计表

项　目	2019年	2020年	2021年
警告	4 623	10 841	19 642
罚款	51 202	85 995	96 498
没收违法所得	20 116	30 217	36 807

---

① 数据来源：中国市场监管行政处罚文书网（https://cfws.samr.gov.cn/list.html）。

续表

项　目	2019 年	2020 年	2021 年
没收非法财物	16 060	25 857	32 727
责令停产停业	38 156	74 309	57 126
吊销或暂扣许可证	225	752	26 724
吊销或暂扣执照	244 674	319 697	317 652
法律法规规定的其他行政处罚方式	11 844	19 143	23 418
其他	603	488	368
合计（宗）	387 503	567 299	610 962

三、金融机构在金融市场中的违规行为

金融是国民经济的基础，为了规范金融秩序，国家颁布了一系列的法律法规。但是，有些金融机构和从业人员，为了自己的私利，在业务经营活动中，违背这些法律法规，出现违规违法行为，甚至还屡禁不止。

根据中国银保监会通报，2020 年全年，全系统共做出 6 581 件行政处罚决定，处罚银行保险机构 3 178 家次，覆盖各主要机构类型，处罚责任人员 4 554 人次，做出警告 4 277 家 / 人次（警告机构 328 家次，警告个人 3 949 人次）；罚没合计 22.75 亿元（罚没机构 21.56 亿元，罚没个人 1.19 亿元）；责令停止接受新业务 19 家次，责令停业整顿 2 家次，限制业务范围 4 家次，吊销业务许可证 2 家，取消（撤销）任职资格 161 人次，禁止从业 312 人。①

2021 年，银保监、人民银行、外管局网站公示的银行罚单共计 5 205 张，罚没金额共计 259 188.15 万元，处罚机构 2 831 家，处罚个人 3 587 人（表 1-4）。②

---

① 张燕.22.75 亿元、6581 件、3178 家次！银保监会通报 2020 年行改处罚情况［EB/OL］.（2021-05-21）［2022-03-16］.https://i.ifeng.com/c/86Q7UoferZ9

② 韩行长.2021 年度银行监管处罚分析：数量与金额创近三年新高［EB/OL］.（2022-02-24）［2022-03-16］.https://xw.qq.com/cmsid/20220224A01OO700.

表 1-4 2021 年金融监管处罚概览

处罚机关	罚单数（张）	罚没金额（万元）
银保监	3 773	203 708
银保监会机关	32	82 876
银保监分支机构	3 741	120 832
人民银行	1 247	39 690
人民银行总行	30	4 614
人民银行分支机构	1 217	35 076
外管局	185	15 790
合计数	5 205	259 188

表 1-4 这些数据显示，金融机构违法违规有两个特征：一是涉及不少的金融机构及从业人员，并不只是个别行为；二是违法违规行为并没有呈现下降趋势，整体来说，金融机构违法违规并未得到有效遏制。

四、行政事业单位的违规行为

行政事业单位通常是财政预算安排资金来支持其职责履行或业务营运活动，因此，这些单位应该是遵纪守法的首善之区。但是，由于种种原因，行政事业单位及其工作人员，违规违法现象屡见不鲜，从近年来曝光的行政事业单位的腐败案例可以略见一斑，不过尚无法以定量的方式来描述这方面的违规违法状况。但是，行政事业单位财务活动中的违规违法情况，通过全国审计机关查出的行政事业单位违规金额，可以有一个定量的描述，基本情况如表 1-5 和图 1-3 所示。

经济违规学

表 1-5 2002—2011 年全国审计机关发现的行政事业单位违规金额

年份	审计单位数（个）	查出违规金额（万元）	平均每个单位违规金额（万元）
2002	69 395	6 371 501	91.815
2003	61 502	5 684 476	92.427
2004	55 818	—	—
2005	56 840	—	—
2006	56 599	—	—
2007	58 159	6 026 945	103.629
2008	56 680	5 932 894	104.674
2009	50 165	5 844 542	116.506
2010	52 182	5 878 024	112.645
2011	52 255	8 712 176	166.724

注：由于统计口径和披露内容的不一致，《中国审计年鉴》部分年份缺少"行政事业单位审计违规金额"。因此，本表中只统计了有此数据的年份。

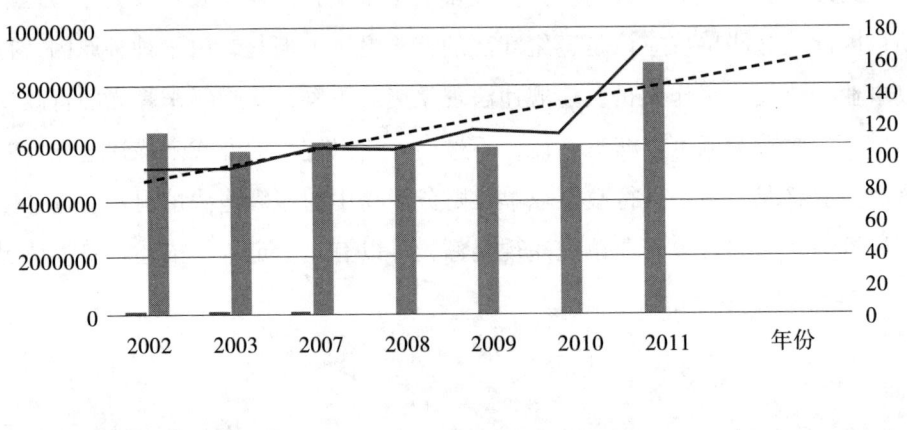

图 1-3 2002—2011 年全国审计机关发现的行政事业单位违规金额

表 1-5 和图 1-3 反映的行政事业单位财务违规，有两个显著特征：一是违规程度高，这从平均每个单位发现的违规金额可以看出来，最小违规金额是 91.815 万元，最大金额是 166.724 万元；二是行政事业单位财务违规的总体趋势并没有下降，从违规金额总额及平均每个单位发现的违规金额可以看出，违规的总趋势并没有得到有效遏制，而在一定程度上还呈现上升趋势。

五、企业和企业家犯罪数据

企业作为法人也可能出现违规违法行为，如果严重到一定程度，就是犯罪。企业家作为企业的主要掌控人，在企业犯罪中可能有犯罪问题，也可能因为个人原因出现犯罪。根据北京师范大学中国企业家犯罪预防研究中心自 2014 年开始按年度发布的《中国企业家犯罪报告》和《企业家刑事风险分析报告》，中国企业和企业家犯罪的基本情况如表 1-6 和图 1-4、图 1-5 所示。

表 1-6 中国企业和企业家犯罪情况

年份	企业家犯罪数量 国有企业 数量（次）	企业家犯罪数量 国有企业 比例（%）	企业家犯罪数量 民营企业 数量（次）	企业家犯罪数量 民营企业 比例（%）	合计（次）	涉案企业家 国有企业 数量（人）	涉案企业家 国有企业 比例（%）	涉案企业家 民营企业 数量（人）	涉案企业家 民营企业 比例（%）	合计（人）
2014	128	14.71	782	89.89	870	122	15.27	677	84.73	799
2015	206	20.62	732	73.27	999	170	18	751	82	921
2016	293	14.58	1 716	85.42	2 009	236	12.90	1 591	87.10	1 827
2017	375	15.10	2 106	84.90	2 481	308	13.40	1 984	86.60	2 292
2018	329	11.44	2 547	88.56	2 876	297	10.71	2 476	89.29	2 773
2020	233	7.20	3 001	92.80	3 234	187	6.11	2 876	93.89	3 063

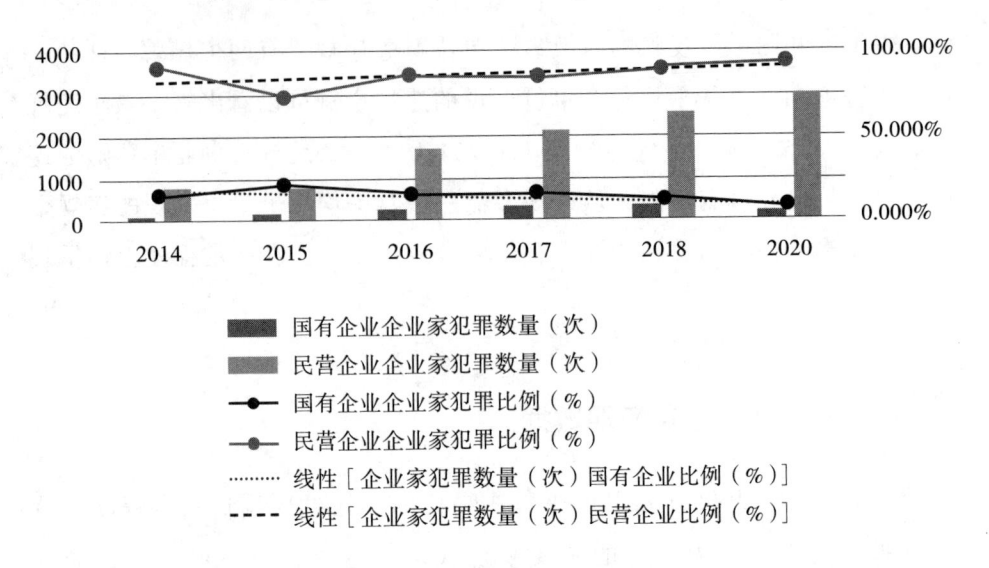

图 1-4　中国企业家犯罪数量

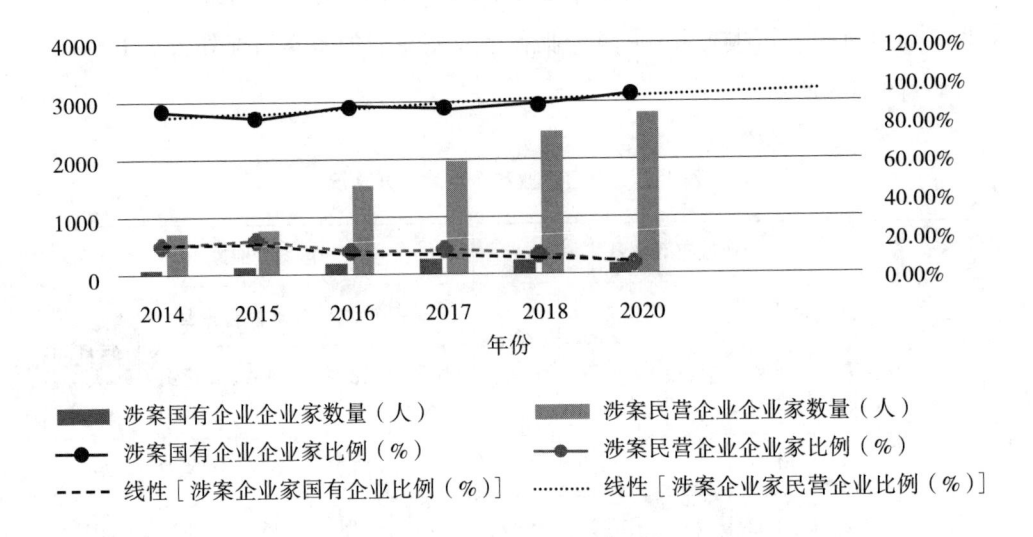

图 1-5　中国企业家涉案人数

表 1-6 和图 1-4、图 1-5 显示的中国企业和企业家犯罪，有一个显著特征，涉案的企业家数量和中国企业家犯罪数量逐年呈现递增趋势。需要特别说明的是，2020 年受疫情影响，缺少公开发表的该年度报告，因此缺失 2019 年企业家犯罪数据。

参考文献

［1］胡鞍钢.腐败：中国最大的社会污染——对中国 90 年代后半期腐败经济损失的初步估计［J］，北京观察，2001（6）.

第二章　经济违规的性质

经济违规是经济社会生活中一种并不鲜见的现象，那么，什么是经济违规？它与经济犯罪等相关概念是什么关系？经济违规的构成是什么？经济违规有哪些类型？本章对上述问题予以阐释。

第一节　经济违规的本质

本质是指事物本身所固有的根本属性，本节从两个方面来阐释经济违规的本质，一是经济违规的概念，二是辨析与经济违规相关的几个概念。

一、经济违规的概念

正确理解经济违规是有效应对经济违规的前提，也是区分经济违规和经济犯罪的基础，甚至还是促进经济行为创新的需要。我们认为，经济违规是经济主体违反现行经济法律法规，客观上危害社会、主观上有过错，但未构成经济犯罪的经济行为。这个概念有五个方面的核心内涵：经济违规是经济主体的经济行为；经济违规是违反现行经济法律法规的经济行为；经济违规是客观上危害社会的经济行为；经济违规是主观上有过错的经济行为；经济违规是未构成经济犯罪的经济行为。对此，绪论中已进行详细阐释，此处不再赘述。

从核心内涵上来认知经济违规的逻辑过程如图 2-1 所示。

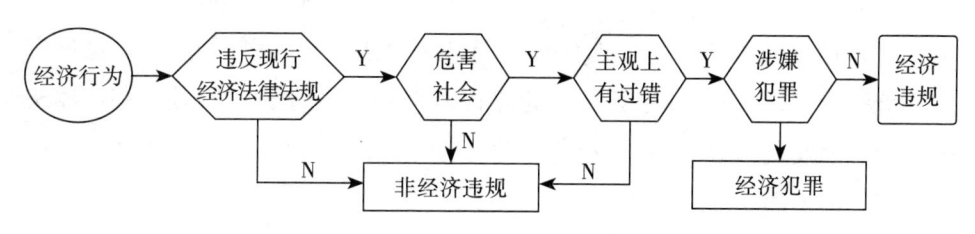

图 2-1　经济违规判断的逻辑过程

二、几个相关概念的辨析

为了进一步深化对经济违规本质的认知，我们来分析几个相关的概念：不合理经济行为、不合法经济行为、经济犯罪。

（一）不合理经济行为

不合理经济行为是不合乎道理或事理的经济行为，也是不适应事物特征及环境条件的经济行为，更是不能保障经济效率效果的经济行为。通常来说，由于不合理经济行为不合乎道理或事理，因此难以为人们所接受。由于经济法律法规是人们在理性思考的基础上确立的，通常来说，经济法律法规的规定都是合乎道理或事理的，因此，遵守经济法律法规的行为都是合理经济行为，而违反经济法律法规的行为，很有可能是不合理经济行为。但是，由于人们的理性是有限的，经济行为的具体形态是非常复杂的，同时，经济法律法规所依赖的环境条件在不断地发生变化，所以，现行有效的有些经济法律法规可能不一定合理，此时，遵守这些经济法律法规的经济行为可能就不具有合理性，而违反这些经济法律法规的经济行为可能具有合理性。因此，不能将不合理经济行为都认为是不合法经济行为，也不能将不合法经济行为都当作不合理经济行为。违反不合理的经济法律法规的经济行为，属于不合法经济行为，但是，不属于不合理经济行为，而属于合理经济行为。

（二）不合法经济行为

不合法经济行为是指违反现行有效经济法律法规的经济行为。这里的关键词是"违反"，也就是没有遵守现行有效经济法律法规的明文规定，包括两种情形：一是"为"了现行有效经济法律法规禁止之"为"，二是没有"为"现行有效经济法律法规规定的应有之"为"。至于现行有效经济法律法规并没有明文规定要"为"或"不为"的经济行为，经济主体无论"为"或"不为"，都不能作为不合法经济行为。

不合法经济行为有三种类型：一是不予责任追究的不合法经济行为，虽然违反了现行有效的经济法律法规，但不具有社会危害性的经济行为，或者是经济主体不具有主观过错的经济行为，都属于这种情形；二是经济违法，这是违反了现行有效的经济法律、具有社会危害性，且经济主体有主观过错的经济行为；三是经济违规，这是违反了现行有效的经济法规（不是经济法律）、具有社会危害性，且经济主体有主观过错的经济行为。由于我国的经济法规和经济法律同样具有法律效力，因此，通常不区分经济违法和经济违规，将二者合并为经济违法违规，简称经济违规，本书就是从这个意义上使用经济违规。

（三）经济犯罪

违反现行有效经济法律法规、有主观过错、具有社会危害性的经济行为是经济违规，其中，社会危害性较大、违反刑事法律，应受刑罚处罚的行为是经济犯罪。经济行为的社会危害性严重是经济犯罪的最本质的特征，经济行为的违法性和应受惩罚性是由经济行为的社会危害性严重程度所决定的，三者不可分割。经济行为情节不严重、危害不大的，不是经济犯罪。经济犯罪行为违反现行有效经济法律法规，当然是经济违规，但经济违规不一定都是经济犯罪行为，只有当其社会危害性达到一定的严重程度时，才会作为刑事法律惩罚的对象，此时的经济违规才是经济犯罪。

对经济犯罪做上述解释之后，经济违规就有了两种类型：一是不构成经济犯罪的经济违规，也是狭义经济违规；二是全部经济违规，包括狭义的经济违规，也包括经济犯罪，可称为广义经济违规。狭义经济违规与经济犯罪是并列的，而广义经济违规是包括经济犯罪的，本书主要从狭义角度使用经济违规。

由于人们对经济行为的社会危害性有不同的认知，因此，经济违规与经济犯罪的边界可能会发生变化,在某些时候要受到刑事法律处罚的经济行为,在另外一些时候可能不会受到刑事法律的处罚,这个问题的实质是经济行为的犯罪化与非犯罪化,经济法律法规是国之重器,要慎重使用,与经济行为相关的刑事法律是对经济行为的最底线调节规范,但并非对经济行为的底线调节越多越好,底线调节过度,可能会导致经济资源的配置及创新效率降低,反而有损社会公共利益,这种调节行为本身就具有社会危害性。

第二节 经济违规的构成

第一节探讨了经济违规的概念,从本质上对经济违规有了一个抽象的认知。然而,要判断一种经济行为是否是经济违规,还需要一定的条件或标准,这就涉及经济违规的构成。本节首先阐释经济违规构成的概念及要件,然后分别阐释每个要件。

一、经济违规构成的概念及要件

(一)经济违规构成的概念

经济违规构成是指依照经济法律法规的规定,决定某一具体经济行为的社会危害性及其程度,将该经济行为确定为经济违规所必需的一切客观和主观要件的有机统一。经济违规构成与经济违规概念既有关联,也有区别。从二者的关联来说,主要体现在两个方面:一是经济违规概念是经济违规构成的基础,经济违规构成是经济违规概念的具体化,作为经济违规概念基本属性的社会危害性和违反法律法规性,也是经济违规构成的基本属性;二是经济违规构成又是经济违规概念及其基本属性的具体化,经济违规构成通过一系列主观与客观的要件,使经济违规的社会危害性这一本质特征得到具体而明确的体现。

从二者的区别来说,在于它们的功能不同,经济违规概念的功能是从整体上回答什么是经济违规、经济违规有哪些基本属性,从原则上把经济违规与其他经济行为区分开来；而经济违规构成的功能则是要解决具体经济行为是否属于违规的规格和标准问题。因此，经济违规概念与经济违规构成是抽象与具体的关系，经济违规概念本身并不能直接解决实践中所必需的认定经济违规的具体标准问题，它必须通过经济违规构成才能具体实现。

（二）经济违规构成的要件

经济违规构成是确定经济违规所必需的一切客观和主观要件的有机统一，这些客观和主观要件就是经济违规构成的要件，借鉴法学中的犯罪构成，我们认为，任何一种经济行为要成为经济违规，都必须具备四个方面的构成要件，即经济违规的主体、经济违规的主观方面、经济违规的客体和经济违规的客观方面，基本情况如表2-1所示，上述四个方面必须同时存在，才能确定特定的经济行为是经济违规。

表 2-1 经济违规的构成

经济违规构成的要件	经济违规构件的组成要素
经济违规的主体	自然人
	单位
	政府
经济违规的主观方面	故意
	过失
	目的
经济违规的客体	一般客体
	同类客体
	直接客体
经济违规的客观方面	经济危害行为
	经济危害后果
	经济违规详态

二、经济违规的主体

经济违规的主体就是经济违规行为的实施者和责任承担者，很显然，经济违规作为一种行为，必须有实施者和责任承担者，如果不能确定谁是实施者和责任承担者，对于经济违规的认定也就失去意义。所以，经济违规的主体是经济违规构成的重要要件。由于经济社会生活中的各个经济主体都必须遵守经济法律法规，所以，各类经济主体都可能成为经济违规的主体，通常来说，大体可以分为自然人、单位和政府这三种类型。

（一）自然人作为经济违规的主体

任何经济活动最终都是由人来实施的，所以，经济违规的主体最终还是自然人。但是，自然人作为经济违规的主体需要自然人有承担责任的能力，如果自然人不具有承担经济违规的能力，则其看护人应该作为责任承担者。总体来说，自然人作为经济违规的主体有三种情形：

（1）自然人非职务行为而产生的经济违规，这种情形下的经济违规，与自然人的职务履行没有关系。例如，自然人没有按税法规定纳税，这种情形下的经济违规主体只有一个，这就是自然人，此时，经济违规的实施者和责任承担者都是自然人。

（2）自然人履行职务职责中自行决定而实施的经济违规。这种情形下的经济违规，是自然人在履行职务中而产生的，并且，这种违规的决定者也是自然人自己，并不是单位意志的体现，所以，这种经济违规的主体当然包括自然人。但是，单位是否是这种经济违规的主体，要视具体情况而定，如果自然人是为了谋取单位利益，而自行决定实施经济违规行为，则单位也是该经济违规的主体，因为单位有责任预期到自然人的这种行为，应当设置合理的措施来预防自然人的这种行为，所以这种情形下，经济违规的实施者和责任承担者都包括自然人；如果自然人是为了谋取自己或他人的个人利益而实施的违规行为，则通常不宜将单位也作为这种经济违规的主体，因为这种情形的具体情况较复杂，难以在合理成本的前提下来预防。

（3）自然人履行职务职责中执行单位决定而实施的经济违规。这种情形下的经济违规，实际实施者是自然人，但是，决策者是自然人所在的单位，因此，经济违规的主体有两个，一是自然人，二是自然人所在的单位。这种情形下，经济违规的实施者是自然人，但是，责任承担者是自然人和决定违规的单位，如果要进行责任追究，则要同时追究自然人和其所在单位的责任。

（二）单位作为经济违规的主体

许多经济活动的主体都是一定的组织单位，因此，作为组织单位的经济主体，如果出现经济违规，则该经济主体就成为经济违规的主体。这里的组织单位有多种类型，公司、企业、事业单位、机关、团体，无论其行政级别，也无论其所有制性质，都有可能成为经济违规的主体。作为经济违规主体的组织单位，包括通常意义上的法人，也包括不是法人的组织单位（如一些机关并没有登记为法人），所以，单位作为经济违规的主体，比法人作为经济违规的主体更符合现实。

单位作为经济违规主体的最主要特征是这种经济违规体现了单位的意志，实施这种经济违规是为了本单位的利益，或者是以本单位的名义来谋取本单位成员或利益相关者的利益。有一种特殊情形是，自然人在履行职务行为时，并没有得到本单位的明确指示，而是自行决定实施了经济违规行为，实施这种经济违规行为的目的是谋取本单位利益，这种情形下的经济违规主体仍然包括本单位，其理由是，单位应该合理预期到单位员工的可能经济违规行为，事先设置措施来防控这种行为，没有有效地防控经济违规，也是单位的责任。

由于单位作为创设的主体，本身并没有行为能力，所有的经济违规都是由自然人决定和实施的，因此，当单位作为经济违规的主体时，一定有自然人同时作为经济违规的主体，在追究经济违规责任时，通常要同时追究单位和自然人的责任。

（三）政府作为经济违规的主体

根据《中华人民共和国宪法》，中国政府分为中央、省市、地市、县市和乡镇五个层级,各个层级的政府有多种职责,因此,有多种身份。通常来说,都具有经济职责,都需要从事一定的经济活动,都需要作为经济主体。既然如此,各级地方政府在从事经济活动时,都有可能会考虑自己的局部利益,所以,也不排除可能出现经济违规。例如,有的地方政府截留应该上交上级政府或中央政府的财政收入,违反中央政府或上级政府的政策精神制定本地土政策,等等。另外,从审计机关数年来发现的问题来看,地方政府财政财务方面的违规问题还不少。因此,政府完全有可能出现经济违规,从而成为经济违规的主体。

政府作为经济违规的主体时,相关自然人是否也要作为经济违规的主体呢?回答是肯定的,因为政府作为一级组织,本身是没有行动能力的,任何经济行为都必须由自然人来实施,因此,政府经济违规的决策者及其实施者都是自然人,虽然都是按政府的意思来行事,但毕竟是经济违规的实际决策者和实施者,所以都应该作为经济违规的主体,与政府一起承担经济违规的责任。

三、经济违规的主观方面

经济违规的主观方面是经济违规主体对自己实施的经济违规行为以及经济违规结果的心理态度。

(一)经济违规故意和过失

经济违规故意和经济违规过失,合称过错。经济违规故意或者经济违规过失是任何经济违规都应当具备的必要要件。如果仅有危害社会的经济行为及其结果,而没有经济违规故意或者经济违规过失的,属于意外经济事件,不构成经济违规。

经济违规故意是指经济违规主体明知自己的经济违规行为会发生危害社会的结果,并且希望或者放任这种结果发生的主观心理态度,它具有两方面特征:一是在意识因素上,经济违规主体明知自己的经济行为会发生危害社会的结果;二是在意志因素上,经济违规主体对危害结果的发生抱着希望或放任的态度。根据意识因素和意志因素这两个方面的不同情况,经济违规故意分为直接故意和间接故意。直接故意是指经济违规主体明知自己的经济行为必然或者可能会发生危害社会的结果,并且希望这种结果发生的心理态度。大部分经济违规都属于直接故意。间接故意是指经济违规主体明知自己的经济行为可能发生危害社会的结果,并且放任这种结果发生的心理态度。

经济违规过失是经济违规的另一种过错形式,它是指经济违规主体应当预见自己的经济违规行为可能发生危害社会的结果,因为疏忽大意而没有预见,或者已经预见但轻信能够避免,以致发生危害社会的结果的主观心理态度。经济违规过失具有两方面特征:一是在意识因素上,经济违规主体应当预见自己的经济行为可能发生危害社会的结果,但是因疏忽大意而没有预见,或者已经预见但是轻信能够避免;二是在意志因素上,经济违规主体对危害结果的发生持否定态度。经济违规过失可以分为疏忽大意的过失和过于自信的过失。疏忽大意的过失是指经济违规主体应当预见自己的经济行为可能发生危害社会的结果,因为疏忽大意而没有预见,以致发生这种结果的主观心理态度。过于自信的过失是指经济违规主体已经预见到自己的经济行为可能发生危害结果,但是轻信能够避免,以致发生这种结果的主观心理态度。

(二)经济违规目的

经济违规目的是经济违规应当具备的必要要件,缺少经济违规目的就不构成经济违规,同时,经济违规目的是对经济违规主体进行责任界定和责任追究时应当考虑的一个重要情节。通常来说,经济违规目的是指经济违规主体希望通过自己所实施的经济违规行为达到某种危害社会结果的心理态度,即经济违规主体对某种危害结果所持的希望、追求的心理,或者说,是经济违规主体希望通过经济违规得到的某种结果。

经济违规动机是指刺激经济违规主体实施经济违规行为以达到经济违规目的的内在冲动或者内心起因,经济违规目的则是经济违规主体在一定的动机推动下,希望通过实施某种经济违规行为来达到某种结果的心理态度。经济违规动机产生于经济违规目的之前,经济违规的目的形成于经济违规的动机之后。相同的经济违规目的,经济违规动机可能有所不同。

尽管经济违规动机和经济违规目的密切相关,但是,从经济违规主观方面来说,经济违规目的更加重要,它是经济违规主观方面的必要要素。而经济违规动机并不是经济违规构成的必备要件,它是能说明经济违规情节的重要因素之一,是经济违规责任追究中的酌定情节,在某些经济违规中,经济违规动机也影响经济违规的成立与否。

(三)认识错误

经济违规主体对自己经济违规行为的法律性质和事实的认识错误,属于经济违规主观方面的特殊问题,主要是解决经济违规主体主观上对自己经济违规行为的法律性质和事实情况发生误解时的责任,对于正确地认定经济违规主体的过错有无及强弱,进而确定其责任的有无及大小具有重要的意义和作用。具体地说,认识错误包括经济违规主体在事实上的认识错误和在法律性质上的认识错误两种类型。

法律上的认识错误是指经济主体对自己经济违规行为的法律性质有不正确的理解。具体地说,有以下三种情况:①假想经济违规,即某种经济行为在经济法律法规上并不是经济违规,而经济主体由于误解经济法律法规而认为是经济违规。②假想非经济违规,即经济主体认为自己的经济行为并不构成经济违规,但实际上是经济法律法规所禁止的经济违规行为。③经济违规主体对自己的经济违规行为在经济违规性质和处罚轻重上有不正确的认识。

事实上的认识错误是指经济违规主体对自己实施经济违规时的事实情况有不正确的理解。具体地说,包括以下内容:①经济违规主体对目标的错误认识,即经济违规主体对自己经济违规行为所指向的事物的性质和种类的认识错误。例如,如果经济违规主体对自己行为的社会危害性没有认识,根据实际情况可能构成意外经济事件。②经济违规主体对经济违规手段的错误认识,即经济违规主体对其选择的经济违规手段的性质的认识错误。这种情况不影响过错的成立,但会影响其责任程度。③经济违规主体对因果关系的错误认识,即经济违规主体对其所实施的经济违规行为和所造成的结果之间的因果关系的实际发展有错误认识，这种错误认识不影响过错的成立，但会影响其责任程度。④行为差误问题，即经济违规主体在实施某种经济违规行为时，由于客观条件的限制，发生了并不是经济违规主体所期望的结果，此时，并不影响过错的成立，但会影响其责任程度。

四、经济违规的客体

经济违规的客体是指经济法律法规所保护而为经济违规行为所侵犯的经济秩序，这些经济秩序在经济法律法规上已有明确的规定，它们一旦为经济违规行为所侵犯，就成为经济违规的客体。经济违规的客体是经济违规构成的必要要件，没有一个经济违规是没有经济违规客体的。经济违规之所以具有社会危害性，基础性的原因是由其所侵犯的经济违规的客体决定的，一个经济违规行为不侵犯任何经济秩序，就意味着不具有社会危害性，也就不能构成经济违规。通常来说，经济违规的客体可以从一般客体、同类客体、直接客体三个层级来考察。

（一）一般客体

一般客体是指一切经济违规所共同侵犯的客体，即经济法律法规所保护的整个社会主义经济秩序。经济违规的一般客体体现了一切经济违规的共性，因此，可以把经济违规视为一个整体，阐明经济违规的社会危害性以及应对经济违规的政治经济意义。

社会主义经济秩序是社会主义社会各经济主体的经济关系和经济行为的规范化、制度化和法律化的总称，它是按照社会主义经济的要求，使经济主体的行为和相互间的经济关系合理化、有序化、契约化，进而达到经济秩序的规范化、制度化、法律化，最终实现社会主义经济按照科学合理的规则运行和有秩序发展，以保障资源配置效率和社会公共利益。经济违规对社会主义经济秩序的侵犯，主要有三种情形：一是违反经济法律法规的行为；二是妨害国家的货币、票证行为；三是破坏生产与资源的行为。经济违规之所以具有社会危害性，主要原因是其侵犯了社会公共利益所赖以存在的社会主义经济秩序。①

（二）同类客体

同类客体是指某一类经济违规所共同侵犯的客体，即经济法律法规所保护的社会主义经济秩序的某一部分或者某一方面。由于同类客体是某一类客体，因此，可以将一般客体按一定的方法进行分类，得到经济违规客体的分类体系，在此基础上，可以对经济违规本身进行分类。只有依据同类客体才能对经济违规做科学的分类，建立严谨的、科学的经济违规分类体系，这无论对经济违规应对的工作实践还是对科学研究，都具有重要意义。经济违规的具体分类，将在本章第三节中介绍。

（三）直接客体

直接客体是指某一种经济违规所直接侵犯的具体的社会主义经济秩序，即经济法律法规所保护的社会主义经济秩序的某个具体部分。直接客体是每一个具体经济违规的构成的必要要件，是决定具体经济违规性质的重要因素。一般来说，经济违规的直接客体只能是一个，理论上称为单一客体，这是指一种经济违规行为只直接侵犯到一种具体的社会主义经济秩序。但也有经济违规行为直接侵犯到两种以上具体的社会主义经济秩序，此时，理论上称之为复杂客体。在复杂客体中，两种客体有主次之分，不能等量齐观。

经济违规的直接客体依据不同的方法，可以从多个角度进行分类。

（1）依据客体所包含的具体经济秩序数量，分为简单客体和复杂客体，前者是指经济违规行为只直接侵犯一种具体的经济秩序，后者指经济违规行为同时侵犯了两种或者两种以上的具体经济秩序。

---

① 需要说明的是，经济秩序的实质是人与人之间在经济方面的应然关系，所以，其本质也就是经济法律法规所规定的人与人之间的经济关系，只是表述为经济秩序更为直接，而表述为经济关系则较为抽象。

（2）依据受经济法律法规保护的状况和经济违规行为的概率，复杂客体分为主要客体、次要客体和随机客体。主要客体侵犯的是经济法律法规所重点保护的经济秩序；次要客体又称为辅助客体，不可避免要受到侵犯，是受经济法律法规一般保护的经济秩序；随机客体又称选择客体、随意客体，受经济法律法规保护但不是必然会被侵犯的经济秩序。

与经济违规客体密切相关的一个概念是经济违规对象。经济违规客体总是通过一定的载体表现出来，这一载体就是经济违规对象。经济违规对象是指经济违规行为直接作用的物或者人。物是一定经济秩序的物质表现，而人则是一定经济秩序的主体或者承担者。经济违规主体的经济违规行为作用于经济违规对象，就是通过经济违规对象来侵犯一定经济秩序的。如果只看到经济违规行为直接实施于其上的人或物，而看不到它的背后所体现的具体的经济秩序，就不能正确地定责和追究责任。由此可见，经济违规客体与经济违规对象是两个既有联系又有区别的概念。

经济违规客体与经济违规对象的区别主要有以下三个方面：①经济违规客体决定经济违规性质，经济违规对象则未必。经济违规对象本身不是经济秩序，而是具体物或者具体人。经济违规对象只有通过其所体现的经济违规客体才能确定某种经济违规行为构成什么类型的经济违规。②任何经济违规都会使经济违规客体受到危害，而经济违规对象却不一定受到损害。③经济违规客体是经济违规分类的基础，经济违规对象则不是。经济违规的分类要根据经济违规客体来划分，如果按经济违规对象划分则无法分类，因为同样的经济违规对象可能分属于不同类别的经济违规。

五、经济违规的客观方面

（一）经济违规客观方面的概念和意义

经济违规的客观方面是说明某项经济违规成立所必须具备的各项客观事实。包括三个方面：一是违反经济法律法规且具有社会危害性但又不构成经济犯罪的经济违规行为；二是由此经济违规行为造成或可能造成的危害社会的结果；三是经济违规行为的详态，包括数额、时间、地点和方法等。

经济违规客观方面是经济违规主观方面的客观外化，主观上的经济违规意图只有通过客观上的危害行为才能实现。因此，要查清经济违规主体的主观方面必须认真分析其客观方面。通过考察经济违规主体实施的经济违规行为及其所造成的结果，以及经济违规行为实施的各种客观条件，才能正确地揭示出经济违规主体的心理态度。

就不同的经济违规来说，对不同的经济违规要给予轻重不同的处罚，主要是依据其客观方面的要件不同从而影响到它们的社会危害性程度不同。就同一性质的经济违规来说，经济违规客观方面对确定处罚程度的影响体现在两个方面：一是把是否具备某种危害结果作为某些经济违规是否加重处罚的根据；二是对同一种性质经济违规的不同案件，因为它们所实施的方式、手段以及时间、地点、条件、具体对象的不同而影响它们的社会危害性，从而导致处罚的轻重不一。

（二）经济违规行为

任何经济违规，必然以一定的行为表现出来，如果只有经济违规思想而无经济违规行为，不能认为是经济违规。经济违规行为可以是积极的行为即作为，也可以是消极的行为即不作为。区分作为与不作为具有重要意义，特别是不作为概念的确立，有利于合理确定经济违规范围，正确区分经济违规与非违规。

对一切经济违规来说，危害行为的有无是决定经济违规成立与否的标志，无经济违规行为则无经济违规。因为仅有思想而没有将思想外化为行为，就不可能有社会危害性，经济违规自然不成立。对于某些经济违规来说，危害结果及特定的经济违规方法、时间、地点的有无也是区分不同类型经济违规的重要标准。

经济违规行为的方式是复杂的，经济违规主体以不同的方式实施的经济违规行为，构成的经济违规类型也不同，因此，查明经济违规行为是区别不同类型经济违规的重要环节。

经济违规行为的类型较多，通常可以根据其所损害的社会主义经济秩序的类型来划分,如损害证券市场的经济违规行为、损害税收征管的经济违规行为、损害金融秩序的经济违规行为、损害资源环境的经济违规行为,等等。

(三)经济违规后果

经济违规后果是指经济违规行为对经济法律法规所保护的社会主义经济秩序的实际损害。经济违规后果有两个方面:一是物质方面的后果,二是非物质方面的后果。前者通常可以用一定的方法测算出来,后者通常难以定量测算,例如,对党政风气和社会风气的损害,这就难以定量测算。对于出现危害结果的经济违规,必须查明经济违规行为与危害结果之间的因果关系。

(四)经济违规详态

经济违规的详态是其详细状态,包括数额、时间、地点和方法等。经济违规的金额作为经济违规的客观要件之一,不仅对某一经济行为是否构成经济违规具有非常重要的作用,而且对于该经济违规行为的处罚轻重也具有十分重要的影响。经济违规的金额有两种类型:一是定性金额,也就是判断是否作为经济违规来对待的标准,对于显著轻微的金额,就不宜作为经济违规来对待,只有超过这个金额的经济行为,才能作为经济违规来处理;二是定责金额,是对某种经济违规的责任轻重具有决定性作用的金额,例如,"数额较大""数额巨大""数额特别巨大",这里的"数额"就是定责金额。

经济违规的时间、地点和方法是经济违规的细节,这些要素并不是所有的经济违规都必需的客观要件,只是对某些特定的经济违规才具有客观要件的意义,甚至起决定性作用。例如,从某一时点开始,科研经费中可以报销网约车票了,而在此之前则明令不能报销,这种情形下,网约车票报销的时间就显得非常重要了,成为判断违规与否的关键。

第三节 经济违规的类型

经济违规的类型是按一定的方法对经济违规进行分类，这种分类有助于人们深入认知经济违规的原因并采取针对性的应对措施。目前，我国政府设置多个专业经济监管部门，对各自领域的经济活动进行监管，同时，设置审计机关作为综合性经济监督部门，对各个领域的公共资源和国有资源相关的经济活动进行监督。各个经济监管部门对其所发现的经济违规都进行了分类，但是并没有形成适用于各经济监管部门的通用经济违规分类方法。本节对各经济监管部门的经济违规的分类分别做一简要介绍。

一、证券市场经济违规的分类

根据《上海证券交易所上市公司纪律处分实施标准（征求意见稿）》，证券市场经济违规分为五种类型，每种类型又有多种具体的违规行为。

（一）信息披露违规

信息披露违规主要包括定期报告未及时披露、不真实、财务信息披露违规、业绩预告违规等定期报告相关违规，以及重大非关联交易违规、关联交易违规、重大事项披露不及时、股份受限披露违规，信息披露不真实、不准确、不完整、不公平等临时公告相关违规。

（二）规范运作违规

规范运作违规主要包括资金占用、违规担保、募集资金违规、承诺履行违规、停复牌违规、操作事项违规、不配合监管、未建立有效信息披露联系渠道等违规。

（三）证券买卖及权益变动披露违规

证券买卖及权益变动披露违规主要包括董监高增减持违规，董监高未及时披露持股变动、大股东权益变动、交易及相关披露违规。

（四）证券服务机构违规

按照不同的违规主体，对证券公司及会计师事务所的纪律处分标准单独规定，对其他证券服务机构及其从业人员的处分标准则统一规定。明确机构与个人责任区分，涉及从业人员个人执业不规范或未遵守内控制度的违规情形。

（五）信息披露义务人其他违规事项

主要明确对上市公司、董监高、控股股东、实控人、收购人、交易对方及相关人员的其他信息披露或规范运作的兜底违规，视情形予以纪律处分。

二、商业银行经济违规的分类

目前，银保监会、人民银行、外管局这三家监管机构并未对商业银行经济违规做过明确的分类，但是，根据其处罚的案由领域，大致可以了解商业银行经济违规的分布。2021年，银行业处罚力度再创最近三年新高！银保监会、人民银行、外管局共开出5 205张罚单，合计罚没25.9亿元，2 831家银行机构被处罚。信贷管理、反洗钱、配合监管、结算与现金管理、员工行为与案防领域罚单数居前。此外，房地产相关违规行为、理财业务等领域也成为2021年受罚的"重灾区"，2021年房地产相关罚单数量猛增超过一倍，重罚资金违规流入房地产领域。理财业务则为大额罚单重罚的重要领域之一。

各个领域的违规行为还可以再细分，例如，2021年信贷管理领域相关案由在罚单中出现3 551次。其中，贷款"三查"不到位/不尽职（450次）、违规发放贷款（411次）、贷款未按约定用途使用/用途不合规（406次）、贷款/授信管理不到位（308次）、贷款资金违规流入房地产市场/土地储备领域（305次）为受罚次数最多的前五名案由。[1]

---

[1] 2021年银行业监管处罚报告：合计罚没25.9亿创3年新高，股份制银行受罚最重[EB/OL]．（2022-01-17）[2022-03-20]．http://www.jinronghu.com/news/36394.html．

三、保险机构经济违规的分类

根据《中华人民共和国保险法》第一百一十六条规定，保险公司及其工作人员在保险业务活动中不得有下列行为：

（1）欺骗投保人、被保险人或者受益人；

（2）对投保人隐瞒与保险合同有关的重要情况；

（3）阻碍投保人履行本法规定的如实告知义务，或者诱导其不履行本法规定的如实告知义务；

（4）给予或者承诺给予投保人、被保险人、受益人保险合同约定以外的保险费回扣或者其他利益；

（5）拒不依法履行保险合同约定的赔偿或者给付保险金义务；

（6）故意编造未曾发生的保险事故、虚构保险合同或者故意夸大已经发生的保险事故的损失程度进行虚假理赔，骗取保险金或者牟取其他不正当利益；

（7）挪用、截留、侵占保险费；

（8）委托未取得合法资格的机构从事保险销售活动；

（9）利用开展保险业务为其他机构或者个人牟取不正当利益；

（10）利用保险代理人、保险经纪人或者保险评估机构，从事以虚构保险中介业务或者编造退保等方式套取费用等违法活动；

（11）以捏造、散布虚假事实等方式损害竞争对手的商业信誉，或者以其他不正当竞争行为扰乱保险市场秩序；

（12）泄露在业务活动中知悉的投保人、被保险人的商业秘密；

（13）违反法律、行政法规和国务院保险监督管理机构规定的其他行为。

四、商品市场经济违规的分类

商品市场（包括服务）中，经济主体的经济违规行为较多，通常分为市场进入违规行为、市场竞争违规行为、市场经营违规行为三类。

（一）市场进入违规行为

市场进入违规行为，是指自然人、法人和其他组织在取得市场主体资格的活动中所发生的违规行为，具体又分为以下13个领域：①市场主体名称；②公司制企业法人；③非公司制企业法人；④企业集团；⑤合伙企业；⑥个人独资企业；⑦个体工商户；⑧外商投资企业；⑨农民专业合作社；⑩私营企业；⑪年度检验、验照贴花；⑫无照经营；⑬其他。

（二）市场竞争违规行为

市场竞争违规行为，是指市场主体为了获取最大利润、实现最大市场占有率或争取相对市场优势地位等经济利益，与市场对手展开的较量和角逐中所发生的违规行为，具体又分为以下4个领域：①垄断；②不正当竞争；③商标；④广告。

（三）市场经营违规行为

市场经营违规行为，是指市场主体采取生产、销售或提供服务等多种形式，以获取盈利为目的而进行的经济活动中的违规行为，具体又分为以下30个领域：①合同行为；②商标代理；③消费者权益保护；④食品等产品安全；⑤食品流通安全；⑥乳品质量安全；⑦农产品质量安全；⑧生猪屠宰管理；⑨产品质量；⑩工业产品生产许可证管理；⑪标准化；⑫农业生产资料；⑬畜牧；⑭野生动物保护；⑮野生植物保护；⑯文物保护；⑰快递业务；⑱烟草专卖；⑲粮食流通；⑳报废汽车回收；㉑人民币、金银管理；㉒军服管理；㉓拍卖；㉔旅行社管理；㉕禁止传销；㉖直销管理；㉗经纪人管理；㉘商品展销会管理；㉙循环经济；㉚其他。

五、自然资源违规行为的分类

自然资源方面的经济违规通常分为土地类、矿产类和城乡规划类，每种类型下，又有多种具体情形。

（一）土地类违规行为

违反土地管理法律法规的行为主要有10种：①买卖或者以其他形式非法转让土地的违法行为；②破坏耕地的违法行为；③非法占用土地的违法行为；④拒不履行土地复垦义务的违法行为；⑤非法批准用地的违法行为；⑥非法侵占挪用征地补偿费的违法行为；⑦拒不交还土地的违法行为；⑧擅自将集体土地使用权出让、转让、出租用于非农业建设的违法行为；⑨不办理土地变更登记的违法行为；⑩土地行政主管部门工作人员的违法行为。

（二）矿产类违规行为

违反矿产相关法律法规的行为主要有8种：①未取得"采矿许可证"擅自采矿的行为；②超越批准范围开采矿产的行为；③擅自进入国家规划矿区、对国民经济具有重要价值的矿区范围采矿的行为；④擅自开采国家规定实行保护性开采的特定矿种的行为；⑤超越批准的矿区采矿的行为；⑥买卖、出租或者以其他形式转让矿产资源的行为；⑦违法收购和销售国家统一收购的矿产品的行为；⑧其他违反国土资源管理法律、法规的行为。

（三）城乡规划类违规行为

违反城乡规划相关法律法规的行为主要有三种类型：

（1）违反城乡规划许可的违法建设行为。目前，我国实行"一书两证"（选址意见书、建设用地规划许可证和建设工程规划许可证）的规划管理制度，未根据相关法定程序和要求，依法办理规划行政审批或行政许可的，或者未按照规划许可的规定进行建设的，都属于违法建设行为。具体违法建设行为包括违法占地、未取得或者以欺骗手段骗取建设用地规划许可证；擅自变更建设用地规划许可证规定事项，改变用地性质、位置和界限；未取得或者以欺骗手段骗取建设工程规划许可证；擅自变更建设工程规划许可证规定事项，改变批准的图纸、文件等行为。

（2）改变特定用地用途的违法建设行为。《中华人民共和国城乡规划法》第三十五条规定："城乡规划确定的铁路、公路、港口、机场、道路、绿地、输配电设施及输电线路走廊、通信设施、广播电视设施、管道设施、河道、水库、水源地、自然保护区、防汛通道、消防通道、核电站、垃圾填埋场及焚烧厂、污水处理厂和公共服务设施的用地以及其他需要依法保护的用地,禁止擅自改变用途。"该类设施是城乡建设和发展的保障要素,是城乡居民生产、生活的必备条件,是城乡统筹、可持续发展的物质基础,亟须建立并实行严格的管理和保护。具体违法建设行为包括违法占用道路、广场、绿地、高压输电线走廊和压占地下管线等进行建设,破坏城市环境或者影响城市规划实施等行为。

(3)违反各类临时建设规划行政许可的违法建设行为。在城镇规划区内进行临时建设的,应当经城市、县人民政府城乡规划主管部门批准,具体违法建设行为包括未经批准进行临时建设,或者未按照批准内容进行临时建设;临时建筑物、构筑物超过批准期限不拆除等行为。

六、环境违规行为的分类

有关环境保护的法律法规较多,因此,环境违规的类型也较多,通常来说,以下12种是主要的环境违规行为:①未批先建;②未验先投或验收弄虚作假;③无证排污;④未按规定使用燃料;⑤私设暗管;⑥违法处置、倾倒、贮存危险废物等;⑦自动监测设施不规范运行或弄虚作假;⑧不正常运行治污设施;⑨超标排放;⑩未按规定自行监测;⑪未按要求提交监测报告;⑫伪造监测数据。

七、审计机关发现的经济违规的分类

由于审计机关是综合性经济监督部门,对各个领域的公共资源和国有资源相关的经济活动进行监督,因此,所发现的经济违规涉及各类单位和部门,并不局限于特定的经济领域,相对来说,审计机关对经济违规的分类最具有综合性。

根据审计署于2012年颁布的《审计情况统计报表制度》,对违规问题有

两个层级的分类：一是按审计业务分类，将违规问题分为财政类审计发现违规问题、社会保险基金类审计发现违规问题、企业金融类审计发现违规问题、领导干部经济责任审计发现违规问题；二是每类审计业务类型，再对其违规问题进行细分类。下面，我们介绍各类审计业务所发现违规问题的分类。

（一）财政类审计发现违规问题的具体类型

财政类审计主要包括预算执行审计、决算草案审计和投资审计，这些审计业务中发现的违规问题，具体情形较复杂，根据《审计情况统计报表制度》，目前，主要分为以下43种具体类型：①预算编报不真实、不完整；②预算编制批复不规范；③违规变更调整预算；④未按规定纳入预算管理；⑤未按规定征收交纳收入；⑥隐瞒转移截留资金；⑦擅自动用支配国库库款；⑧未落实收支两条线和专户管理规定；⑨违规改变项目计划和资金用途；⑩未按规定征提基金；⑪乱收费、乱摊派、乱罚款；⑫资金滞留闲置；⑬虚报冒领；⑭违规使用发票；⑮虚列支出；⑯扩大开支范畴或提高开支标准列支；⑰擅自处置国有资产；⑱违规出借财政资金；⑲违规决策；⑳违规采购；㉑违规担保；㉒决算草案编制不规范；㉓违规办理结算或批复决算；㉔决算草案编报不真实、不完整；㉕资金来源不合规；㉖资金不到位、不落实；㉗工程结算款不实；㉘未按进度支付工程款；㉙投资概预算编报不规范；㉚超规模、超标准项目；㉛违规分包非法转包；㉜违规招投标签订合同；㉝挤占建设成本；㉞违规收取费用；㉟套取项目资金；㊱交付资产不实；㊲工作量不实；㊳倒卖项目物资；㊴账外资产；㊵会计核算不实；㊶未按规定补偿征地拆迁款；㊷未落实被征地农民社会保障金；㊸其他。

（二）社会保险基金类审计发现违规问题的具体类型

社会保险基金类审计包括养老保险审计、失业保险审计、工伤保险审计、医疗保险审计、生育保险审计、住房公积金审计和其他社会保障审计，根据《审计情况统计报表制度》，这些审计业务中发现的违规问题，主要有

25种具体情形：①预算编报不真实、不完整；②预算编制批复不规范；③违规变更调整预算；④未按规定纳入预算管理；⑤未按规定征收、缴存社保费和公积金；⑥自行制定征缴优惠政策导致多收、少收社保费；⑦未按规定上缴调剂金；⑧隐瞒转移截留资金；⑨以物抵费资产额；⑩未落实收支两条线和专户管理规定；⑪财政资金不到位、不落实；⑫违规改变资金用途；⑬虚报冒领；⑭虚列支出；⑮未按规定标准及范围支出；⑯未按规定时限发放保险金；⑰未执行相关利率损失；⑱违规提取住房公积金；⑲少计个人账户利息；⑳违规发放住房公积金贷款；㉑违规分配使用住房公积金增值收益；㉒非银行金融机构存款；㉓违规办理结算或批复决算；㉔决算草案编报不规范、不真实、不完整；㉕其他。

（三）企业金融类审计发现违规问题的具体类型

企业金融类审计包括国有企业审计和国有金融机构审计，根据《审计情况统计报表制度》，这两种审计业务中发现的违规问题，共有6种具体情形：①违规经营；②未按规定报批建设项目；③违规使用财政资金；④财务收支核算不实；⑤账外资产；⑥其他。

（四）领导经济责任审计发现违规问题的具体类型

领导干部包括党委、政府、党的工作部门、政府工作部门、检察机关、审判机关、事业单位、人民团体、国有企业、国有金融机构和其他国有单位，对这些领导干部的经济责任审计中发现的违规问题，通常是在界定责任的基础上，分为三种类型：直接责任问题、主管责任问题和领导责任问题；也可以分为两种类型：直接责任问题和领导责任问题。

八、限制性经济违规和规范性经济违规

一般说来，违反了财经法规，往往会给国家的利益和社会经济秩序造成伤害。但也并不尽然，这是因为国家颁布的众多财经法规（包括地方性行政法规和规章等）在约束人们的行为上，分为限制性财经法规和规范性财经法

规。限制性财经法规或法规条款，就是明令禁止经济行为人的某些行为的法规。国家颁布这些法规的目的，就是要限制经济行为人的某些危害行为，保护国家利益、维护社会经济秩序。这类法规或条款的性质和特点是违反行为的发生，必然造成危害的后果，违规人所承担的法律责任是没收非法所得并处以适当的惩戒。规范性财经法规或法规条款，则是用以规范经济行为人的具体行为，诸如各类会计核算制度等。这些法规虽有限制意义，但更重要的目的在于使经济行为规范化。它的特点是：行为人的行为不一定会造成危害后果或危害后果较小，所承担的责任一般是纠正性处理。

参考文献

［1］马克昌主编.犯罪通论［M］.武汉：武汉大学出版社，2005.

［2］李永升，朱建华主编.经济犯罪学［M］.北京：法律出版社，2012.

［3］楼伯坤.经济刑法学［M］.杭州：浙江大学出版社，2017.

［4］王菱.财政资金违规状况分析及其监督与防范［D］.北京：清华大学，2021.

第三章 经济违规的经济后果

经济主体的经济违规行为会产生一些后果，这些后果可以从不同的角度来观察，例如，从声誉角度、政治角度、社会心理角度、法律角度，都可以考察经济违规带来的后果。当然，从经济角度来考察经济违规的后果，对于应对经济违规是更有价值的，这种角度的考察就是经济违规的经济后果。本章分别从微观和宏观两个角度考察经济违规的经济后果。

第一节 经济违规的经济后果：微观层面的考察

从微观经济主体来说，经济违规的经济后果可以从经济违规主体和利益相关者两个角度来考察。

一、经济违规对经济违规主体造成的经济后果

经济主体之所以选择经济违规，通常是通过经济违规有所得，并且认为是所得大于成本，所以，经济违规可能会给经济违规主体带来收益，甚至是净收益。但是，经济违规的这种净收益有两个方面的问题：一是经济违规很有可能会被发现，而一旦被发现，将造成严重的负面经济后果；二是经济违规可能导致经济主体缺乏创新能力和竞争力，因为经济违规获得收益较容易，从经济违规中获益的经济主体就没有动力去创新和建立核心竞争力，时

间一久，就可能缺乏创新能力和竞争力，主要依靠经济违规这种"非常渠道"获得收益，类似于资源诅咒，这种后果也可以称为违规诅咒。

二、经济违规被发现后的负面经济后果

经济违规被发现后，会受到严厉的经济处罚，在此基础上，还会产生一系列的负面后果，例如，影响业务经营活动、降低公司价值、增加财务活动的难度、影响各方对经济违规主体的评价等。

（一）严厉的经济处罚

国内外对经济违规都有相应的经济处罚，有的甚至非常严厉。例如，根据银保监会通报，2020年全年，全系统罚没金额合计22.75亿元；[①] 2021年，银保监、人民银行、外管局网站公示的银行罚单共计罚没金额25.91亿元。[②] 从个案来说，中兴通讯事件和康美药业事件有一定的代表性。

中兴通讯事件。[③] 2016年3月，因违反美国对伊朗的出口禁令，将列入管制清单的设备出售给伊朗，中兴通讯被美国商务部列入"实体清单"，禁令一旦生效，美国的制造商和软件商不得与中兴有任何的业务往来。事件发生后，中兴通讯与美国商务部等政府部门达成和解协议，向美国支付巨额罚款，总裁史立荣被迫辞职，创始人侯为贵也提前退休。此后，中兴通讯在美方指派的独立监察官的监督下进行合规建设。然而，2018年4月16日晚，美国商务部发布公告称，中兴通讯违反了2017年与美国政府达成的和解协议，美国政府在未来7年内禁止中兴通讯向美国企业购买敏感产品。经过3

---

① 张燕. 22.75亿元、6581件、3178家次！银保监会通报2020年行政处罚情况［EB/OL］.（2021-05-21）［2022-03-16］. https://baijiahao.baidu.com/s？id=1700330392908798886&wfr=spider&for=pc

② 韩行长. 2021年度银行监管处罚分析：数量与金额创近三年新高［EB/OL］.（2022-02-24）［2022-03-16］. https://xw.qq.com/cmsid/20220224A01OO700.

③ 2018年美国制裁中兴事件［ED/DL］.（2022-06-14）［2022-07-16］. https://baike.so.com/doc/28104685-29513915.html

个月的危机之后，再次达成和解协议。但是，根据最新协议，中兴必须缴纳 10 亿美元罚款，并额外缴纳 4 亿美元担保金放入监管账户内，BIS（美国商务部工业与安全局）才会从拒绝名单（DPL）上撤除中兴的名字。而此前中兴已经向美国缴纳 8.92 亿美元的罚款，两次合计总额 22.92 亿美元，约合 146.7 亿元人民币。根据中兴财报数据，2017 年营收 1088 亿元，净利 45.54 亿元。也就是说，这笔巨额罚金相当于中兴正常情况下 3 年多的净利润。而在遭遇了此次危机后，中兴的经营情况必然会受到一定影响。简而言之，中兴至少四五年内等于全部为美国人打工。同时，根据新协议，中兴还必须在 30 天内撤换整个董事会及高层管理人员，并选定符合美国要求的新团队，且在未来 10 年内，要能答复商务部的询问。

康美药业事件。[①] 2019 年 8 月，证监会对 *ST 康美下发的《行政处罚及市场禁入事先告知书》显示，2016 年至 2018 年，*ST 康美涉嫌累计虚增营业收入 291.28 亿元，累计虚增营业利润 41.01 亿元；累计虚增货币资金 886 亿元。2020 年 5 月，证监会对 *ST 康美董事长马兴田等 22 人进行行政处罚，并对 6 人采取证券市场禁入措施；2020 年 7 月，马兴田等被公安机关采取强制措施。在 2020 年的最后一天，11 名投资者就 *ST 康美虚假陈述案向广州中级人民法院提起普通代表人诉讼；2021 年 4 月 16 日，广州中级人民法院发布案件转为特别代表人诉讼的公告，*ST 康美案成为中国证券集体诉讼首案，本案涉案投资者人数超过 5 万人，且绝大多数为中小投资者。2021 年 11 月 12 日，广州中级人民法院对康美药业特别代表人诉讼做出一审判决，相关被告承担投资者损失总金额达 24.59 亿元，公司实际控制人马兴田夫妇及邱锡伟等 4 名原高管人员组织策划实施财务造假，属故意行为，承担 100% 的连带赔偿责任；另有 13 名高管人员按过错程度分别承担 20%、10%、5% 的连带赔偿责任。同时，康美药业的审计机构广东正中珠江会计师事务所，因未实施基本的审计程序，严重违反了相关法律规定，导致康美药业严重财

[①] 21 世纪经济报道记者.一审宣判！康美药业承担 24.59 亿赔偿责任，实际人财务造假属故意.（2022-06-14）[2022-07-16］. https://http://view.inews.99.com/k/20211112AOCZSU00?web_channel=wap&open APP=false&autoopenapp=amp2kqw

务造假未被审计发现，被判决承担100%的连带赔偿责任。作为广东正中珠江会计师事务所合伙人以及康美药业年报审计项目的签字会计师，杨文蔚在执业活动中因重大过失造成广东正中珠江会计师事务所需承担赔偿责任，也被判在该所承责范围内承担连带赔偿责任。此外，5名独立董事也要承担10%（折合2.46亿元）和5%（折合1.23亿元）范围内的连带赔偿责任。

（二）影响业务经营活动

经济违规主体的违规行为被发现后，其业务经营活动会受到严重的负面影响，甚至难以为继。三鹿集团的婴幼儿奶粉事件具有代表性。[①]

事故起因是很多食用三鹿集团生产的婴幼儿奶粉的婴儿被发现患有肾结石，随后在其奶粉中发现化工原料三聚氰胺。事件引起各国的高度关注和对乳制品安全的担忧。国家质检总局（现为国家市场监督管理总局）公布对国内乳制品厂家生产的婴幼儿奶粉的检验报告后，事件迅速恶化，包括伊利、蒙牛、光明、圣元及雅士利在内的22个厂家69批次产品中都检出三聚氰胺。该事件亦重创中国制造商品信誉，多个国家禁止了中国乳制品进口。

2008年9月13日，国务院启动国家安全事故Ⅰ级响应机制（"Ⅰ级"为最高级：指特别重大食品安全事故）处置三鹿奶粉污染事件。政府对患病婴幼儿实行免费救治，所需费用由财政承担。有关部门对三鹿婴幼儿奶粉生产和奶牛养殖、原料奶收购、乳品加工等各环节开展检查。质检总局负责会同有关部门对市场上所有的婴幼儿奶粉进行全面检验检查。

河北省政府对三鹿集团立即停产整顿，并对有关责任人做出处理。三鹿集团董事长田文华被免职，后被刑事拘留。石家庄市分管农业生产的副市长张发旺等政府官员，石家庄市委副书记、市长冀纯堂也相继被撤职处理。河北省委免去吴显国河北省省委常委、石家庄市委书记职务。李长江引咎辞去国家质检总局局长职务，这是因此次事件辞职的最高级别官员。2009年1月22日，河北省石家庄市中级人民法院一审宣判，判处三鹿集团前董事长田文华无期徒刑（2014年，72岁的田文华改判有期徒刑18年），三鹿集团原

---

① 中国奶制品污染事件．[2022-06-14]．https://baike.so.com/doc/5376604-5612725.html．

高层管理人员王玉良、杭志奇、吴聚生则分别被判处有期徒刑 15 年、8 年及 5 年。三鹿集团作为单位被告，犯了生产、销售伪劣产品罪，被判处罚款人民币 4 937 万多元。涉嫌制造和销售含三聚氰胺的奶农张玉军、高俊杰及耿金平三人被判处死刑，判处薛建忠无期徒刑，张彦军有期徒刑 15 年，耿金珠有期徒刑 8 年，萧玉有期徒刑 5 年。三聚氰胺事件 2008 年爆出后，曾以 18.26% 的市场份额领跑国内奶粉市场的乳业巨头三鹿随之陨落，全行业亦陷入质量泥沼。受此牵连，包括伊利、圣元、雅士利在内的国产奶粉企业遭遇业绩危机。2008 年，蒙牛亏损 9.49 亿元，光明亏损 2.86 亿元，伊利亏损更高达 16.87 亿元，成为三聚氰胺事件中亏损最严重的中国乳品上市企业。

（三）降低公司价值

薛锋、董颖颖和石雨欣（2005）基于修正的 KMV 模型研究，发现上市公司违规行为使股价异常波动造成投资者损失，同时也使公司资产的市场价值降低，资产价值的波动性增加，从而使得公司的违约距离减小，违约风险增大。朱冠东（2011）研究发现，违规公司股票在公告日前后有明显的负向反应，分组样本研究结果表明，违规公司所在行业、处罚机构、处罚原因、处罚措施会对市场反应产生影响。杨华（2016）研究发现，上市公司违规程度与累计超额收益显著为负，违规程度越高越容易引起负面的市场反应。马德芳、邱保印（2016）研究发现，由于企业失信行为，投资者的预先期望会出现断崖式垮塌，使得社会信任在经济社会中的价值丧失，即当企业宣告违规时，在社会信任度高的地区，其股票会出现更大的市场反应。沈华玉、吴晓晖（2017）研究发现，上市公司违规行为与股价崩盘风险呈显著正相关。蒋先玲、赵一林（2017）研究发现，在窗口内，公司股价平均降低 1.8%，市值平均缩水 28.08 万元，最高缩水 4.60 亿元；高管的政府背景越深厚、公司一把手违规及高管接受过股权激励，均造成股价显著下跌。郑征（2022）研究发现，财务造假、非正当关联交易与道德风险违规行为，对目标企业实物期权价值产生直接而显著的负向影响，并且削弱技术创新、盈利能力与成长性对企业实物期权价值的正向作用。

（四）增加债务融资成本和难度

刘坤、戴文涛（2017）研究发现，企业的违规行为显著影响企业的贷款行为，即与非违规企业相比，违规企业的贷款数量较少，贷款成本较高，并且当企业的违规次数增多，违规程度严重时，企业的贷款行为受到更加严格的限制；与国有控股上市企业相比，民营企业的违规行为受到的贷款限制更加严重。窦炜、郝晓敏和李培源（2018）研究发现，上市公司违规且被监管部门处罚公告之后，其滞后一期债务融资成本更高，但对债务融资期限没有显著影响；进一步研究，发现相比于高法治环境地区，低法治水平地区违规公司滞后一期的债务融资成本的增加更为显著，但对债务融资期限没有显著影响。这说明债权人在选择惩罚方式上更倾向于增加债务人的直接经济成本，而非缩短债务期限来控制风险。

（五）对审计意见的影响

朱春艳、伍利娜（2009）研究发现，审计师在上市公司被处罚当年及之后的年份出具非标准审计意见的概率更高，并且要求更高的审计费用。

三、经济违规对利益相关者的经济后果

经济违规主体的利益相关者有两种类型：一是与经济违规主体利益具有一致性的利益相关者，对于这些利益相关者来说，经济违规的经济后果基本上与经济违规主体相一致，本节前面阐述的内容也适用于这类利益相关者；二是受到经济违规主体违规行为影响，但又不是与经济违规主体利益具有一致性的利益相关者，这类利益相关者，通常会受到经济违规主体经济违规的负面影响，经济违规在客观上危害社会，其危害后果主要是由这些利益相关者来承担。例如，三鹿集团的婴幼儿奶粉事件中，截至2008年11月，全国服用"毒奶粉"的婴幼儿患者多达29万人，其中患"结石病"的病例有10 666例，患"大头病"的婴幼儿也很多，购买了三鹿集团婴幼儿奶粉的家庭是受害者；同时，政府对患病婴幼儿实行免费救治，所需费用由财政承担，政府也增加了财政支出。

第二节　经济违规的经济后果：宏观层面的考察

目前尚没有学者从宏观层面来分析经济违规的经济后果，但是关于腐败对经济发展的影响有不少的研究，而经济腐败肯定在很大程度上具有经济违规的性质，因此本节首先介绍腐败对经济发展的影响，在此基础上借鉴腐败对经济发展的影响研究，提出一个经济违规如何影响经济发展的分析框架。

一、腐败对经济发展的影响：现有文献的主要观点

经济发展是人类社会永恒的主题之一，而腐败则是人类社会各个时代都存在的丑恶现象，甚至有人认为，一部人类社会发展史，也是一部腐败和反腐败史。关于腐败如何影响经济发展，有不少的研究，归纳起来，大致有三种观点：一种观点认为腐败有害于经济发展，简称为腐败有害论；另有一种观点认为，腐败有益于经济发展，简称为腐败有益论；还有一种观点认为，腐败对经济发展的影响不能一概而论，不同的环境条件下，腐败对经济发展的影响不同，简称为腐败中性论。下面，对这三种观点做一简要介绍。

（一）腐败有害论

主流观点认为，腐败与经济发展是绝对不能相容的，靠腐败发展经济必然引起社会政治动荡，"腐败之癌"是经济持续发展的主要障碍。主要国际组织对腐败都持明确的否定态度，认为腐败会造成巨大的经济损失。根据世界银行的估计，全球 GDP 的 5% 由于腐败而损失；非洲联盟估计，非洲大陆由于腐败失去其 GDP 的 25%（李先勇，2020）。腐败最严重的国家同时也位列最贫穷的国家，这表明腐败与贫穷之间存在着明显关系。透明国际组织的研究报告指出，腐败制约着经济和社会的持续发展，世界银行确信腐败是影响经济社会发展的一个重大障碍，它通过扭曲法律规范和弱化经济增长的制度基础而破坏经济社会发展（伏玉林、苏二毛，2008）。

那么，腐败如何制约经济发展呢？一些学者从机制上进行了探索。有的学者从成本的角度分析了腐败对经济发展的负面影响，将成本分为直接成本

和间接成本。直接成本主要是指投资成本，在腐败指数较高的国家中，总投资和私人投资占GNP的比重较低，原因是腐败增加了投资者的成本，相当大的一部分财富浪费到为促进公文旅行所做的"疏通"活动中去了。间接成本是直接成本之外的成本。由于腐败是非法的，因而需要保守秘密，防止被发现和被惩罚，这使腐败活动产生了一些间接成本。例如，许多人曾经对发展中国家进口不太必要的先进技术，而不进口"适宜的"技术感到困惑，在高新技术交易中抬高报价，从中牟利的腐败动机对此提供了一种解释。同样道理，许多发展中国家把极为有限的资源投入大型基础设施建设等领域，而没有投向教育、医疗、保健等领域中去，其中原因之一即是前者为各级官员提供的腐败机会比后者要大得多。如果把因腐败而造成对发展教育、发展卫生保健事业、引进适宜技术、促进技术创新等活动的影响考虑在内，那么，腐败的间接成本简直是无法计量的（邹薇，1998）。有的学者认为，腐败导致高昂的经济成本有两个主要原因：一是政府无力阻止各类代理机构向私人部门索取"单独贿赂"，这将增加私人部门的行贿负担，降低私人部门的投资激励；二是腐败行为的保密需要将会扭曲一国的投资结构。此外，行贿行为相比于生产性投资收益率的相对上升还将导致前者对后者的挤出效应（陈刚、李树、尹希果，2008）。

还有不少学者从其他角度探索了腐败制约着经济发展的机制。有的学者认为，腐败社会中最有才能的个体将会从事寻租而不是生产性活动，导致了人力资本的浪费，给经济增长带来了高昂的成本。腐败租金的存在将激励个人更多地脱离生产性活动而从事腐败活动，从而抑制经济增长。有的学者认为，腐败不利于发展国际贸易，进而会降低经济增长速度。有的学者认为，腐败使得原本处于公平环境下的竞争者，要额外支出来进行寻租活动，从而导致企业生产性资源投入的减少和社会资源的错配。有的学者认为，腐败导致"差别待遇"，这种差别待遇会通过扰乱正常市场价格的导向作用而导致社会资源的低效配置。有的学者认为，腐败会减少外商直接投资，降低外来援助的效率，滋生规模过大的公共部门，扭曲政府财政支出结构，导致公共投资配置的无效率。有的学者认为，腐败会加剧社会和政治的不稳定性，弱化对产权的保护，阻碍商业活动、技术进步和转移。有的学者认为，腐败使企业扩张速度放慢,于是企业采用那些相对低效的技术,将其活动转向非正式部门,以减少腐败对其经济利益的侵蚀。有的学者认为,腐败使人们花费更多的成本用于隐藏以及侦测非法收入和财富,造成资源的无谓损失(陈刚、李树、尹希果,2008;宋艳伟、袁柏顺、刘少博,2016)。

不少学者在探索腐败影响经济发展的机制时,还用经验数据进行了实证检验。有的学者发现,腐败指数与人均 GDP 增长率之间存在显著的负相关关系。有的学者发现,经济发展水平较好的国家或地区,腐败治理程度也较高。有的学者发现,腐败会严重损害各地的经济增长率,加大反腐力度确实能够在一定程度上有效地抑制腐败,反腐行动没有阻碍地方经济发展,反而促进了人均投资增长率(陈刚、李树、尹希果,2008;宋艳伟,2009;袁柏顺、刘少博,2014;杨其静、蔡正喆,2016)。

(二)腐败有益论

虽然主流理论断言"掠夺之手"的腐败会阻碍经济发展,但中国经济在腐败居高的阴影下却持续地高速增长,以致一些观点认为腐败对中国经济是具有"帮助之手"性质的"润滑剂"。曾几何时,"腐败是经济发展润滑剂"的理论有不少赞同者。

那么,腐败是如何"润滑"经济发展呢?有些学者从机制方面做了探索,认为政府过多地对经济活动设置限制的审批制度,既为官员滥权索取贿赂、"设租""寻租"提供了机会,也严重干扰和扭曲了经济活动的正常秩序。有的学者认为,无效率的政治体制往往阻碍了经济发展,而腐败可以作为润滑剂,减少制度摩擦。在政府治理缺失或者经济政策无效的情况下,腐败使得企业更加便捷地进入高度管制的经济,腐败或许是阻碍经济增长的低效政体的次优选择,在管理体制存在缺陷的经济体中,腐败不会阻碍经济增长,甚至会促进经济增长。而反腐败可能导致地方官员面临严峻的政治气氛,减少和拖延计划中的投资项目审批和投资项目的进展,从而产生更大的乘数效应,最终导致经济增长下滑(王贤彬、王露瑶,2016)。有的学者运用"排队模型"论证了官员将商业许可证配发给企业意味着赋予了那些注重时间价值最大化的企业的优先权,因此,商业贿赂加速了行政审批的程序。有的学者通过"拍卖模型"分析表明,由于有效率的企业通常能够支付得起较高的贿赂水平,因此,在竞价过程中贿赂能够增进效率。有的学者将公共部门和私人部门的议价过程模型化,讨论了腐败对经济发展的"润滑"作用。有的学者提出了"生产性寻租"理论,即贿赂提供了一种有偿服务的制度安排从而提高了经济效率。有的学者认为,由于腐败在经济中引入了有效率的安排,从而对经济增长产生积极的影响(伏玉林、苏二毛,2006)。有的学者认为,腐败涉及违反政府规则或绕过政府规定的程序,如果这些政府规则和程序都不利于经济发展,那么腐败对经济有积极的影响。有的学者认为,在政府失灵的大环境下,适度的腐败反而有助于克服官僚的束缚,促使资源使用效率的提高和经济增长(李先勇,2020)。有的学者认为,由于腐败缓和了政府强加的僵硬管制增进了效率,从而有可能促进经济增长;腐败(如商业贿赂)有助于提高项目审批效率,在一定程度上成为经济增长的"润滑剂"(伏玉林、苏二毛,2006)。

也有一些学者对腐败有益论及其机制进行了实证检验。有的学者发现,中纪委通报的腐败官员落马事件对省区经济增长有显著的抑制效应,平均而言,该地区每增加一名副厅级以上的落马官员,当季经济增长速度降低接近0.1个百分点,这种影响是即时和短期的,并不具有长期累积性。进一步发现,反腐败主要是通过放缓投资而影响经济增长的。此外,中西部地区的经济增长受反腐败的影响更大;副省部级以上的官员落马事件对经济增长的影响更大(王贤彬、王露瑶,2016)。有的学者发现,经济发展水平、政府规模和公务员相对工资与腐败程度之间均呈正相关关系,即经济发展水平的提升和制度结构因素的变化均未起到遏制腐败蔓延的作用(倪星、原超,2014)。

(三)腐败中性论

前面的内容表明,腐败对经济发展的影响存在两种不同的观点。然而,也有一些文献持不同于腐败有害论和腐败有益论的观点,这类观点通称为腐败中性论。

有的学者认为,在大多数情况下,腐败租金的存在将激励个人更多地脱离生产性活动而从事腐败活动,从而抑制经济增长,但是,腐败在特定的环境下，也能改善资源的配置效率（宋艳伟，2009）。有的学者认为，在经济发展的早期，负外部性相对于经济发展的负面作用比较小。因此，当有负外部性的各类事故（环境污染、矿难、食品中毒、偷税漏税、破坏耕地等）发生时，政府对企业的处罚较轻，对政府官员的问责也较弱，这形成了一个"腐败均衡"：高腐败、高增长、多事故和弱问责。在经济较发达时期，负外部性相对于经济发展的负面作用比较大。政府会倾向于否决不合规企业，降低对发展经济的激励，将环境和各类事故指标与经济发展一起纳入政府官员的考核体系，对事故企业和官员进行更为严厉的处罚，同时加大反腐的力度，阻止不合规企业贿赂地方官员，这导致了一个"无腐败均衡"：无腐败、低增长、无事故和强问责（尹振东、聂辉华，2020）。有的学者认为，腐败对经济存在双重效应：一方面腐败对资源配置效率产生正效应，另一方面腐败对长期经济增长产生负效应（伏玉林、苏二毛，2006）。有的学者认为，腐败在不同的国家，将会产生不同的效应，关于腐败对经济的影响以及影响的程度，要结合该国的组织架构、政治制度、文化特征、市场效率等不同情况具体分析，腐败对经济的作用没有绝对的偏向于正面或反面，影响效应取决于当地的体制环境（李先勇，2020）。

也有一些实证检验结果支持腐败中性论。有的研究分别采用透明国际组织的腐败感知指数和中国的腐败案件数两类数据进行检验，发现中国经济增长与腐败之间存在库兹涅茨曲线。具体情况是，在改革初期，中国的腐败水平较低，随着经济增长，腐败水平逐渐提高，达到某个高度之后呈逐渐下降趋势（李国璋、陈宏伟、郭鹏，2010）。有的研究发现财政分权、政府规模、地区投资水平与 GDP 增长率等变量对腐败程度的影响是不一致或不显著的，腐败与中国经济增长之间的关系是复杂而微妙的，二者并不存在显著的计量关系，更无必然的因果联系（姜琪，2014）。有的研究发现腐败与经济增长之间在发达国家呈显著的负相关关系，而在发展中国家则不显著，侧面证实了腐败对经济增长影响存在多元论的基本观点（李先勇，2020）。

二、经济违规对经济发展的影响:一个分析框架

借鉴腐败对经济发展影响的研究,以及经济犯罪对经济发展影响的研究,提出一个经济违规对经济发展影响的分析框架。

(一)经济违规对经济发展的影响符合库兹涅茨曲线

经济违规破坏了经济法律法规所建立的经济秩序,所谓经济秩序是指经济主体的行为秩序,即这种行为应该与社会存在和发展需要的一致性,它是经济运作规则、守法程序和公认的伦理道德规范在主体行为上的表现。建立某种经济秩序的目的是提高经济资源配置效率效果,进而增进社会福利,因此,经济违规对经济发展产生何种影响,要看经济法律法规所建立的经济秩序是否能够保障经济资源配置的效率效果。简单来说,我们将能够保障经济资源配置效率效果的经济秩序称为好的经济秩序,将不能保障效率效果的经济秩序称为坏的经济秩序。如果经济违规破坏了不好的经济秩序,则可能有益于经济发展;如果经济违规破坏了好的经济秩序,则可能不利于经济发展,而经济法律法规所建立的经济秩序的好坏,则是由经济法律法规的立法水平所决定的。所以,当经济法律法规的立法水平不高时,很有可能出现坏的经济秩序;而经济法律法规的立法水平较高时,则很有可能出现好的经济秩序。基于上述逻辑,经济违规对经济发展的影响可能呈现倒"U"曲线,也就是符合库兹涅茨曲线。

库兹涅茨曲线是美国经济学家西蒙·史密斯·库兹涅茨于1955年提出的收入分配状况随经济发展过程而变化的曲线,在经济发展过程开始的时候,尤其是在国民人均收入从最低上升到中等水平时,收入分配状况先趋于恶化,继而随着经济发展逐步改善,最后达到比较公平的收入分配状况,呈倒"U"的形状。经济违规对经济发展的影响符合库兹涅茨曲线,是指当经济法律法规的立法水平不高时,经济违规可能促进经济发展;当经济法律法规的立法水平达到一定高度时,经济违规可能有损于经济发展,基本情况如图3-1所示。

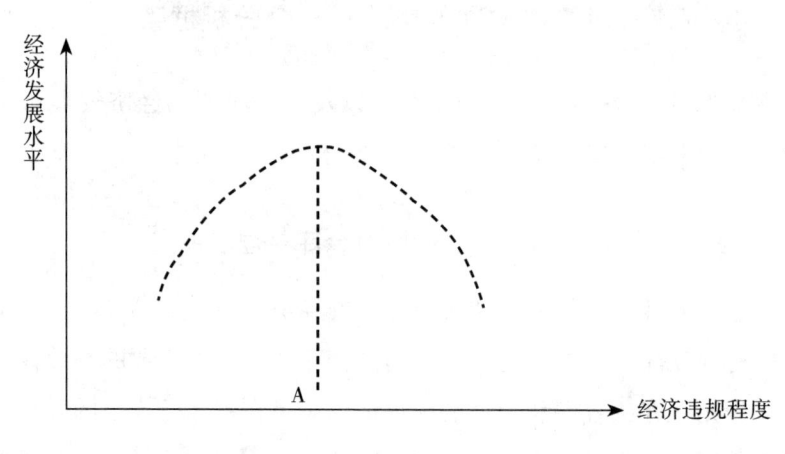

图 3-1　经济违规对经济发展的影响

（二）经济立法水平不高时，经济违规对经济发展可能有促进作用

人们希望通过经济法律法规来建立某种经济秩序，而这种经济秩序的目的是提高该领域经济资源配置的效率效果，进而增加整个社会福利。但是，人是有限理性的，所建立的经济法律法规未能建构所期待的某种经济秩序，即使建构了期待的某种经济秩序，这种经济秩序下的经济资源配置的效率效果未必较高，因此，经济法律法规作为一种工具，未能实现保障经济资源配置的效率效果的目的，此时的经济秩序是坏的经济秩序。在这种背景下，如果遵守了经济法律法规，经济资源配置的效率效果并不高；而违反了经济法律法规，则恰恰可能是提高了经济资源配置的效率效果。所以，当经济立法水平不高时，经济违规对经济发展可能有促进作用。在这种环境下，从功能分析的意义上说，经济违规的存在有一定的合理性，它为社会提供了一定的张力，从而使得社会可能改进不适宜的经济法律法规。如果我们无视这一点，只看到经济违规表面呈现出来的对经济法律法规的"违反"，却无视这种经济违规行为对经济发展的积极作用，进而对经济违法行为严厉处罚，则可能造成在遏制经济违规的同时，遏制经济主体的积极性和创造性，影响经济活力的发挥，社会将要为此付出沉重的代价（夏朝晖、吴继承，2006）。

图 3-1 中，在 A 点的左边，经济立法水平不高，此时的经济法律法规可能存在不少的缺陷，完全遵守这些经济法律法规，整个社会的经济资源配

置的效率效果可能难以保障。如果突破某些过时的经济法律法规，则一方面可能提升了经济资源配置的效率效果，另一方面还为完善现有的经济法律法规探索了成功的经验，所以，此时的经济违规可能对经济发展是有益的。当然，任何一个时代，都可能存在某些有缺陷的经济法律法规；同时，任何一个时代，不可能所有的经济法律法规都已经过时，因此，图3-1中的A点，并不是以经济法律法规立法的整体水平来划分的，而是以某些或某个领域的经济法律法规的立法水平来划分的。

（三）经济立法水平较高时，经济违规对经济发展可能有损害作用

当经济立法水平较高时，经济法律法规所建立的经济秩序能够为经济资源配置的效率效果提供保障，此时的经济秩序是好的经济秩序，在这种情形下，如果出现经济违规，则这种好的经济秩序就被破坏，进而这种好的经济秩序所支撑的经济资源配置的效率效果及社会福利也就没有了基础，经济发展肯定会受到负面影响，经济违规的社会危害性就显现了。

至于经济违规对经济发展的负面影响机制，尚无系统研究，借鉴腐败对经济发展的负面影响机制，经济违规对经济发展的负面影响机制，包括但不限于以下这些方面：经济违规容易获益时，最有才能的个体将会从事经济违规而不是生产性活动，导致人力资本的浪费，给经济增长带来了高昂的成本；经济违规租金的存在将激励个人更多地脱离生产性活动，而从事经济违规活动，从而抑制经济增长；经济违规使得原本处于公平环境下的竞争者，要额外支出来进行寻租活动，从而导致企业生产性资源投入的减少和社会资源的错配；经济违规会通过扰乱正常市场价格的导向作用而导致社会资源的低效配置；经济违规会加剧社会和政治的不稳定性，弱化对产权的保护，阻碍商业活动、技术进步和转移；经济违规使得人们花费更多成本用于隐藏以及侦测非法收入和财富，造成资源的无谓损失。

参考文献

[1] 薛锋，董颖颖，石雨欣.上市公司违规行为对违约距离和预期违约率影响的实证研究——兼论KMV模型的修正[J].经济管理，2005（20）.

[2] 朱冠东.上市公司违规行为的市场反应研究[J].山西财经大学学报,2011(7).

[3] 杨华.审计师声誉、违规行为与投资者评价[J].经济问题,2014(9).

[4] 马德芳,邱保印.社会信任、企业违规与市场反应[J].中南财经政法大学学报,2016(6).

[5] 沈华玉,吴晓晖.上市公司违规行为会提升股价崩盘风险吗[J].山西财经大学学报,2017(1).

[6] 蒋先玲,赵一林.管理层权利结构、违规行为与企业价值——基于A股上市公司的经验研究[J].山西财经大学学报,2017(5).

[7] 郑征.违规行为对新三板企业实物期权价值的影响[J].金融与经济,2020(7).

[8] 刘坤,戴文涛.企业违规、产权性质与贷款融资[J].财经问题研究,2017(6).

[9] 朱春艳,伍利娜.上市公司违规问题的审计后果研究——基于证券监管部门处罚公告的分析[J].审计研究,2009(4).

[10] 李先勇.腐败与经济增长——基于跨国面板数据的实证分析[J].西安财经大学学报,2020(2).

[11] 伏玉林,苏二毛.腐败影响的宏观经济分析[J].财经研究,2006(5).

[12] 邹薇.腐败与经济发展问题研究的新进展[J].经济学动态,1998(9).

[13] 陈刚,李树,尹希果.腐败与中国经济增长——实证主义的视角[J].经济社会体制比较,2008(3).

[14] 宋艳伟.民营经济发展与"腐败有益论"的检验[J].经济问题,2009(6).

[15] 袁柏顺,刘少博.腐败治理与经济发展水平——基于亚太地区人均购买力平价的一项定量分析[J].广西社会科学,2014(8).

[16] 杨其静,蔡正喆.腐败、反腐败与经济增长——基于中国省级纪检监察机关信访执纪数据的再评估[J].经济社会体制比较,2016(5).

[17] 周淑真."反腐败影响经济发展"论不攻自破[J].人民论坛,2017(6).

[18] 王贤彬,王露瑶.反腐败与经济增长[J].经济社会体制比较,2016(2).

［19］倪星，原超.经济发展、制度结构与腐败程度——基于2006—2010年G省21个地级市面板数据的分析［J］.浙江大学学报（人文社会科学版），2014（7）.

［20］尹振东，聂辉华.腐败、官员治理与经济发展［J］.经济学（季刊），2020（2）.

［21］李国璋，陈宏伟，郭鹏.中国经济增长与腐败的库兹涅茨曲线效应——实证视角的检验［J］.财贸研究，2010（1）.

［22］姜琪.腐败与中国式经济增长——兼论腐败治理的社会基础［J］.南京师大学报（社会科学版），2014（2）.

［23］夏朝晖，吴继承.经济违规控制与经济发展［J］.湖北警官学院学报，2006（1）.

第四章　经济违规的原因

经济违规是对经济法律法规的违反，那么，这种看似不正常的经济行为发生的原因是什么？在相似的环境下，为什么有些经济主体违规，而另外一些经济主体没有违规？本章分析经济违规的原因，首先从一般原理分析经济违规的原因，在此基础上，分别从个体、单位和区域三个层面来分析经济违规的原因。

第一节　经济违规原因的主要理论

借鉴经济犯罪理论、舞弊理论和法经济学理论，对经济违规可以从多个角度来解释。环境对人的行为产生重要原因，经济违规肯定会受到经济主体所在环境的影响，我们将这种角度的解释称为经济违规的环境理论。舞弊三角形理论从机会、压力和借口三个角度来解释舞弊行为，得到广泛的认同，这个理论也能解释经济违规。人是理性的，经济违规通常是经过经济主体理性思考之后的行为，而理性人的这种行为是认为经济违规符合成本收益的，经济违规收益大于经济违规成本，我们将这种角度的解释称为经济违规的成本收益理论。本节首先用上述三种理论分别来解释经济违规，在此基础上，分析三种理论之间的关系。

一、经济违规的环境理论

经济违规的环境理论认为,经济主体的各类环境因素是影响经济主体是否违规的主要原因,这些因素包括但不限于下列因素:经济违规的政治原因、经济违规的经济原因、经济违规的法律原因、经济违规的社会原因、经济违规的个性原因。

(一)经济违规的政治原因

政治是经济的集中表现,要以一定的经济为基础,同时也要服务于一定的经济,因此,政治因素可能影响经济违规。通常来说,经济违规的政治原因是指政治活动中存在的与经济违规有关联的政治因素,主要包括四方面的内容:一是社会阶层,二是经济政策,三是腐败,四是官僚主义。

社会阶层是由具有相同或类似社会地位的社会成员组成的相对持久的群体,是一种普遍存在的社会现象。同一社会集团成员之间的态度、行为模式和价值观等方面具有相似性,不同集团成员存在差异性。很显然,社会阶层结构是一个国家非常重要的政治因素。由于不同的社会阶层有不同的价值观和行为方式,必然会影响到他们对经济法律法规的态度,进而影响到是否实施经济违规行为的决策。

经济政策是国家或政府为了达到一定的经济目标,为增进经济福利而制定的解决经济问题的指导原则和措施,经济政策对社会经济的发展具有极其重要的影响,正确的经济政策可以对社会经济的发展起巨大的推动作用,错误的经济政策则会给社会经济的发展带来严重的破坏。就经济政策对经济违规的影响来说,主要是两个方面:一是经济政策是确定经济违规与非违规的界限,同样的经济行为,在某些经济政策下可能是违规行为,而在另外一些经济政策下则可能不是违规行为。例如,在反垄断政策下,垄断行为是经济违规,如果没有反垄断政策,垄断行为就不是经济违规。二是经济政策会影响经济主体的违规动机,如果经济政策适宜当前的环境条件,经济主体违反这些经济政策的动机就弱;相反,如果经济政策与当前的环境条件不适宜,则经济主体不遵守这些经济政策的可能性就会增加。

腐败通常是指公职人员在职位上作风不正、行为不正等权力滥用行为。腐败通过三个路径影响经济违规：一是公职人员通过腐败行为直接发生经济违规行为；二是公职人员通过腐败行为，包庇、放任、纵容经济违规行为；三是公职人员由于腐败而对工作严重不负责任，为经济违规提供了可趁之机。

官僚主义是公职人员不负责任的工作作风，主要特征是公职人员脱离实际，不了解下情，遇事推诿，办事拖拉，不负责任，讲求官样文章，繁文缛节，等等。从某种意义上来说，官僚主义是一种特殊类型的腐败。官僚主义对经济违规的影响，主要有两个路径：一是由于官僚主义的存在，政府出台的经济政策可能不适应当前的环境条件，从而增加了经济主体违反这些不恰当经济政策的可能性；二是由于具有官僚主义的公职人员不了解下情、不负责任，可能为经济主体的经济违规提供了机会，从而增加了经济违规行为。

（二）经济违规的经济原因

经济违规当然很有可能是由经济因素导致的，这些经济因素就是经济违规的经济原因，经济成分、经济发展水平和经济体制是影响经济违规的主要经济因素。

除了个人经济主体之外，以组织单位形式出现的经济主体主要有国有经济主体和非国有经济主体两种类型，不同经济主体从事经济活动对个人利益的激励密度不同，对经济违规负面后果的责任承担程度也不同。因此，这些经济主体在经济活动中对经济违规行为的态度可能不同，进而发生经济违规的可能性也不同。通常来说，国有经济主体发生经济违规对个人利益的激励密度较低，同时，对经济违规负面后果的责任承担程度也低；而非国有经济主体则恰恰相反，发生经济违规对个人利益的激励密度较高，同时，对经济违规负面后果的责任承担程度也高。因此，不同的经济成分，对经济违规的利益及负面后果会有不同的态度，进而影响到是否经济违规的决策。

经济发展水平与经济违规之间存在互动关系，一方面，经济发展水平会影响经济违规，通常来说，经济发展水平较低时，基于快速发展经济的冲动，更加容易产生经济违规行为。另一方面，经济违规也会影响经济发展，当经济法律法规立法水平不高时,违反这些经济法律法规可能有助于经济发展;当经济法律法规立法水平较高时,违反这些经济法律法规可能有损于经济发展。整体来说,不同的经济发展阶段,经济违规的程度不同。经济发展水平处于低阶段时,经济违规现象较多;而随着经济发展水平达到一定程度之后,经济违规现象就会减少。

市场经济体制是鼓励竞争和创新的经济体制,要鼓励竞争和创新,经济法律法规就不宜过于严厉,而要有一定的宽松空间由经济主体来自行选择,甚至还可以存在一定的模糊地带;而正是这些宽松空间和模糊地带的存在,可能被一些经济主体曲意利用,从而产生经济违规行为。相对来说,计划经济体制下,经济主体受到的约束更多,而一些约束可能并不适宜特定的经济主体,因此,经济主体突破这些约束的动机更加强烈,从而更有可能出现经济违规。所以,市场经济体制和计划经济体制对经济违规会产生不同的影响。

(三)经济违规的法律原因

经济违规是对经济法律法规的违反,而这种违反行为很有可能与经济法律法规本身有关,主要有四个方面:第一,经济法律法规对经济行为的干预过多,严重地约束了经济主体的正常行为,这些经济主体为了有效地履行本单位的职责,不得已违反了一些过度约束的经济法律法规;第二,过时的经济法律法规未能及时修订,导致遵守这些过时的法律法规会制约各经济主体的正常经济和业务活动,为此,违反这些经济法律法规的可能性较大;第三,经济法律法规存在模糊地带,导致经济法律法规的执法较困难,在这种背景下,一些经济主体为了局部或个人利益,可能产生经济违规的动机;第四,经济法律法规对违规行为的责任追究条款不清晰,或者是责任追究过于宽松,经济违规的成本较低,导致经济主体容易做出违规的选择。

(四)经济违规的社会原因

经济违规的社会原因是社会中那些决定、促使、引起经济违规产生的社会因素的总和,是指经济违规产生的社会根源和引起经济违规的各种具体社会现象，除了政治因素、经济因素和法律因素之外，主要的社会因素包括文化因素和道德原因。

文化是能够被传承和传播的思维方式、价值观念、生活方式、行为规范等，它是人们相互之间进行交流的普遍认可的一种能够传承的意识形态。文化是人类行为的控制器，不同的文化下，人们的行为方式不同。很显然，经济违规作为一种行为也会受到文化因素的影响。在某些文化背景下无法接受的经济违规行为，在另外一些文化背景下可能成为理所当然的事。例如，在法制观念强的文化背景下，照章纳税是一种理所当然的行为；而在法制观念缺乏的文化背景下，尽量少纳税则是一种理所当然的行为，因此，偷税的违规行为在这种文化背景下是可以被接受的。一定时期，主流文化的不同，会影响人们对经济违规行为的态度，进而影响经济主体对经济违规与否的选择。

道德是一种文化，它是社会意识形态之一，是人们共同生活及其行为的准则和规范，它通过社会的或一定阶层的舆论对社会生活起约束作用。道德的事指的是社会普遍认可的、可以增进人民幸福感、促进社会进步的事；不道德的事是社会不认可、不能增进公众幸福感的事。对于同样的事，持有不同道德观的人，对其评价可能不同。经济违规作为一种客观行为，在有的道德观下，认为其是不道德的事，而在另外一些道德观下，则并不认为其是不道德的事。例如，在重义轻利的道德观下，经济违规是一种不道德的事；而对于持有唯利是图道德观的人来说，是可以接受经济违规的。一定时期，社会主流道德观不同，会影响公众对经济违规的道德评判，进而影响经济主体是否选择经济违规。

（五）经济违规的个性原因

经济违规的行为主体是经济主体，包括自然人、单位和政府，这些经济主体在一定的环境下产生了经济违规行为。但是，可能还有许多的同类经济主体在同样的环境下，却没有出现经济违规，所以，环境条件不能完全解释经济违规，每个经济违规主体一定还有自己独特的原因，我们将这种原因称为个性原因。与此相对应，将经济违规的政治原因、经济原因、法律原因和社会原因，称为共性原因。

从自然人来说，个性原因主要指发生经济违规行为的自然人的年龄、性别、职业、性格、心理等个体原因或主观原因。关于这些个体因素对自然人经济违规的影响，有三种不同的观点：一种观点认为，自然人的气质、性格、性别、年龄及心理特征等，是自然人经济违规的主观原因；另一种观点认为，自然人出现经济违规的主观原因虽不等于自然人的上述性格、心理等特征，但包括这些因素；还有一种观点认为，自然人的性格、心理等特征，对于自然人形成经济违规思想意识，实施经济违规行为有重要影响，但其本身不起直接、决定性的影响，这种影响的发生，归根结底是受自然人头脑中的文化、道德等思想意识支配、制约的。

从单位来说，同类单位在类似的环境条件下，有些单位出现了经济违规，而有些单位却没有出现经济违规，这就说明，单位出现经济违规，一定有其自身的一些因素。例如，同行业的上市公司中，有些上市公司在证券市场中出现了违规行为；而另外一些上市公司却没有出现这些违规行为，这就说明，上市公司在证券市场的违规行为，一定有其自身的一些因素。其他各类经济违规也存在同样的现象。

从政府来说，同一层级的地方政府在类似的环境条件下，有些地方政府出现了经济违规行为，另外一些地方政府却没有出现同类的经济违规，这说明，环境条件并不能完全解释地方政府的经济违规行为，一定还有地方政府本身的一些因素。例如，同一区域下，有的地方政府出现越权减免税收，而同一区域的另外的地方政府却没有出现这种行为，说明地方政府本身的一些因素可能会影响越权减免税收这种违规行为。

二、经济违规的三角形理论

（一）舞弊三角形理论

舞弊三角形理论由美国内部审计之父劳伦斯·索耶先生提出，后经斯蒂文博士的发展，由初步的理念发展到较为完善的理论。

1. 劳伦斯·索耶的舞弊原因理论

劳伦斯·索耶先生是美国内部审计协会的创始人之一，在内部审计理论和实务方面都做出了巨大的贡献，被誉为内部审计之父。20世纪50年代，他从内部审计的角度开始了对舞弊原因的探索。他指出："一个人想要贪污雇主的资金必须有三个条件：异常需要（实际的或想象的）、机会和合乎情理。"他进一步解释说："管理当局虽然不能影响雇员追求他们的需要，但充分的控制能消除或减少舞弊的机会。雇员之所以要打破一个全面控制的系统来达到舞弊的目的，其欲望必然是极端强烈的。在资金很容易被挪用的地方，雇员很容易为其挪用资金找出理由来。"

从上述内容可以看出，劳伦斯·索耶的观点是，舞弊有三个必要条件，即异常需要、机会和合乎情理。异常需要是舞弊的内在动力，机会是舞弊得以实施的外部条件，而合乎情理则是舞弊者权衡利弊得以心理平衡的一个过程，也就是说，舞弊者认为舞弊是合乎情理的。

劳伦斯·索耶的舞弊理论虽然简明，但有逻辑地解释了舞弊产生的必要条件，这便是当一个人对财物有强烈欲望时，他就会千方百计地去寻找谋取财物的机会，甚至不管这种机会对他来说，是非法还是合法。而一旦寻求到这种机会，他便会寻找理由来实现自我心理平衡，也就是自我合理化，然后再实施舞弊行为。劳伦斯·索耶先生的舞弊原因理论为后来的舞弊三角形理论奠定了基础。

2. 斯蒂文博士舞弊三角形理论的提出

斯蒂文博士是美国注册舞弊审核师协会的创始人，他进一步发展了劳伦斯·索耶的舞弊理论。斯蒂文认为，舞弊原因包括压力、机会与借口。

斯蒂文把压力分为财务压力与工作压力。财务压力包括意外财产损失、高额负债、应急需要、贪婪以及虚荣等；工作压力包括失去工作的威胁、提升受阻、对领导不满等。

斯蒂文把机会分为六个方面：缺乏阻止舞弊的控制，无法判断工作质量，缺乏应有的纪律，存在不能真实反映情况的不对称信息，对不正常现象的疏忽与冷漠，无内部审计。

斯蒂文把借口也分为六个具体的方面：公司欠我的；我仅仅是借用的，

以后我还会归还；没有人会因此而受到损害；我会通过其他方面予以更多的回报；大家都这么做；某些东西如荣誉或正直等是可以牺牲的。

根据上述舞弊理论，斯蒂文剖析了美国一些著名的舞弊案例，为其舞弊理论提供了丰富的论据。由于斯蒂文在其舞弊理论的专著中，通过用三角形的形象比喻来生动地解释舞弊现象，因此，被称为舞弊三角形理论，并且在国际上产生了较大影响。

3. 斯蒂文博士舞弊三角形理论的进一步发展

斯蒂文认为，像可燃物、氧化剂和温度（引火源）这三要素是燃烧的必要条件一样，舞弊是由压力、机会和借口三要素组成的产物，缺少了上述任何一项要素都不可能进行舞弊。因而，预防舞弊的发生并不是仅仅通过加强内部控制来减少舞弊机会就可以实现的，还应通过消除"压力"和"借口"两个要素的方式来抑制舞弊现象的发生。正如缺少氧化剂或者达不到一定温度那样，可燃物仍是可燃料，它绝不可能自燃。

（1）舞弊的第一要素——压力。斯蒂文认为，压力要素是舞弊者的行为动机，任何类型的舞弊行为都存在某种压力，没有压力就不会有行动，只是压力的具体形式有所差异。斯蒂文将压力大体上分为四种类型：

一是经济压力：经济压力要么来自贪婪，要么来自入不敷出。

二是恶癖的压力：是指舞弊者因有诸如赌博、吸毒、酗酒、嫖娼等恶癖而导致的压力，往往与经济压力紧密相关。

三是与工作相关的压力：是指由于工作上的业绩得不到肯定，对工作不满，害怕失去工作，对升迁的期望过高或认为自己的报酬远低于自己所做出的贡献等原因造成的逆反、报复心理等，这类压力会促使当事人从资产中取得补偿。

四是其他压力：如不顾现实条件直接或间接地坚持要提高生活层次，或对现存计算机控制体系提出挑战，想证明自己的能力等。

据统计，在败露的舞弊者中，经济压力和恶癖的压力大约占95%。

（2）舞弊的第二要素——机会。斯蒂文认为，机会是指可以进行舞弊而又能掩盖起来不被发现或能侥幸逃避惩罚的时机或情形，主要有六种情况：

一是缺乏发现舞弊行为的内部控制：有效的内部控制体系是预防、发现和阻止舞弊的最重要措施，如果没有必要的内部控制，则舞弊的机会就大大增加。

二是无法判断工作的质量：对于专业性较强的工作，如律师、医生、会计师、汽车修理师等的工作，一般人无法判断他们所做的工作是否与对他们的要求和偿付给他们的报酬相符，从而给从事这类工作的人员提供了舞弊的机会。

三是缺乏惩罚措施：舞弊行为被发现后如果得不到应有的惩罚，则惩罚对舞弊者就缺乏威慑力，因此舞弊者的低成本高收入对舞弊就有推波助澜的作用。

四是信息不对称：被欺骗者掌握的信息往往没有欺骗者多，被欺骗者无法觉察自己正处于被欺骗的境地，不能发现舞弊行为，因而给了舞弊人可趁之机。

五是无知或能力不足：在一个组织内部，一些人的无知或能力不足可能会为他人舞弊提供机会。所以，如果组织内部有一些重要岗位甚至一般岗位，由无知者或能力不足者把持，则他人舞弊的机会就会大大增加。

六是审计制度不健全：审计主要是以事后监督为主，如果有健全的审计制度，则能够发现一些舞弊行为。同时，如果有健全的审计制度，舞弊者在权衡是否要舞弊的过程中也会考虑被发现的风险，从而对舞弊行为产生一种事先的阻止力。如果审计制度不健全，则事后查处和事先阻止作用都无法发生。

（3）舞弊的第三要素——借口。斯蒂文认为，在面临压力并获得机会后，真正形成舞弊还有最后一个要素——借口，也就是自我合理化。舞弊者必须权衡利弊，进行心理平衡过程，找一个理由，使舞弊行为与其本人的道德观念、行为准则相吻合。舞弊者常用的理由有：这是单位欠我的；我只是暂时借用这笔资金，肯定会归还的；没有人会因此而受到伤害；凭自己的贡献应获得更多的报酬；我的目的是善意的，用途是正当的；等等。

（二）经济违规三角形理论

借鉴舞弊三角形理论，经济违规行为的发生也需要具备压力、机会和借口三个条件，它们之间的关系也是三角形，如图 4-1 所示。

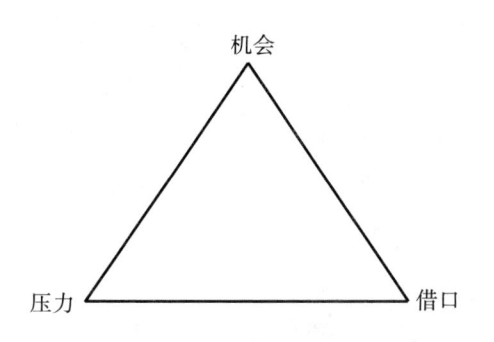

图 4-1　经济违规三角形

经济违规是在一定的压力下产生的，因为压力的存在，经济违规主体才会产生经济违规的动机；没有压力，就没有动机，从而也就不会谋划经济违规。导致经济违规的压力有多方面，工作压力、财务压力和贪婪是其主要方面。工作压力是指工作任务或工作目标难以完成，通过经济违规来完成工作任务或工作目标；财务压力主要是指入不敷出，通过经济违规来解决这个问题；而贪婪纯粹是由于对财富的占有欲望而产生经济违规行为，正是由于贪婪的存在，所以财务状况好的自然人或单位也可能出现经济违规。

压力使经济主体产生经济违规的动机，但是这种动机能否得到实施，还需要有机会，如果没有机会，再强烈的经济违规动机也是难以实施的。经济违规的机会是可进行经济违规而又能掩盖起来不被发现或能侥幸逃避惩罚的时机或情形，使经济违规得以实施的机会有多个方面，但信息不对称、缺乏恰当的控制措施和惩罚措施不力是主要的情形。由于信息不对称，经济主体实施了经济违规行为，其他人也不一定知道，从而掩盖了这种经济违规行为。由于缺乏恰当的控制措施，经济主体才有可能实施经济违规行为，如果控制措施很严密，经济主体就没有机会实施违规行为。惩罚措施不力通常会降低经济主体对经济违规成本的估计，从而促进其乐观地估计不能被发现的可能性，也会乐观地估计不会受到严厉处罚的可能性，这些乐观的估计，都会促使其实施经济违规。

借口是经济违规主体在实施经济违规之前对经济违规行为的权衡,任何人都是有一定的道德水准的,任何人都知道,经济违规是一种不道德行为,因此,要实施经济违规,需要有一个自我合理化的过程,如果不能说服自己,则难以选择经济违规行为。当然,不同的决策者,其道德水平不同,对经济违规的成本收益估计不同,因此,自我合理的难易程度不同。

当上述三个条件同时具备时,经济违规行为就会发生,犹如可燃物、氧化剂、温度(引火源)这三要素是燃烧的必要条件一样,经济违规的火焰就会燃烧起来。

三、经济违规的成本收益理论

(一)成本收益理论的基本思想

古典犯罪学派的代表人物贝卡利亚把人的犯罪行为看成是一种功利行为,他认为,趋利避害、苦乐计算,是人的本能天性,行为动机的核心。经济违规不是经济犯罪,但是可以借鉴经济犯罪原因的理论来分析经济违规的原因。

经济行为主体之所以选择经济违规行为,无疑是为了追求一定的利益。因此,要把握经济违规行为的发生机制,必须剖析经济违规行为的成本和收益。按照法经济学的理论,决策者都是具有理性的,也包括违规决策在内。理性的主体都是利益最大化的追求者,他们在选择一定的行为之前,总要对各种可选的行为方式的成本和收益的大小进行预测和比较,从中选择能给自己带来最大利益的行为。经济违规可以归结为违规者与社会之间的一种交易,如果社会使违规者付出的代价过小,就会有更多的人涌进这一有利可图的领域。经济违规的成本收益关系还可以理解为,因违规而体验到的过错感、不安感与成就感、满足感之间的对比,这是人皆有之的社会良知与物欲之间的关系。

经济违规主体是理性经济人,在选择是否经济违规时,会对经济违规的成本和收益进行衡量，当经济违规的成本小于经济违规的收益时，就可以选择经济违规。相反，如果估计的结果是经济违规的成本大于经济违规的收益，则不会选择经济违规。在预期经济违规收益与违规成本大体上相等时，经济主体是否选择经济违规则主要取决于其对经济违规风险的偏好程度，若其呈风险中性或规避风险，一般来讲，经济主体就不会实施违规行为；如果其有经济违规的风险偏好，则会实施经济违规行为，因为只有经济违规者在违规后很短的时间内受到法律制裁时，经济违规者才会承担相应的违规成本，否则他将丝毫不损，只有当预期违规收益大于违规成本，尤其是法定成本时，主体才有可能实施违规行为。从理论上讲，如果其他条件不变，有效地惩治和预防经济违规行为不可缺少的途径是增加经济违规者的预期违规成本直至超过违规收益，只有这样，才能使经济违规成为无利可图的行为，从而起到惩治和遏制经济违规的效果。

（二）经济违规的收益

经济违规的收益是经济违规主体通过实施特定经济违规行为所获得的利益，它由两部分组成：一是物质利益，即经济违规主体通过实施特定的经济违规行为而获得的物质利益；二是时机取得，即经济违规主体通过实施特定的经济违规行为而获得从事某项活动的机会。对经济违规行为而言，是不存在法定收益的，所以，经济违规的收益就是经济违规主体通过实施经济违规行为所获得的必然收益。

（三）经济违规的成本

经济违规的成本包括实施行为过程中所付出的物质耗费，实施经济违规行为造成的社会后果，以及由经济违规行为所引起的社会给予的惩罚和制裁。对经济违规的成本有不同的分类方法，主要有两分法和四分法。

1. 两分法

两分法将经济违规成本分为必然成本和法定成本。必然成本是指经济主体实施特定经济违规行为本身必然要承受的资源耗费等代价；法定成本是指法律法规所规定的经济主体实施特定经济违规行为应当承受的代价。

必然成本通常包括道德性成本、资源耗费和机会成本。道德性成本表现为社会舆论的谴责和贬谪，以及由此影响到信誉的降低，它又分有形的形态和无形的形态；资源耗费是经济违规主体在实施特定经济违规行为过程中时间、脑力、体力和已经取得的其他资源的消耗；机会成本即时机损失，是指经济违规主体在选择特定经济违规行为时，其他可选机会的丧失。

法定成本实际上就是法律对经济违规行为所规定的制裁，由经济性成本和人身性成本组成。经济性成本表现为经济违规主体向受害人支付一定数额的赔偿金、违约金、罚金或没收非法行为所得；人身性成本表现为经济违规主体的人身受到的损失。对经济主体来说，法定成本是一种可能成本，只要其经济违规行为不被揭露，就可以省去这笔支付。

如果用被追究率表示经济违规行为受到责任追究的概率，那么经济违规的成本可以用下述公式来计算：

经济违规成本 = 必然成本 + 法定成本 × 被追究率

必然成本 = 道德性成本 + 资源耗费 + 机会成本

法定成本 = 经济性成本 + 人身性成本。

2. 四分法

四分法认为，经济违规成本包括实施经济违规行为过程中的物质耗费、实施经济违规行为造成的社会后果及所受惩罚和制裁，主要由信誉成本、行为性成本、经济性成本和人身性成本组成。信誉成本是由于实施经济违规行为，遭到社会舆论的谴责，使经济违规主体信誉降低。行为性成本指经济违规主体因实施特定经济违规行为，其后来的经济行为受到某些限制，如强制停业、整顿、吊销营业执照等。经济性成本主要表现在两方面：一是经济违规主体实施经济违规行为必然要承受的资源耗费；二是经济违规主体向受害者支付一定数额的赔偿金、违约金，或者因违规被处以罚款、没收非法所得等。人身性成本指作为自然人的经济违规主体被处罚。

经济违规成本要真正发挥作用，必须注意事实成本，它是指经济违规主体实施某一特定经济违规行为所耗费各项成本的社会平均数，如果只注意经济违规行为的法定成本，而不注意它的事实成本，可能出现令人不可思议的怪现象：经济立法机构高速运转，各项法律法规频频出台，就是不能有效遏制经济违规行为的发生。其实原因很简单，就是因为经济主体实施经济违规行为所耗费的事实成本过低。经济主体如果守法成本高、违规成本低以及经济违规所带来的风险低，则使一些经济主体可能会形成"宁可受罚也要违规"的行为习惯，这就可能导致经济违规行为的长期存在。

（四）影响经济违规成本收益的因素

经济主体基于对经济违规成本的估计来选择是否违规，而经济违规的成本和收益的大小，受到诸多因素的影响。这些因素主要包括以下三方面。

1. 法律设定

法律设定直接决定经济违规行为的法定成本的高低，它是指法律对经济违规行为的惩罚措施的设计和规定。如果法律对某种经济违规行为规定的惩罚偏轻，该行为的法定成本自然就偏低，那么，就难以制止这种经济违规行为的发生。目前，我国存在不少钻法律空子"搭便车"等经济违规现象，说明我国经济法律制度供给的不完善、不健全。

2. 执法水平

执法水平决定着经济违规行为的责任追究率的高低，而责任追究率是影响经济违规成本的一个至关重要的变量。责任追究率体现了对经济违规行为惩罚的确定性程度，正是法律给社会能够提供稳定的预期才使法律有别于其他社会规范并且具有强制执行性，法律的确定性使得经济违规主体丧失违规后逃避法律制裁的心理预期，执法的及时性使经济违规主体丧失再次违规的机会并使其违规的边际收益率降低。因此，如果执法水平不高，大量的经济违规行为没有受到应有的惩罚，经济违规行为的法定成本就会降低，经济违规的总成本就会大大降低。

3. 行为机会

行为机会是影响经济违规行为的必然成本和收益的重要因素，它是指由外部条件构成的经济主体实施特定经济违规行为的现实可能性。社会上存在的经济违规行为机会越充分，经济行为主体实施经济违规的必然成本就越低，收益则越高。

四、三种理论之间的关系

以上分别阐述了经济违规的环境理论、三角形理论和成本收益理论，那么，是否对经济违规就有三种不同的解释呢？答案是否定的！事实上，三种理论是从不同的角度来解释经济违规的，三者密切相关，基本关系如图4-2所示。

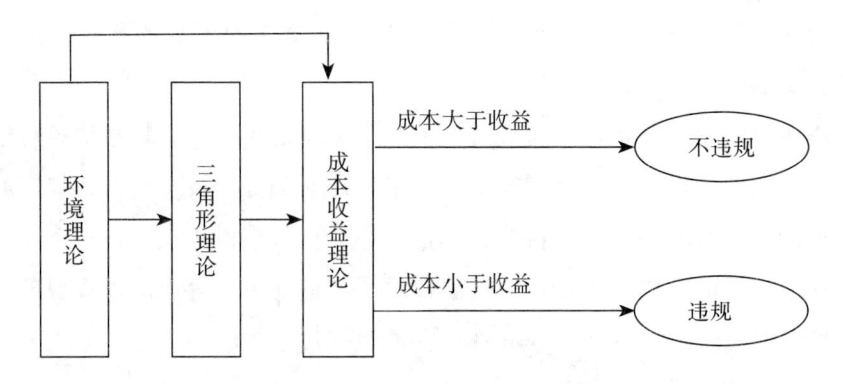

图 4-2 经济违规理论的关系

环境理论从政治因素、经济因素、法律因素、社会因素和个性因素等原因来解释经济违规，三角形理论则从经济违规的机会、压力和借口这三个因素来解释经济违规。它们二者的关系是，政治因素、经济因素、法律因素、社会因素和个性因素等分别会影响经济违规的机会、压力和借口，进而影响经济主体对是否实施经济违规的决策；政治因素、经济因素、法律因素、社会因素和个性因素等通过改变经济违规的机会、压力和借口这些因素，进而影响经济违规是否会发生，所以可以认为，三角形理论是环境理论的机制解释。

就三角形理论与成本收益理论的关系来说，经济违规的机会、压力和借口这些因素，会影响经济主体在实施经济违规之前对经济违规的成本和收益的估计。机会越多、压力越大，对成本的估计越低，对收益的估计越高，借口也会影响到经济主体对经济违规的成本收益估计。越是容易形成借口的经济主体，对经济违规成本的估计可能越低；越是难以形成借口的经济主体，对经济违规成本的估计可能越高。

环境理论也与成本收益理论有直接关联,政治因素、经济因素、法律因素、社会因素和个性因素会实质性影响经济主体实施经济违规的成本和收益,同时,其中有些因素也会影响经济违规主体对经济违规成本收益的估计。例如,法律因素中,对经济违规的追责程度,显然也影响经济违规的成本;而个性因素中,人的性格特征会影响其对经济违规的成本和收益估计。

总体来说,虽然经济违规的环境理论、三角形理论和成本收益理论从不同角度解释了经济违规的原因,但这些理论是相互关联的,它们共同形成对经济违规原因的较完整的解释。下面,我们以这些理论为基础,分别从个体层面、单位层面和区域层面,进一步分析经济违规的原因。

第二节 个体层面的经济违规原因

社会心理学家将引起"邪恶"行为的原因归结为三个层次的因素:个人层面的人格特征:"烂苹果";情境层面的组织内部环境:"坏掉的苹果桶";系统层面的外部制度结构:"坏苹果桶的制造者"。借鉴这个理论,我们将经济违规的原因也分为个体层面、单位层面和区域层面三个层级,同时,经济违规的环境理论、三角形理论和成本收益理论也会在不同的层级发挥作用。本节分析个体层面的因素,主要基于上市公司违规的相关实证、研究文献,介绍这些文献的研究结果,而这里的个体层面的因素主要是关于自然人的一些相关因素,包括四个方面:独立董事相关因素、董事相关因素、高管层相关因素、监事相关因素。

一、独立董事相关因素

曹伦、陈维政(2008)从独立董事角度出发,研究了影响独立董事履行职责的因素与上市公司违规行为之间的内在关系。结果表明:独立董事之间专业的合理构成与上市公司违规呈显著负相关关系，独立董事合理的专业构成更能有效地防范上市公司的违规；对独立董事的津贴激励与上市公司违规行为发生呈显著正相关关系。

岳殿民、李雅欣（2020）指出，我国企业违规数量呈逐年递增趋势。以沪深A股上市公司为例，2010年违规企业数量为75家，2019年攀升至560家，占全部A股的15.09%。2018年，A股上市公司收到处罚决定共计1094件，处罚金额达到108.12亿元。他们以2008—2014年沪深A股上市公司为样本，从声誉激励的视角研究法律背景独立董事对企业违规行为的抑制效应。研究结果表明：第一，法律背景独立董事声誉与企业违规行为呈显著负相关，即高声誉的法律背景独立董事能积极履行监督职能，抑制企业违规行为。第二，细分独立董事职业经历后发现，相比于高声誉理论界法学学者独立董事，高声誉实务界律师独立董事抑制上市公司违规行为的作用更显著。第三，上市公司所在地的法律环境会影响法律背景独立董事声誉机制作用的发挥，地区法律环境越完善，高声誉法律背景独立董事对企业违规行为的抑制作用越大。

陆静、张莹和向诚（2020）以1997—2015年中国A股上市公司为样本，研究上市公司独立董事制度的实施和独立董事特征对公司是否违规、违规次数以及违规严重程度的影响。结果表明，上市公司实施独立董事制度能够降低公司违规概率、减少公司违规次数，独立董事制度发挥了作用。独立董事的学术履历、政治面貌、金融行业、海外经历等背景特征均对公司违规行为没有显著影响，独立董事的平均年龄、女性比例对公司是否违规以及违规次数也没有影响。独立董事委托他人出席会议对公司违规行为没有显著影响，而独立董事缺席会议将增加公司违规的概率以及违规次数。

周泽将、卢倩楠和雷玲（2021）以2007—2018年中国A股上市公司为研究样本，实证考察独立董事薪酬激励对企业违规行为的影响及其情境特征。研究发现：独立董事薪酬激励显著抑制了企业违规行为，表现为独立董事薪酬越高，企业违规行为发生的可能性和严重程度越低；与非国有企业相比，国有企业中独立董事薪酬激励对企业违规行为的抑制作用更强；内部控制质量强化了独立董事薪酬激励对企业违规行为的抑制作用；进一步的经济后果检验揭示,独立董事薪酬激励对企业经营绩效具有显著的提升作用。

刘思敏(2021)等考察独立董事换届"未连任"现象与公司违规行为之间的关系,以此揭示独立董事换届"未连任"现象可能传递公司治理存在问题的信号。研究表明,与不存在独立董事未连任的对照组相比,存在独立董事换届未连任现象的公司在换届当年和后一年发生违规行为的可能性显著增加,控制可能的内生性问题后结论依然成立;独立董事未连任不是受到已披露违规的牵连,而是发现公司可能有潜在违规行为时的主动选择;声誉机制在其中发挥主要作用,职业关注程度更高的独立董事,换届未连任所传递的公司违规信号更加强烈。

二、董事相关因素

杜兴强、熊浩(2018)基于中国的制度环境和人情文化,以2004—2013年上市公司为样本,从监督效用视角考察外籍董事对公司违规行为(发生概率和严重程度)的影响。研究发现,外籍董事与公司违规行为呈显著负相关,表明外籍董事的引入能够提高董事会的监督效力,减少公司的违规行为。再根据外籍董事的国籍信息,分为强弱两种监管类型,发现强监管型外籍董事与公司违规行为呈显著负相关,弱监管型外籍董事与公司违规行为无显著关系。

车响午、彭正银(2018)基于上市公司董事背景特征视角,使用2004—2016年沪深A股(非金融上市公司)2440个违规与配对样本,考察具有法律及财务会计背景(以下简称"法会背景")的董事对企业违规的影响。研究发现:聘任具有法会背景的董事的企业更容易发生违规行为;相比于聘任具有法会背景的独立董事的企业,聘任具有法会背景的执行董事的企业违规程度更严重。进一步研究还发现,董事会的股权激励并未减少具有法会背景的执行董事发生企业违规行为的风险。

雷啸、唐雪松和蒋心怡(2020)利用2007—2017年上市公司的数据,研究发现董事高管责任保险的引入能够抑制公司违规行为。在内部控制质量较差和机构投资者占比较低的企业中,董事高管责任保险对公司违规行为的抑制作用更为显著。董事高管责任保险和内部控制以及机构投资者的交互效应也能显著抑制公司的违规行为，这说明董事高管责任保险在治理水平较差的公司中能够发挥"监督效应"，而且还能与公司自身的内部控制和机构投资者治理机制联动，共同抑制公司的违规行为。此外，董事高管责任保险通过降低企业信息不对称风险来抑制公司的违规行为。

三、高管层相关因素

王建琼、曹世蛟（2019）以上市公司董事、监事以及高级管理人员跨公司任高管职位所形成的连锁关系为基础，建立全体 A 股上市公司之间的关联关系，并检验被考察公司（目标公司）的违规倾向是否会受其关联公司违规行为的影响。研究发现：关联公司的违规氛围显著助长了目标公司的违规倾向，并且具有较强违规习性的目标公司更容易受感染；而没有违规前科的目标公司则仍能洁身自好。

鱼乃夫、杨乐（2019）基于 2009—2018 年中国 A 股上市公司的数据，分析高管团队异质性和企业社会责任对上市公司违规行为的影响。研究结果表明：高管教育背景对企业违规行为有一定的正向影响，高管的学历越高，企业越不容易违规；高管的年龄和女性占比都对企业违规行为有负向影响，但均不显著；高管是否具有金融背景对企业违规行为有显著的正向影响；社会责任和企业违规行为之间存在显著负相关关系，企业社会责任评级指数越高，企业越不容易违规。

刘爱明、周劲君（2021）以 2012—2019 年中国 A 股上市公司为样本，研究高管海外背景与企业违规行为之间的关系。研究结果表明：高管海外背景与企业违规之间呈显著的负向关系，即具有海外背景的高管会抑制企业违规行为；在外部融资约束较强的环境下，高管海外背景对企业违规行为的抑制作用会减弱。进一步研究表明，相较于高管海外学习背景，高管海外工作背景对于企业违规行为的抑制作用更大；高管海外背景会提升企业社会责任履行程度、提升公司聘请国际四大会计师事务所（普华永道、毕马威、德勤、安永）进行财务报告审计的概率，由此对企业违规行为产生影响。

四、监事相关因素

易颜新、王榕和叶继英（2022）以2009—2019年中国A股上市公司的数据为研究样本，检验以不领薪为特征的独立监事对公司违规行为的影响，并研究企业聘请国际四大会计师事务所审计的影响机制。结果表明：独立监事能有效减少企业违规行为并促进企业获取更高质量的审计。影响机制研究表明，聘请国际四大会计师事务所审计在独立监事与企业违规之间的关系中起中介作用。进一步研究的结果表明，当内部控制薄弱、监事会较为活跃时，独立监事的监督效果会更好。

第三节 单位层面的经济违规原因

本节主要基于上市公司违规的相关实证、研究文献，介绍这些文献的研究结果。而本书所指的单位层面的因素主要是关于违规的上市公司本身的一些相关因素，包括以下五个方面：股权结构、公司治理、业务经营、内部其他因素、分析师跟踪和媒体关注。

一、股权结构

周好文、李纪建和刘婷婷（2006）以2004年1月—2006年1月公开披露高管人员违规落马现象的31家上市公司作为研究样本，通过逻辑回归模型对股权结构、董事会治理与上市公司高管违规行为进行了实证分析。研究表明，股权集中度与上市公司高管违规呈显著正相关；董事会规模、高管薪酬、学历构成、内部人控制等因素与上市公司高管违规有显著相关关系。

张栋、王秀丽和姜锡明（2007）以2000—2005年公开披露高管违规的25家A股上市公司为样本，对我国上市公司股权结构与高管违规之间的关系进行的经验分析表明：国家股比例与高管违规具有显著正相关性，法人股比例和高管持股比例与高管违规之间不存在显著相关关系，流通股比例和控股股东持股比例与高管违规呈显著负相关关系。

陆瑶、朱玉杰和胡晓元（2012）以 2001—2009 年中国 1 729 家上市公司为样本，发现机构投资者持股比例降低了公司违规行为倾向，同时增加了公司违规行为被稽查的可能性。进一步研究表明，相比公司经营违规，机构投资者对信息披露违规倾向的影响更强。另外，相比证券机构投资者，养老保险基金、社保基金、企业年金持股的公司中违规公司比例更低。除此以外，机构投资者对公司违规的抑制与检举作用并不受其他公司治理变量的影响。

梁上坤、徐灿宇和司映雪（2020）选取公司违规行为的视角，考察国有企业混合所有制的后果。以 2008—2017 年我国 A 股国有上市公司为样本，研究发现：混合所有制具有显著的治理效果，混合所有制程度越高的公司，违规行为越少；区分违规类型，相比于经营违规和一般违规，混合所有制对信息披露违规以及严重违规的治理作用更明显。进一步的研究显示，混合所有制能够显著降低公司的违规倾向，但对违规稽查概率无显著影响；作用机制的探索表明，混合所有制主要通过优化内部控制、提高信息透明度，进而抑制公司的违规行为。此外，所处地区法律环境较差的公司，混合所有制的违规抑制效应更明显。

王敏和何杰（2020）运用夏普利权力指数方法，以 2001—2017 年沪深主板上市公司全样本数据，测量中国上市公司大股东的真实控制权，进而考察对公司违规的影响。研究表明：大股东控制权越大，公司违规倾向越低，违规行为被稽查出的可能性越高；进一步区分公司违规主体发现，大股东控制显著降低了经营层的违规倾向，增加了违规行为被稽查出的可能性，但显著降低了股东违规被稽查出的可能性。

二、公司治理

陈国进、林辉和王磊（2005）以我国上市公司在 2001—2002 年受处罚的事件为样本，检验了公司治理和声誉机制对上市公司违法违规行为的约束作用，发现公司第一大股东集中持股有利于约束违法违规行为，但是声誉机制的作用甚微。此外，公司业绩指标与上市公司违法违规概率之间存在显著负相关关系。

蔡志岳、吴世农（2007）以2001—2005年因为违规行为被监管层公开谴责、公开批评或公开处罚的A股上市公司为研究对象，研究董事会特征是否会影响公司违规行为。结果表明，董事会规模过大会降低工作效率；独立董事比例越高，公司经营越规范；审计委员会的设立可以在一定程度上监督约束公司行为。

高雷、罗洋（2008）研究发现，上市公司独立董事的规模、董事会规模和董事会成员的报酬对于上市公司的违规行为起着显著的约束作用。董事长与总经理两职分离的治理形式，并不是影响上市公司违规行为的重要因素。

徐筱凤、李寿喜和黄学鹏（2019）研究发现，私人控制的企业较政府控制的企业更容易出现违规行为，实际控制人拥有的控制权比例越高，企业违规的概率越低。高管的货币薪酬越高，高管持股比例越高，或正在实施股票期权激励的企业，违规的概率较低。并购重组、高负债企业、绩差企业或小规模企业更容易出现违规行为。

梁上坤、徐灿宇和王瑞华（2020）以2004—2016年中国A股上市公司为样本，考察董事会断裂带对公司违规行为的影响。研究发现：董事会断裂带对公司违规行为具有显著抑制作用，且对不同处罚程度的违规行为均存在；董事会断裂带降低了违规倾向，提高了违规被稽查的可能性，有助于缩短违规稽查时间。此外，董事会断裂带的这种抑制作用主要源于深层特征形成的断裂带。拓展性分析发现，高管权力水平会强化该抑制作用；相比国有企业，抑制作用在非国有企业中更显著。

魏芳、耿修林（2020）认为，高管团队垂直薪酬差距在激励高管努力工作的同时，也可能影响高管的自利动机和风险敏感性，进而导致企业违规等组织不当行为。基于代理理论和锦标赛理论，学者利用2006—2015年A股上市公司数据构建混合样本和配对样本，运用计数模型实证考察了高管团队垂直薪酬差距对企业违规行为的影响。结果表明，高管团队垂直薪酬差距与企业违规行为呈显著正相关，环境动态性削弱了二者之间的关系。同时，相比于国有企业，这种效应在非国有企业中更为显著。

三、业务经营

陈美桂（2015）以 2008—2013 年我国中资保险公司为研究对象，从保险公司、保险专业中介、保险监管三个视角分析保险公司声誉、保险专业中介等对保险公司中介业务市场违规行为的影响。研究结果表明：保险公司的资产收益率越低、公司规模越大、市场份额越高，中介业务市场违规行为越容易发生；保险公司越是片面追求保费规模及保险专业中介机构较低的市场份额，越会导致保险公司中介业务市场违规行为的更多发生；治理措施对违规行为有抑制作用。

蒋尧明、赖妍（2017）以 2010—2015 年我国 A 股上市的非金融类公司为研究对象，探讨企业社会资本对公司违规行为的影响，并进一步检验了企业社会资本和产品市场竞争对违规行为的作用关系。实证结果显示：社会资本水平越高的上市公司，发生违规行为的可能性越低；产品市场竞争会抑制上市公司社会资本对违规行为的负向影响。

孟庆斌、李昕宇和蔡欣园（2018）探究公司战略对公司违规行为的影响。结果表明：相比防御型公司，进攻型公司的违规倾向更高、违规次数更多。研究公司战略对公司违规行为的影响机制，发现良好的信息环境、完善的内部控制、聘任稳健型的高管能够约束进攻型公司的违规行为。进一步研究表明：公司被稽查的概率与其战略类型无关，排除了稽查概率对结论的干扰；进攻型公司的盈利能力强于防御型公司，否定了进攻型公司通过违规行为改善业绩的猜想；区分违规类型后，发现公司战略的影响在经营违规和公司负责人违规中更为明显，而在信息披露违规中较弱。

王永妍等（2018）以 2003—2015 年我国 A 股上市公司为研究样本，探讨了公司的资产质量对公司违规行为的影响。研究表明：良好的资产质量能够减少公司的违规行为，这种影响在控制了可能的内生性问题后依然显著。此外，研究发现，资产质量对信息披露违规的影响较大，而在非信息披露违规中不显著；公司所处的内外部环境显著影响资产质量的治理效果。

司美玲（2022）以 2007—2019 年沪深 A 股上市公司为研究对象，探讨企业金融化对其违规行为的影响。研究结果发现，企业金融化会导致企业违规行为增加，企业金融化程度越高，其违规行为越多。进一步考察金融资产的期限结构发现，相比短期金融资产，企业对长期金融资产的持有对其违规行为的增加作用越大，表明企业金融化对其违规行为的影响主要是由长期金融资产的持有推动的。

四、内部其他因素

袁小平、刘光军和彭韶兵（2019）以证监会推出的《关于上市公司实施员工持股计划试点的指导意见》为政策背景，基于2014—2018年我国上市公司高管违规行为数据，对公司治理水平、员工持股计划与企业高管违规行为之间的关系进行研究。结果表明：员工持股计划与公司治理综合水平的交互作用显著，即员工持股计划能够显著促进公司治理水平对高管违规行为的抑制作用；处于较低的公司治理综合水平的员工持股计划，提高了高管违规行为发生的频率；员工持股计划能有效提升公司治理综合水平。

雷啸、唐雪松（2021）研究会计信息可比性对公司违规行为的影响，以2007—2018年上市公司数据为样本研究发现，提高会计信息可比性能够降低公司违规倾向，提升公司违规被查处的概率，从而降低公司违规行为。较之国有企业，会计信息可比性在民营企业中的治理效应更为显著。较之于分析师关注度较高的公司，会计信息可比性在分析师关注度较低公司的治理效应更为显著。进一步研究表明，会计信息可比性通过降低信息不对称程度产生中介作用。

五、分析师跟踪和媒体关注

肖奇、沈华玉（2017）以2003—2014年中国A股上市公司为样本，实证检验分析师关注与公司违规行为的关系以及公司成长性对上述关系的影响。研究发现：分析师关注能够抑制公司的违规行为，而公司的成长性会减弱这种影响；区分审计质量后发现，分析师关注并未显著影响高审计质量环境中的公司违规行为，而是显著降低了低审计质量环境中的公司违规行为，表明分析师关注能够在一定程度上作为独立审计这种外部治理机制的替代；在机构投资者治理水平较高以及两职不合一的环境中，分析师关注对公司违规行为的抑制作用更加明显。

杨宜、赵一林（2017）基于媒体报道角度，选取2009—2016年发生违规行为的上市公司及PSM（倾向得分匹配法）配对样本为研究对象，采用Logit模型（评定模型）研究媒体类型、媒体关注与公司违规行为的关系。研究发现：媒体关注度越高，上市公司违规行为发生的可能性越低；相比正面新闻，负面新闻更能显著减少公司的违规行为；不同类型的媒体对上市公司违规行为的约束力存在差异，政策导向类媒体能显著减少违规行为，市场导向类媒体的作用有限；对于国企，媒体主要通过行政干预机制实现监督职能，对民企则主要通过声誉机制。

桂爱勤、龙俊雄（2018）以2000—2016年发布年报的所有A股上市公司为样本，分别使用了分析师数量、明星分析师数量作为分析师关注的代理变量，考察对违规概率的影响。结果显示：随着分析师关注的增加，企业违规的可能性越小；明星分析师的声誉效应并不能显著地减少企业的违规行为。

姚玲洁、董永琦和丘彦强（2021）选取2013—2018年深交所上市公司接待基金公司实地调研的活动数据，对基金公司实地调研与被调研上市公司违规行为的关系进行实证分析。研究发现：基金公司对上市公司开展实地调研活动能够显著抑制上市公司的违规行为，降低其违规倾向、违规次数及违规强度，且调研次数越多，违规行为越少。

袁芳英、朱晴（2022）以2011—2020年深市A股上市公司为研究样本，实证检验分析师关注对企业违规行为的影响，并探讨其作用机制。研究发现：分析师关注能够降低企业违规倾向、减少企业违规次数，有效抑制企业违规行为；信息透明度在分析师关注与企业违规行为之间发挥部分中介效应。进一步研究表明，在非国有控股、内部控制较差、审计质量较低的上市公司中，分析师关注对企业违规行为的抑制作用更加显著。

第四节　区域层面的经济违规原因

本节主要基于财政违规及上市公司违规的相关实证、研究文献，介绍这些文献的研究结果。本节所指的区域层面的因素主要包括以下五个方面：文化及社会资本、制度环境、市场环境、财政状况、其他因素。

一、文化及社会资本

王菁华（2018）采用2009—2018年我国上市企业的财务违规数据，借鉴舞弊三角形理论的分析框架，考察彩票文化对企业财务违规的作用效果以及情景性因素。发现地区彩票文化越盛行，个体的冒险倾向和风险容忍度越强，企业财务违规的可能性越大。异质性分析结果表明：当企业面临的业绩压力较大时，彩票文化对企业违规的正向影响更加明显，而良好的治理水平有利于缓解两者之间的关系；彩票文化浓厚的地区，企业财务决策偏于激进，财务信息质量较低。

陆瑶、胡江燕（2018）研究中国特色的关系——"老乡"关系对公司违规行为的影响。通过使用2000—2013年沪深两市中所有上市公司的面板数据，研究发现CEO与董事间的"老乡"关系会显著提高公司的违规倾向，同时降低违规后被稽查出的概率。这种影响在控制了可能的内生性后依然显著。另外，还发现人们之间的信任程度和风险偏好会显著增强"老乡"关系对公司违规的影响，而较高的股权集中度则会显著地减弱"老乡"关系的影响。

程博、熊婷和林敏华（2018）按照"文化—行为"的逻辑，探讨了作为非正式制度的重要组成部分的儒家传统文化对公司违规行为的影响。以2007—2014年沪深两市的中国家族企业上市公司为研究样本，考察了儒家传统文化对上市公司违规行为的影响以及其与正式制度（法律）的交互作用。研究发现：儒家传统文化影响力越强，上市公司违规行为发生的概率越低；并且在儒家传统文化与正式制度（法律）两者交互叠加作用时，上市公司违规行为发生的概率更低。

李文佳和朱玉杰（2018）通过构造儒家文化强度的距离模型和区域模

型，使用 2003—2018 年我国沪深 A 股上市公司的违规数据，研究了儒家文化对公司违规行为的影响。研究发现，儒家文化对公司违规行为有显著抑制作用，这种影响在控制了可能的内生性问题后依然显著。对违规行为具体分类研究，发现儒家文化对信息披露、股东自利、治理不规范这三类违规行为有显著抑制作用。通过中介效应检验发现，声誉机制和代理机制是儒家文化影响公司违规行为的两个潜在渠道，受儒家文化影响较强的公司更看重对公司声誉的维护，同时儒家价值观有利于降低代理成本，减少代理人的违规动机。另外，作者还发现，对于国有控股公司和行业竞争相对不激烈的公司来说，儒家文化对违规行为的抑制效应更强。

二、制度环境

何轩（2019）以上市公司所处的制度环境为视角，考察了市场化改革和地区腐败对上市公司违规行为的影响。运用大力反腐前的 2004—2010 年沪深上市公司的违规数据，研究发现：①市场化程度的提高会减少上市公司的违规频率，然而由于各地区腐败程度不一，市场化的效用被相对削弱；值得注意的是，上市公司董事的政治背景并没有弱化市场化对违规的抑制作用。②考察上市公司违规后的受罚力度时发现，在腐败程度高的地区，公司违规后受罚力度较小，而市场化进程的加快能够有效抑制这一不良现象；同时不得不承认的事实是，公司执行董事和独立董事的政治背景都发挥了显著的"庇护"作用，即相对于没有政治关联的公司，有政治关联的公司在违规后受罚较轻。

周俊（2017）以 152 个国家（地区）2009—2015 年的面板数据，探讨作为系统重要组成部分的社会制度元素——政策与法律环境对企业违规的影响效应，并分析另一种社会制度元素——教育对该效应的调节作用。主要的实证结果如下：其一，一国（地区）的裙带主义与其企业违规程度呈显著正相关，而政府决策透明度、法律解决纠纷的效率以及警务可靠性均与企业违规程度呈显著负相关。其二，教育质量不仅直接抑制企业违规，而且显著地正向调节了警务可靠性与企业违规程度之间的负相关关系。

朱莹、黄轲（2022）以财政"省直管县"改革为契机，研究财政治理和审计治理两种政府治理方式对地方政府财政违规的影响。审计数据显示，2007—2017年，地方审计机关查出的问题金额从1.31万亿元增长至12.11万亿元，分别占当年GDP的4.85%和14.55%，以及当年地方财政支出的34.19%和69.89%，十年间平均增速高达27.09%。研究发现，财政"省直管县"改革提高了县级政府财政违规金额。机制分析表明，改革在短期内引起的审计监管放松是县级政府财政违规金额上升的主要原因，由于"省直管县"财政体制改变了地级市与县的财政隶属关系，因此，原本属于地级市的财政审计监管职能转移到了省，这种责任的转移会导致省级审计机关管理幅度加大、审计监督过程出现盲点等问题。而审计监管环境趋严和审计技术效率的提高能够有效约束其财政违规行为。进一步的研究发现，财政"省直管县"改革也会提高地级市政府财政违规金额，但其影响机制主要是不参与县级税收分成和丧失财政截留机会而产生的财政激励。

姜楠（2019）基于环境处罚功能定位，论证了环境处罚的理论标准，特别是考虑到不同情形的环境罚款标准。通过对国家重点监控企业的实证分析，发现处罚标准与重点监控组合共同起到了较好的威慑作用，但环境罚款及其他处罚措施在责令企业整改方面效果并不乐观。

杨慧辉、刘伟（2018）利用2010年我国A股资本市场引入融券卖空机制这一准自然实验，采用双重差分法分析和检验了融券机制对上市公司信息披露违规的预见性和抑制性方面的治理效应。结果发现融券的卖空机制可以从微观层面对公司的信息披露行为产生影响，融券卖空者具备发现上市公司信息披露违规行为的能力，其可以合理预见公司的信息披露违规行为。进一步研究发现，融券卖空机制的抑制公司信息披露违规、提高公司信息披露质量的治理效应在终极控股股东两权分离度高、管理层持股比例高的公司中发挥得更为显著，能在一定程度上抑制终极控股股东和管理层两类上市公司内部权力主体在信息披露违规方面的机会主义行为。

三、市场环境

袁靖波、周志民和周南（2021）以中国 2010—2014 年的财产保险行业作为研究对象，从竞争视角入手，研究产品市场竞争对企业违规行为的影响机制，并基于市场分割的制度情境探讨其中的边界条件。研究发现，产品市场竞争与企业违规行为之间呈"U"形关系，市场地位在产品市场竞争和企业违规行为之间具有中介作用。从边界条件看，市场分割作为中国经济转型中重要的制度情境变量，对产品市场竞争和企业违规行为之间的关系存在正向调节作用。具体地说，在产品市场竞争处于较低水平时，市场分割程度的增加会削弱产品市场竞争对企业违规行为的负向影响；在产品市场竞争处于较高水平时，市场分割程度的增加会增强产品市场竞争对企业违规行为的正向影响。

薛有志、周杰（2007）研究了中国股票市场对上市公司的违规行为是否进行了有效治理，上市公司投资者是否对上市公司发生的违规行为给予了惩罚。研究结果表明：股票市场并未对上市公司的违规行为进行惩罚，通过股票市场产生的外部治理机制失效。

四、财政状况

王菱（2021）研究财政资金违规状况后指出，贫困县财政普遍收不抵支，而上面的增支政策又不断出台，加上财政资金调度困难，地方财政日趋拮据。为了维持"机器"的正常运转，各县财政普遍存在挪用专款发放工资、拨付费用的情况。即使这样，工资也难以按时拨付，正常费用也得不到及时保证，更谈不上拨付资金解决各单位的办公设施、职工住房及奖金、福利待遇了。再加上社会分配不均，个别单位工资普遍较高（如银行、邮电等）。一些单位为了平衡员工心理，于是便出现提高收费及基金标准，挤占挪用专项收费及基金发放工资，违规使用预算外资金滥发钱物、乱上基建项目、擅自购买专项控购商品等"偏轨"行为。

罗倩文（2018）研究发现，地方政府可支配财力与违规违纪行为之间在

5%的显著性水平上呈现正相关关系，系数为0.026。一般性转移支付的系数为0.023，在10%水平上显著。这说明地方政府可支配财力与其自主收入的比值每增长1个单位，审计查出违规金额与GDP的比值将增长0.026个百分点；地方收到的一般性转移支付与自主收入的比值每增加1个单位，审计查出违规金额与GDP的比值将增长0.023个百分点。

李佳音（2019）研究了地方债后提出，考虑到地方政府在分税制下的财政资金窘境，可以认为，地方政府债券改革试点地区的地方政府可以通过发行地方政府债券筹集资金，而不必承担较大风险来选择财政收支违规行为。毕竟审计发现违规资金意味着可能会有不同层级的地方官员面临相应的惩处。退一步说，即便是通过自行发债不足以完全获得所需资金，通过发债所获的收入也使得地方政府的资金缺额减小，财政收支压力得到一定程度的缓解。有悖于上述理论分析，从数据来看，试点的四省、市实际上并没有出现审计违规资金的明显下降，试点省份的情况似乎说明地方债自发自还试点政策对抑制财政违规行为的效果并不明显。

五、其他因素

陆蓉、常维（2018）选取沪深两市2000—2016年所有A股上市公司样本，研究发现：企业违规行为存在显著的地区同群效应，且信息披露型违规的同群效应更加明显；对地区同群效应内生的内在机制检验发现，违规决策同群效应部分源于交流式学习模仿和观察式学习模仿两种机制；企业层面地区同群效应的异质性研究发现，所有权性质相同的企业间地区同群效应更加明显；党的十八大之后，上市公司违规行为的发生概率显著降低，违规的地区同群效应显著减弱。

张巧良、连晓璐（2019）将上市公司违规行为划分为经营违规和信息披露违规，以2012—2016年沪深A股上市公司为样本，研究发现：上市公司的违规行为与区域腐败程度之间呈正相关，区域的腐败程度越高，上市公司越容易发生违规行为，这种情况在市场化进程较高的地区更明显；上市公司所在地的政治环境指数对违规行为具有较强的约束力，上市公司所在地的税费负担指数在一定程度上"滋生"违规行为,同时在非国有企业中表现更显著。

张弛、黄亮雄和王贤彬(2020)匹配中国上市企业违规行为数据与省份高官落马数据,研究高官落马对上市企业违规行为披露率的影响效应。结果发现:高官落马显著提高了中国上市企业违规行为的披露率,高官落马每增加1人次,上市企业违规行为披露率就提高3个百分点。进一步研究发现:高官落马对市场化程度较高地区的上市企业违规行为的促进作用较弱;而在重要政治会议召开前夕,高官落马对上市企业违规行为披露的促进作用增强。党的十八大以来反腐力度加大后,高官落马提高上市企业违规行为披露率的效应依然存在。

本章主要参考文献

[1] 郑石桥,马新智.管理制度设计原理[M].北京:经济科学出版社,2004.

[2] 刘大洪.经济违法行为的法经济学分析[J].中南财经政法大学学报,1998(3).

[3] 林飞.经济违法行为的法律经济学分析[J].法学论坛,2001(6).

[4] 曹伦,陈维政.独立董事履职影响因素与上市公司违规行为的关系实证研究[J].软科学,2008(11).

[5] 岳殿民,李雅欣.法律背景独立董事声誉、法律环境与企业违规行为[J].南方金融,2020(2).

[6] 陆静,张莹,向诚.独立董事制度对公司违规行为的影响——来自中国A股市场的经验证据[J].重庆大学学报(社会科学版),2020(5).

[7] 周泽将,卢倩楠,雷玲.独立董事薪酬激励抑制了企业违规行为吗?[J].中央财经大学学报,2021(2).

[8] 刘思敏,郑建强,黄继承,郑志刚.独立董事换届"未连任"与公司违规行为[J].金融评论,2021(4).

[9] 杜兴强,熊浩.外籍董事对上市公司违规行为的抑制效应研究[J].厦门大学学报(哲学社会科学版),2018(1).

［10］车响午，彭正银.上市公司董事背景特征与企业违规行为研究［J］.财经问题研究，2018（1）.

［11］雷啸，唐雪松，蒋心怡.董事高管责任保险能否抑制公司违规行为？［J］.经济与管理研究，2020（2）.

［12］王建琼，曹世蛟.基于高管连锁的上市公司违规行为传染性研究［J］.当代财经，2019（3）.

［13］鱼乃夫，杨乐.高管异质性、企业社会责任与上市公司违规行为——来自A股主板上市公司的经验证据［J］.证券市场导报，2019（12）.

［14］刘爱明，周劲君.高管海外背景对企业违规行为的影响研究［J］.金融发展研究，2021（8）.

［15］易颜新，王榕，叶继英.独立监事能减少企业违规行为吗？——基于"四大"审计的中介效应分析［J］.南京审计大学学报，2022（2）.

［16］周好文，李纪建，刘婷婷.股权结构、董事会治理与上市公司高管违规行为——我国上市公司高管人员"落马"现象的实证分析［J］.当代经济科学，2006（6）.

［17］张栋，王秀丽，姜锡明.股权结构与上市公司高管违规行为——我国上市公司高管"落马"现象的经验分析［J］.山西财经大学学报，2007（5）.

［18］陆瑶，朱玉杰，胡晓元.机构投资者持股与上市公司违规行为的实证研究［J］.南开管理评论，2012（1）.

［19］梁上坤，徐灿宇，司映雪.混合所有制程度与公司违规行为［J］.经济管理，2020（8）.

［20］王敏，何杰.大股东控制权与上市公司违规行为研究［J］.管理学报，2020（3）.

［21］陈国进，林辉，王磊.公司治理、声誉机制和上市公司违法违规行为分析［J］.南开管理评论，2005（6）.

［22］蔡志岳，吴世农.董事会特征影响上市公司违规行为的实证研究［J］.南开管理评论，2007（6）.

［23］高雷，罗洋.上市公司董事会特征与违规行为［J］.广东金融学院学报，2008（3）.

［24］徐筱凤，李寿喜，黄学鹏.实际控制人、高管激励与上市公司违规行为［J］.世界经济文汇，2019（5）.

［25］梁上坤，徐灿宇，王瑞华.和而不同以为治：董事会断裂带与公司违规行为［J］.世界经济，2020（6）.

［26］魏芳，耿修林.高管团队垂直薪酬差距与企业违规行为——基于管理层行为视角的研究［J］.中国经济问题，2020（2）.

［27］陈美桂.保险公司声誉、市场占有率与保险中介业务违规行为关系研究［J］.上海经济研究，2015（6）.

［28］蒋尧明，赖妍.企业社会资本、产品市场竞争与上市公司违规行为［J］.中南财经政法大学学报，2017（5）.

［29］孟庆斌，李昕宇，蔡欣园.公司战略影响公司违规行为吗［J］.南开管理评论，2018（3）.

［30］王永妍，牛煜皓，李昕宇，卢闯.资产质量与公司违规行为［J］.商业经济与管理，2018（10）.

［31］司美玲.企业金融化与违规行为的实证研究［J］.中国注册会计师，2022（1）.

［32］袁小平，刘光军，彭韶兵.员工持股计划能抑制高管违规行为吗［J］.财会月刊，2019（24）.

［33］雷啸，唐雪松.会计信息可比性与公司违规行为［J］.财经论丛，2021（1）.

［34］肖奇，沈华玉.分析师关注、成长性与公司违规行为研究［J］.商业研究，2017（10）.

［35］杨宜，赵一林.媒体类型、媒体关注与上市公司违规行为——基于倾向得分匹配法的研究［J］.现代经济探讨，2017（12）.

［36］桂爱勤，龙俊雄.分析师跟踪对上市公司违规行为影响的实证分析［J］.统计与决策，2018（10）.

［37］姚玲洁，董永琦，丘彦强.基金公司实地调研能抑制上市公司违规行为吗［J］.财会月刊，2021（16）.

［38］袁芳英，朱晴.分析师关注会减少上市公司违规行为吗？——基于

信息透明度的中介效应［J］.湖南农业大学学报（社会科学版），2022（1）.

［39］王菁华.彩票文化能够影响企业财务违规行为吗？——来自地区彩票消费的证据［J］.审计与经济研究，2021（6）.

［40］陆瑶，胡江燕.CEO与董事间"老乡"关系对公司违规行为的影响研究［J］.南开管理评论，2016（2）.

［41］程博，熊婷，林敏华.儒家传统文化与公司违规行为——基于中国家族上市公司的分析［J］.经济理论与经济管理，2018（10）.

［42］李文佳，朱玉杰.儒家文化对公司违规行为的影响研究［J］.经济管理，2021（9）.

［43］何轩.中国上市公司违规行为：一项以制度环境为视角的经验性研究［J］.管理工程学报，2019（4）.

［44］周俊.制度情境与企业违规：基于跨国面板数据的实证研究［J］.外国经济与管理，2017（3）.

［45］朱莹，黄轲.财政"省直管县"改革与地方政府财政违规——基于财政治理和审计治理的实证研究［J］.当代财经，2022（2）.

［46］姜楠.环境处罚能够威慑并整治企业违规行为吗？——基于国家重点监控企业的分析［J］.经济与管理研究，2019（7）.

［47］杨慧辉，刘伟.融券机制对上市公司信息披露违规行为存在治理效应吗？［J］.财贸研究，2018（9）.

［48］袁靖波，周志民，周南.产品市场竞争、市场分割与企业违规行为［J］.管理工程学报，2021（4）.

［49］薛有志，周杰.中国股票市场对上市公司违规行为有治理效应吗？［J］.税务与经济，2007（6）.

［50］王菱.财政资金违规状况分析及其监督与防范［D］.清华大学硕士学位论文，2004.

［51］罗倩文.财政资源诅咒：基于县域财政违规资金的考察［D］.厦门大学硕士学位论文，2018.

［52］李佳音.地方债是否减少了地方政府的财政收支违规行为［D］.山东大学硕士学位论文，2019.

［53］陆蓉，常维．近墨者黑：上市公司违规行为的"同群效应"［J］．金融研究，2018（8）．

［54］张巧良．连晓璐．上市公司违规行为的区域聚集效应研究［J］．会计之友，2019（22）．

［55］张弛，黄亮雄，王贤彬．高官落马与中国上市企业违规行为披露［J］．经济社会体制比较，2020（6）．

下编

经济违规的防控

第五章　经济违规的防控体系

经济违规的防控是经济违规预防与经济违规控制的合称，预防不同于控制，预防主要侧重于事前，而控制则主要侧重于事中和事后，二者组合起来，形成对经济违规的全过程应对，总体可以称为经济违规的防控体系。本章首先勾画经济违规防控体系的基本框架，在此基础上，分别简要介绍经济违规防控的环境因素、外部防控体系和内部防控体系。

第一节　经济违规防控体系的基本架构

经济违规是一定的经济主体违反经济法律法规的经济行为，由于这种经济行为的社会危害性，因此需要采取一些措施来应对。这些应对措施既有经济主体自己采取的措施，也有外部单位采取的措施，而这些外部措施和内部措施的作用还会受到许多环境因素的影响，环境因素也可能直接对经济违规发挥作用，通过环境因素、外部防控措施和内部防控措施的共同作用，使经济违规达到可容忍的水平，这个基本过程如图 5-1 所示。在经济违规现象产生之后，通过一定的措施来应对这些违规现象，以达到所期望的防控水平。因此，在经济违规现象发生后，作为应对措施的经济违规防控体系包括两部分：一是经济违规防控目标，二是经济违规应对措施。

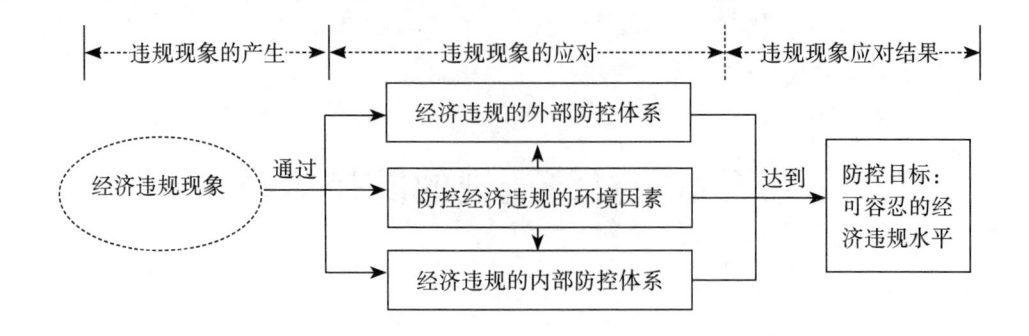

图 5-1　经济违规防控体系

一、经济违规的防控目标

经济违规的防控目标是人们希望通过经济违规的防控所得到的结果，也可以表述为，期望通过经济违规的防控所达到的境界。那么，这个目标是什么呢？就是抑制经济违规，使其达到可容忍的水平。这个目标有两方面的核心内容：一是抑制经济违规，二是达到可容忍的水平。下面分别阐释这两方面的内涵。

（一）通过经济违规的防控来抑制经济违规

经济违规是经济主体违反现行经济法律法规，客观上危害社会、主观上有过错，但未构成经济犯罪的经济行为。经济违规违反了现有有效的经济法律法规，破坏了这些经济法律法规所建立的经济秩序。经济秩序是指经济主体的行为秩序，即这种行为与社会存在和发展需要的一致性。它是经济运作规则、守法程序和公认的伦理道德规范在主体行为上的表现。现代社会建立在高度发达的专业化分工的基础上，而每个经济主体都有独立的利益追求。如果没有一定的规则、程序和规范，经济主体的行为就会产生无穷的碰撞和摩擦，社会经济活动的交易成本就会极大化，人们就会隐入霍布斯主义的丛林。只有建立一定的秩序，现代商业文明才得以存在和发展。一般来说，经济主体行为的有序程度越高，社会经济活动的交易成本越小，资源配置的效率也越高（初玉岗，2001；夏朝晖、吴继承，2006；朱晓云，2018）。

经济秩序的紊乱程度表现为经济违规活动占全部经济活动的比例和各种违规经济活动的违规强度。所谓违规经济活动在这里是指违背经济法律法规的经济活动的总称，或者说破坏和扰乱市场经济秩序的活动的总称。经济违规强度可以定义为经济违规者从他人或社会获取的不当所得的价值与其所提供的有效价值之比。这样，经济秩序的紊乱程度就可以定义为经济违规活动的比例与其经济违规强度的乘积（初玉岗，2001；夏朝晖、吴继承，2006；朱晓云，2018）。

经济秩序的紊乱程度是由经济主体的经济违规倾向决定的。这种倾向取决于违规活动的收益与其成本的比较。当经济违规收益大于经济违规成本时，经济主体的违规倾向比较强，经济秩序的紊乱程度就会较大。反之，当违规收益小于违规成本时，经济主体的违规倾向比较弱，经济秩序的紊乱程度就会较小。经济违规收益也就是经济违规主体通过经济违规行为从社会获得的不正当收益。一般来说，它是经济违规强度的线性函数。经济违规成本的内容较多，主要是指违规者被政府有关部门查处的风险，以及他们受到的舆论贬斥和良心谴责等。查处的风险是经济违规活动被查处的概率与其被查处时所损失价值的乘积。为了保证社会经济生活的有序性，政府各有关部门必须加强对经济违规行为的查处，使其被查处的概率和被查处的损失都处于较大值（初玉岗，2001；夏朝晖、吴继承，2006；朱晓云，2018）。

经济违规行为破坏了经济秩序，造成经济秩序的紊乱，而这种经济秩序是国家利益、社会公共利益和其他利益相关者利益的保障，破坏了经济秩序，就是损害了上述利益，因此具有社会危害性。为此，对经济违规行为必须予以抑制。经济秩序是一种公共物品，它不能被排他性地占有，也不能由单个经济主体按市场方式向社会提供，它主要靠政府的供给。促进经济秩序形成的力量有三种：一是单个经济主体基于一定伦理道德规范而实行的自律行为；二是众多经济主体之间竞争关系的约束；三是政府法制系统的强制。在这三种力量中，后者有更大的不可替代性。即使在前两种力量中，政府也必须发挥重要的作用（初玉岗，2001；夏朝晖、吴继承，2006；朱晓云，2018）。

（二）通过经济违规的防控将经济违规水平抑制到可容忍程度

为了社会公共利益，必须建立经济秩序，也必须抑制经济违规，那么，将经济违规抑制到何种水平呢？是否要消灭经济违规呢？经济违规水平是否越低越好呢？

如果过于缩小经济违规的范围，虽然在一定程度上增强了经济主体参与经济活动的积极性、创造性，但也会放任现实经济活动中的不良经济活动的出现，损害公共利益。如果扩大经济违规的范围，则会造成经济活力下降，经济主体的积极性、创造性将会被遏制。

在经济法律法规的立法过程中，经济违规化与非违规化的衡量标准必须引入社会危害性标准：具有社会危害性的经济行为给予违规化，而不具有社会危害性的经济行为不予违规化或者给予非违规化。经济违规化的目的在于动用政府手段来干预经济主体的经济行为，而非违规化的目的则在于减少或者避免政府对经济活动的干预，将经济违规转化为非违规，政府干预过于轻缓，经济违规得不到有效控制，短期的经济违规行为必定增多，同时导致经济秩序的混乱（初玉岗，2001；夏朝晖、吴继承，2006；朱晓云，2018）。

为了确保经济主体的活力和经济秩序的和谐，经济法律法规不但应当正确界定调整社会经济行为的范围，而且应当科学地把握干预社会经济生活的程度，以实现既保护经济活力又打击经济违规的目的。经济法律法规的触角不能伸得过长、过深，对于经济行为来说，经济法律法规是一把双刃剑，若正确地运用，对经济行为规制适度，则能保障公正和自由的经济秩序，促进经济的繁荣和发展。反之，如果滥用经济法律法规，将造成对正常经济活动的不当干预，势必压抑自由竞争和经济活力（初玉岗，2001；夏朝晖、吴继承，2006；朱晓云，2018）。

从功能分析的意义上说，经济违规的存在有其一定的合理性，它为社会提供一定的张力，从而使社会在有序与无序的交替过程中跃进。如果我们无视这一点，只看到经济违规表面呈现出来的某种危害，却无视与之交织的社会经济行为对经济发展的积极作用，而对经济违法行为界限过严、处罚严厉，则可能造成在遏制经济违规的同时，也遏制了经济主体的积极性，影响经济活力的发挥，如果正当的经济行为也受到抑制，则社会将要为此付出沉重的代价（初玉岗，2001；夏朝晖、吴继承，2006；朱晓云，2018）。

对经济违规的处罚过度，可能会在短期上有效控制了经济违规行为，但是，处罚过度带来的更多的是对整个社会经济环境的压抑，束缚经济主体的经济行动，接下来便是对整个经济发展动力的破坏，经济水平可能会倒退。虽然在形式上打击了某些经济违规行为，维护了一种静态的秩序，但实质上破坏了长远的经济发展秩序。在短期的处罚威慑作用过后，因为经济运行的一些内在驱动力，又会使经济违规行为以新的形式重见天日，带来新一轮的经济违规冲击（初玉岗，2001；夏朝晖、吴继承，2006；朱晓云，2018）。

二、经济违规的应对措施

经济违规防控的目标是通过经济违规的防控将经济违规水平抑制到可容忍的程度，那么，如何实现这个目标呢？这就是建构经济违规的应对措施，这些应对措施包括三种类型：一是外部防控体系，二是内部防控体系，三是防控经济违规的环境因素。

经济违规的外部防控体系是经济主体之外的单位或个人，通过一定的措施对经济主体的经济违规行为的防控。由于这不是经济主体自己实施的经济违规防控，所以这种经济违规的防控通常称为经济违规的外部防控，主要包括政府防控体系和民间防控体系。政府防控体系包括政府设立的行业规制部门所实施的专业经济监管、政府审计监督、人大监督、纪检监察、巡视巡察、官方媒体监督；民间防控体系包括民间审计（注册会计师审计）、群众监督、非官方媒体监督、社会公益组织监督。

经济违规的内部防控体系是各个经济主体在其内部建立的经济违规的防控体系。由于经济违规也是一种风险，因此通常按风险管理构架来建构经济违规的内部防控体系，防控目标是起点和终点，在此基础上，实现防控目标的措施包括防控环境、违规风险评估、防控活动、违规责任追究、信息与沟通、防控监视、保障机制。上述这些防控措施和防控目标一起，共同组成经济违规的内部防控体系。

就防控经济违规的环境因素来说，由于一些环境因素会影响经济违规是否发生，因此，这些因素的变化也会影响经济违规的变化，从这个意义上说，可以通过环境因素来防控经济违规。通常来说，影响经济违规的环境因素包括政治因素、经济因素、法律因素和社会因素，可以从上述各个方面出发，通过营造有利的环境条件来抑制经济违规的发生。例如，政治环境中，减少政府机构的官僚主义和官员腐败，可以抑制经济违规；法律因素中，对经济犯罪的刑罚，一定程度上也会影响经济违规，增加经济犯罪刑罚的确定性、及时性和刑罚力度，都有利于抑制经济违规。

上述三方面的经济违规防控措施具有密切的关系，首先，经济违规的内部控制防控体系与外部防控体系密切相关，要把外部防控要求落实到内部防控中来，同时，二者要相互配合，协同发挥作用；其次，经济违规的内部控制防控体系与外部防控体系的作用的发挥，都会受到环境因素的影响，在某种意义上可以认为环境因素对内外防控体系的效果发挥调节作用，有利的环境因素会促进内外防控体系的作用发挥，而不利的环境因素则会降低内外防控体系的效果。既然如此，政府对经济违规的防控体系要有顶层设计，在此基础上，负责外部防控体系和环境因素的建构，而各经济主体则主要负责内部防控体系的建构，同时，政府还要对各经济主体内部防控体系进行监督检查，促进其与外部防控体系及环境因素的协同。

第二节 经济违规防控的环境因素

通常来说，影响经济违规的环境因素包括政治因素、经济因素、法律因素和社会因素等，这些因素要么有利于经济违规的防控，要么不利于经济违规的防控，要么直接对经济违规发挥作用，要么通过经济违规的外部防控体系和内部防控体系发挥作用，基本情况如图5-2所示。

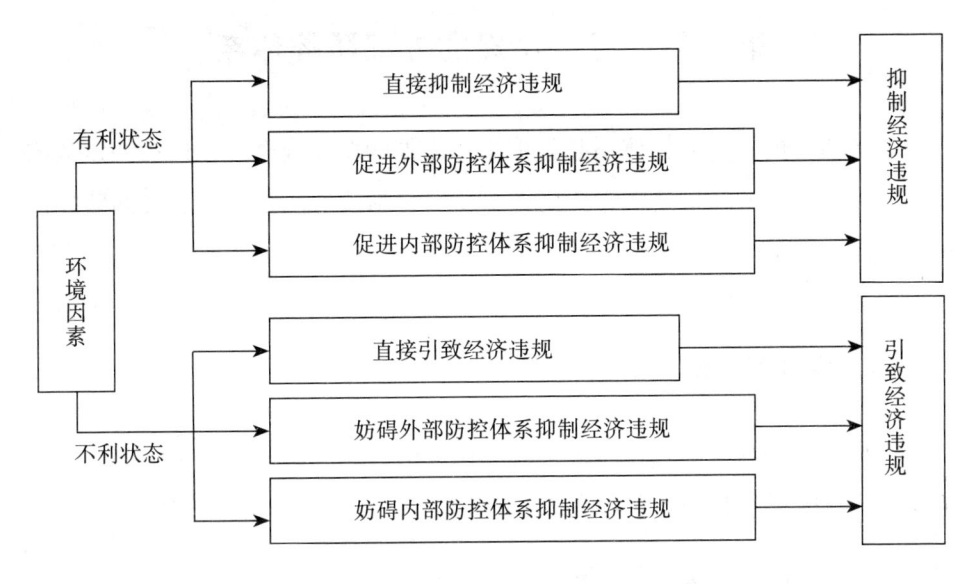

图 5-2 环境因素与经济违规

图 5-2 中，影响经济违规的环境因素通常会呈现两种状态：一是有利于防控经济违规的状态，二是不利于经济违规防控的状态。这两种状态下，环境因素都会通过一定的路径对经济违规产生影响。当环境因素处于有利于防控经济违规的状态时，一方面，环境因素直接发挥抑制经济违规的作用；另一方面，环境因素通过促进经济违规的外部防控体系和内部防控体系更加有效地发挥作用，从而间接发挥了抑制经济违规的作用。上述这两方面的路径组合起来，形成了环境因素对经济违规的抑制作用。当环境因素处于不利于防控经济违规的状态时，一方面，不利的环境因素可能直接引致经济违规的发生；另一方面，环境因素通过妨碍经济违规的外部防控体系和内部防控体系发挥作用，从而间接助长了经济违规。上述两方面的作用组合起来，形成了环境因素对经济违规的引致作用。

所以，环境因素防控经济违规，有两个关键问题，首先要搞清楚不同的环境因素与经济违规的关系，辨识清楚不同的环境因素在什么状态下有利于防控经济违规，在什么状态下不利于防控经济违规。在此基础上，改造环境因素，使环境因素向有利于经济违规防控的状态转变。

第三节　经济违规的外部防控体系

经济违规的外部防控体系是经济主体之外的单位或个人，通过一定的措施，对经济主体的经济违规行为防控，主要包括政府防控体系和民间防控体系，下面分别予以简要介绍。

一、经济违规的政府防控体系

经济违规的政府防控体系包括政府设立的行业规制部门所实施的专业经济监管、政府审计监督、人大监督、纪检监察、巡视巡察、官方媒体监督。

（一）专业经济监管

专业经济监管指由政府建立的各类专门的行业规制部门对各自负责的领域进行行业规制，这其中就包括该行业内各经济主体的经济违规行为的监管。例如，金融监管机构对金融企业的经济违规行为的监管，证券监管机构对上市公司及证券投资者的经济违规行为的监管，市场监管机构对市场主体的经济违规行为的监管，自然资源管理部门对各单位自然资源相关经济违规行为的监管，环境监管部门对各单位环境相关经济违规行为的监管，等等，都属于经济违规的外部防控。由于这些政府部门只是监管某一方面的经济行为，因此通常将这种监管称为专业经济监管。

（二）政府审计监督

政府审计是由政府设立的机构对经济主体进行的监督，其中包括对经济主体的经济行为是否合法合规的监督，所以在抑制经济主体的经济违规中能够发挥作用。政府审计与专业经济监管相比，有三点重要的区别：一是监管客体只限于获得国有资源的单位，未能获得国有资源的单位通常不纳入政府审计范围，因为政府审计是所有权监督，不是行政权或立法权、司法权监督；二是监督范围的综合性，政府审计并不只是监督特定的经济领域，而是对各领域的经济活动都进行审计，从这个意义上说，政府审计是综合性经济监督；三是政府审计通常是只"监"不"管"，这不同于政府设立的行业规制部门（专业经济监管），这些部门是既"监"又"管"。正是政府审计的这种特征，使这种监督具有独立性，为其客观公正地实施审计监督奠定了基础。

（三）人大监督

人大监督也称国家权力机关的监督，是指各级人民代表大会及其常务委员会根据法定的权限和程序，对各级国家行政机关、监察机关、审判机关和检察机关，对同级人民代表大会常务委员会和下级人民代表大会及其常务委员会的工作，以及宪法和法律的实施情况，所采取的了解、审议、督促和处置的行为。人大监督要实现的目标就是确保国家机关在宪法和法律范围内履行职责、开展工作，确保法律实施主体落实法律责任。人民代表大会是国家权力机关，国家行政机关、监察机关、审判机关、检察机关都由人民代表大会产生，对它负责，受它监督，这种监督体现了国家一切权力属于人民的宪法原则。人大监督的内容是广泛的，其中包括经济监督，通过经济监督，能够发挥对相关经济主体的经济违规行为的约束。

（四）纪检监察

纪检是中国共产党纪律检查的简称，属于中国共产党党内监督，监察是对政府机构和政府公职人员的监督，由于二者合署办公，因此，通常将二者合称为纪检监察。

纪检作为党内监督，是专司监督检查党的机构和党员贯彻执行党的路线、方针、政策的情况，查处违纪党组织和党员。如果党的机构和党员有经济违规行为，也作为监督内容。所以，纪检对党的机构和党员的经济违规行为有抑制作用。

监察是专门的国家监察机关，以政府机构和政府系统公职人员为对象，对其违法失职行为进行监督。如果违法失职行为包括经济违规行为，也作为监督内容。所以，监察对政府机构和政府系统公职人员的经济违规行为有抑制作用。

(五)巡视巡察

根据中共中央组织部发布的《中国共产党巡视工作条例》，巡视是党内监督的利器，是落实全面从严治党、依规依纪管党建党的有力制度保障。巡视工作聚焦坚持党的领导、加强党的建设、全面从严治党，发现问题、形成震慑，推动改革、促进发展，确保党始终成为中国特色社会主义事业的坚强领导核心。《中国共产党巡视工作条例》规范的是党的中央和省、自治区、直辖市委员会实行巡视制度，党的市县一级委员会借鉴《中国共产党巡视工作条例》的精神，向下开展党内监督工作称为巡察。从性质上来说，巡视巡察是政治监督，但是政治与经济密切关联，因此，巡视巡察与经济监督也有密切关联，一定程度上也能发挥经济违规的防控作用。

(六)官方媒体监督

官方媒体监督是官方的报纸、杂志、广播、电视、网络媒体等大众传媒对各种违法犯罪、渎职腐败行为所进行的揭露、报道、评论或抨击，这种监督具有速度快、范围广、影响大的特点。官方媒体如果对一些经济主体的经济违规行为予以揭露、报道、评论或抨击，对于抑制经济违规行为有很大作用。所以，官方媒体监督也就成为政府抑制经济违规行为的重要措施之一。

当然，政府建构的经济违规防控体系的各个成员之间，要协同作用，这样能够更好地发挥抑制经济违规的作用。例如，专业经济监管与政府审计监督的协同，专业经济监管及政府审计监督与纪检监察的协调，官方媒体监督与专业经济监管、政府审计监督及纪检监察的协调，都会影响它们对经济违规的抑制作用。

二、经济违规的民间防控体系

经济违规的民间防控体系包括民间审计（注册会计师审计）、群众监督、非官方媒体监督、社会公益组织监督等。

（一）民间审计

民间审计或注册会计师审计是非官方组织，由于它可以为各类有审计需求的机构或个人服务，通常也称为社会审计或公共审计。民间审计机构是为审计委托人服务，如果某些单位或个人需要了解接受其资源的单位或下属单位的经济活动中是否存在违规行为，而具有这种需求的单位或个人本身又没有这种力量，则可以委托民间审计机构来实施审计，通过审计活动，揭示接受资源的单位或下属单位所存在的经济违规行为。所以，民间审计机构帮助审计委托人抑制接受资源的单位或下属单位的经济违规，正是由于民间审计机构的这种作用，有人将民间审计机构称为不穿警服、不用财政拨款的"经济警察"。

（二）群众监督

群众监督是人民群众对国家行政机关及其工作人员的工作所进行的监督，具体方式涉及言论、出版、批评、建议、申述、控告、检举等。群众监督的实施机制包括信访制度、举报制度、申诉制度、政治协商对话制度、意见征询制度、领导接待制度等。群众监督的范围是广泛的，一些经济主体的经济违规行为，也有可能被人民群众察觉或发现，此时，经济违规就有可能纳入群众监督的范围，因此，群众监督也就成为民间防控经济违规的举措之一。

（三）非官方媒体监督

非官方媒体是指政府之外的机构建立和管理的报纸、杂志、广播、电视及网络自由媒体，这些媒体也可能对各种违法犯罪、渎职腐败行为进行揭露、报道、评论或抨击，这些行为也具有监督的作用。如果是对一些经济主体的经济违规行为予以揭露、报道、评论或抨击，对于抑制这些经济违规行为有很大作用。所以，非官方媒体监督也就成为民间抑制经济违规行为的重要措施之一。在网络时代，非官方媒体中，网站、论坛等网络自由媒体的影响力很大，它是非官方的，由社会机构或个人组织建立和管理，它借助互联网进行信息传播，具有时效性强、受众主动、交互性强、信息量大等特点，如果正确使用，对于抑制经济违规行为具有积极作用。

（四）社会公益组织监督

社会公益组织是指那些非政府的、不把利润最大化当作首要目标，且以社会公益事业为主要追求目标的社会组织，主要活动是致力于社会公益事业和解决各种社会性问题。有些社会公益组织也可能将抑制某些类型的经济违规行为作为关注的社会性问题。例如，根据《中华人民共和国环境保护法》第五十八条的规定，符合一定条件的社会公益组织，对污染环境、破坏生态、损害社会公共利益的行为，可以向法院提起公益诉讼。既然可以提起公益诉讼，对于没有达到犯罪的经济违规行为，当然也可以向有关政府部门举报了。所以，在某些情形下，社会公益组织也能发挥抑制经济违规的作用，从而成为经济违规的民间防控体系的成员之一。

第四节　经济违规的内部防控体系

经济违规的内部防控体系是由各经济主体自行建立的经济违规应对体系，属于内部控制或风险管理的有机组成部分。本节首先勾画内部防控体系的基本框架，然后简要阐释各构成要素。

一、经济违规内部防控体系的基本框架

对于经济主体来说，经济违规也是一种风险，因此，通常按风险管理构架来建构经济违规的内部防控体系，这个防控体系也可以称为经济违规的内部控制体系。通常来说，在既定的内部控制目标下，内部控制由五个要素构成，即风险评估、控制环境、控制活动、信息与沟通、内部监视（郑石桥，2018），因此，经济违规的内部防控体系也应该包括上述五个要素。同时，对于经济违规的责任者还要进行责任追究，因此，需要增加责任追究这个要

素。另外，经济违规的内部防控体系要有效运行，还需要一定的保障机制。概括起来，经济违规的内部防控体系如图 5-3 所示。

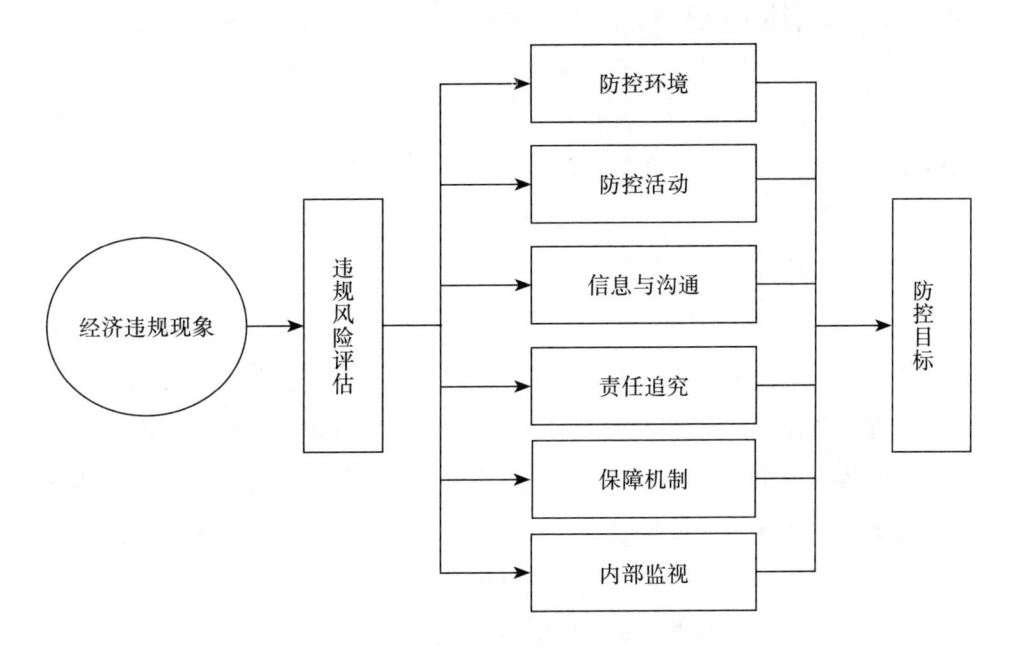

图 5-3 经济违规的内部防控体系

如图 5-3 所示，包括防控目标在内，经济违规的内部防控体系由八个要素构成，每个要素都是不可或缺的，它们相互协同，共同组成一个应对经济违规的机制。

图 5-3 所示的经济违规内部防控体系组成一个闭循环，但是，要使这个循环真正发挥作用，还要增加三个要素，这就是防控主体、防控客体和防控内容。因此，总体来说，经济违规的内部防控体系共有 11 个要素。

二、经济违规内部防控体系各要素

（一）经济违规的防控主体

经济违规的防控主体是指一个经济主体内部由何种机构和岗位负责经济违规的防控。通常来说，每个岗位都有可能出现经济违规，并且每个岗位都与其他岗位有关联，因此可以在防控其他岗位的经济违规中发挥作用。但不同的岗位在经济违规防控中的职责有较大的差异，有的是作为岗位职责的组成部分，有的岗位的主要职责是防控经济违规。经济主体的每个内部机构都有防控经济违规的责任，但不同内部机构在经济违规防控中的责任存在较大的差异，有的内部机构的主要职责是防控经济违规，而有的内部机构只是对本机构实施的经济行为承担合规合法责任。

（二）经济违规的防控客体

经济违规的防控客体是指防控谁的经济违规。一个经济主体的任何岗位和任何内部机构都有可能出现经济违规，因此，这些岗位和内部机构都是经济违规的防控客体。从某种意义上来说，经济主体内部的机构和岗位既是经济违规的防控主体，同时也是经济违规的防控客体，正是这种防控主体和客体的统一，体现了这种防控是内部防控。当然，不同的岗位和不同的内部机构，由于其职责权利不同，相关的制度及流程的完善程度不同，因此出现经济违规的可能性及后果不同，所以需要以违规风险评估为基础，在经济违规的防控中，划分重点防控客体和非重点防控客体，并在防控措施上予以区别对待。在防控活动中，还需要将防控客体细分到防控标的。

（三）经济违规的防控内容

经济违规的防控内容主要是指经济违规有哪些内容。不同的经济主体，经济活动的内容不同，经济违规的内容当然也就存在差异。但是，通常来说，经济违规的内容可以做多种不同的划分，一是从经济违规的主体来说，可以分为员工个人经济违规、内部机构经济违规、单位经济违规和政府经济违规；二是从经济活动的类型来说，可以分为财务活动违规、业务活动违规和其他活动违规，这些活动都是广义的经济活动，都有相关的法律法规和内部规章，因此都有可能出现违规。

(四)经济违规的防控目标

防控目标是经济主体希望通过内部防控体系发挥作用之后得到的结果或达到的境界,通常来说,这个目标应该是为本经济主体的各类经济活动的合法性提供合理保证,或者说,是将本经济主体的经济违规水平控制在很低的程度。需要说明的是,本章第一节在阐释经济违规防控体系的基本架构时,也提出了防控目标,具体表述为"通过经济违规的防控将经济违规水平抑制到可容忍程度",这种目标是经济违规防控的宏观目标,是由环境因素、经济违规的外部防控体系和内部防控体系共同作用之后达到的境界。而经济违规的内部防控体系中,防控目标指通过内部防控体系所能达到的境界,二者虽然都是经济违规的防控目标,但内涵是不同的。严格地说,经济违规防控的宏观目标是政府选择的,而经济违规的内部防控目标是各经济主体选择的。

(五)经济违规风险评估

经济违规风险是指经济违规发生的可能性,或者是经济违规给经济主体带来损失的可能性。要应对经济违规风险,必须对其进行评估,所以,经济违规风险评估成为经济违规防控的重要要素。经济违规风险评估,首先要识别经济违规的风险点,在此基础上,对每个风险点从两个方面进行评估:一是评估经济违规风险发生的可能性,二是评估经济违规风险发生之后的后果。二者关联起来,共同形成对经济违规风险的评估结果,以此作为经济违规风险应对的基础。

(六)经济违规的防控环境

类似于内部控制中的控制环境,经济违规内部防控体系中的防控环境是指经济主体内部对经济违规防控有影响的一些环境因素。这些环境因素的特点是,并不在特定的业务流程中对特定的经济违规的风险发挥防控作用,而是作为基础性因素,对多领域的经济违规发挥作用,或者是对经济违规内部防控的其他要素发挥调节作用,影响其他因素对经济违规的防控作用。例如，经济主体的组织文化，并不在特定的领域对经济违规产生影响，而是对各领域的经济违规都可能产生作用；又如，一个单位的人力资源政策，会影响各个领域的员工，进而会影响各个领域的经济违规。需要说明的是，本章第一节在阐释经济违规防控体系的基本架构时，将环境因素作为经济违规的应对措施，列举的环境因素包括政治因素、经济因素、法律因素和社会因素，这种环境因素应该是宏观环境因素，通常是经济主体之外对经济主体的经济违规有影响的环境因素。作为经济违规内部防控体系要素之一的防控环境，是指本经济主体内部对经济违规有影响的环境因素，也可以称为微观环境因素。当然，特定区域的宏观环境因素会影响该区域的微观环境因素，因此，经济违规内部防控体系中的防控环境可能会受到宏观环境因素的影响。但是，二者毕竟是有区别的，内部防控体系应该是在考虑外部环境因素的基础上，建构适应本经济主体实际情况的防控环境。

（七）经济违规的防控活动

类似于内部控制中的控制活动，经济违规防控活动是直接预防或控制经济违规行为的一些具体举措。对经济违规防控活动可以有多种分类，按防控活动的性质，分为预防性防控和发现性防控两类；按防控点的位置，分为预先防控、过程防控、结果防控和全面防控四类；按照防控源，分为正式组织防控、群体防控和自我防控三类；按照防控信息的性质，分为反馈防控和前馈防控两类；按防控手段，分为直接防控和间接防控两类。各种分类方法中，每一类防控活动中，又有许多的具体方法，不同的经济活动，需要不同的方法来应对其违规。

（八）经济违规防控的信息与沟通

信息与沟通是内部控制的重要要素，它是指及时、准确、完整地收集与内部控制相关的各种信息，并使这些信息以适当的方式在有关管理层级之间进行及时传递、有效沟通和正确应用的过程，是实施内部控制的重要条件。经济违规内部防控中，需要及时、准确、完整地收集与经济违规相关的各种信息，并为这些信息在有关管理层级之间的传递、沟通和应用搭建平台，这个要素就是经济违规防控的信息与沟通。

（九）经济违规的责任追究

经济违规的责任追究是指经济违规行为发生后，经调查核实，确定经济违规行为的责任者。涉及多个责任者的，还需要区分不同的责任程度。在此基础上，根据责任者的责任程度，由经济主体直接对其进行处理处罚。经济主体本身没有处理处罚权的，移送相关部门；对于涉嫌经济犯罪的，移送司法机关。通过经济违规的责任追究，增加了经济违规的成本，一方面，对责任者发挥个别预防作用，可以抑制其今后的经济违规行为；另一方面，对其他人发挥一般预防作用，可以降低这些人发生类似经济违规行为的可能性。

（十）经济违规防控的保障机制

经济违规的内部防控体系要想有效运行，还需要一定的保障机制，这些保障机制通常包括三个方面：一是经济违规防控的员工培训，二是经济违规防控考核，三是业务伙伴的经济违规防控。经济违规防控的员工培训是通过培训，让员工理解本经济主体的内部防控体系，特别是掌握与其岗位相关的经济违规防控体系。经济违规防控考核是将经济违规防控体系的建立实施情况纳入经济主体的内部考核中，将各内部单位的经济违规防控体系的建立实施情况与这些单位的管理层及员工的利益关联起来，调动他们建立实施经济违规防控体系的积极性。同时，一定的经济主体总是要与外部其他经济主体发生业务往来的，这些业务伙伴的经济违规防控对本经济主体的经济违规防控有重要的影响。因此，对于重要的业务伙伴，在建立正式的业务关系前，要考察其经济违规的防控体系，不与不诚实的人（单位）打交道。

（十一）经济违规防控体系的内部监视

经济主体建立和实施经济违规防控体系有一个基本要求，就是防控体系应该持续有效地发挥作用，只有这样，才能持续有效地为防控目标的实现提供合理保证。而保障经济违规防控体系持续有效的手段是持续改进，内部监视是实现经济违规防控体系持续改进的手段，其实质是通过对经济违规防控体系的日常检查、定期检查和专项检查，及时发现经济违规防控体系存在的缺陷，并对这些缺陷进行整改，通过整改，使得经济违规防控体系得以持续改进。所以可以认为，内部监视是经济违规防控体系的保健医生。

参考文献

［1］初玉岗.腐败与经济秩序的紊乱［J］.江汉论坛，2001（12）.

［2］夏朝晖，吴继承.经济犯罪控制与经济发展［J］.湖北警官学院学报，2006（1）.

［3］朱晓云.浅析经济发展与经济犯罪［J］.河北企业，2018（8）.

［4］郑石桥.内部控制基础理论研究［M］.北京：中国国际广播出版社，2018.

第六章　环境因素对经济违规的防控

通常来说，影响经济违规的环境因素包括政治因素、经济因素、法律因素和社会因素等，这些因素要么有利于经济违规的防控，对经济违规发挥抑制作用；要么不利于经济违规的防控，对经济违规发挥引致作用。[①] 因此，环境因素防控经济违规有两个关键问题，首先要搞清楚不同的环境因素与经济违规的关系，辨识清楚不同的环境因素在什么状态下有利于防控经济违规，在什么状态下不利于防控经济违规；在此基础上，改造环境因素，使环境因素向有利于经济违规防控的状态转变。本章分别阐述各类环境因素对经济违规的抑制作用和引致作用。

第一节　政治因素与经济违规的防控

影响经济违规的政治因素主要有四个方面的内容：社会阶层、经济政策、腐败、官僚主义。这些因素要么处于有利于经济违规防控的状态，要么处于不利于经济违规防控的状态，不同状态下，对经济违规的作用不同。

---

① 环境因素的内容请参阅本书第四章第一节，环境因素发挥作用的原理请参阅本书第五章第二节。

一、社会阶层状态与经济违规

社会阶层是由具有相同或类似社会地位的社会成员组成的相对持久的群体，是一种普遍存在的社会现象。同一社会集团成员之间的态度、行为模式和价值观等方面具有相似性，不同集团成员存在差异性。很显然，社会阶层结构是一个国家非常重要的政治因素。由于不同的社会阶层有不同的价值观和行为方式，进而影响到是否实施经济违规行为的决策。

决定社会阶层的因素分为三类：经济变量、社会互动变量和政治变量。经济变量包括职业、收入和财富；社会互动变量包括个人声望、社会联系和社会化；政治变量则包括权力、阶层意识和流动性。对于社会阶层结构，可以从不同的角度来进行划分。例如，根据权力和地位，划分为不同的阶级；根据职业，划分为不同的职业阶层；根据收入，划分为不同的经济阶层。当然，各类划分方法得出的结果可能具有较密切的关联。

通常来说，根据收入来划分的经济阶层是各种观点都可以接受的。仔细阅读中国共产党第十六次全国代表大会以来的中央文献，不难发现，中共中央在阶层划分问题上使用的是高、中、低收入者的概念。将阶层划分为高、中、低收入者三个层级，那么，何种类型的社会阶层结构是理想的呢？一般认为，理想的社会结构应为两头尖、中间宽的橄榄形，而非金字塔或哑铃形。换言之，就是橄榄形的经济阶层结构是理想的，而金字塔或哑铃形的经济阶层结构是不理想的。党的十六届六中全会的提法是，着力提高低收入者收入水平，逐步扩大中等收入者比重，有效调节过高收入。党的十六大报告首次提出了"扩大中等收入者在全社会的比例"的战略，事实上是提出要扩大中间层，向橄榄形社会结构过度。

就经济违规防控来说，橄榄形社会阶层结构也是有利于经济违规防控的，其中的关键原因是中产阶级的作用，从经济地位、政治地位和社会文化地位上看，中产阶级均居于现阶段社会的中间水平，他们是社会稳定的力量，他们大多具有良好的公民意识、公德意识及较高的修养，因此，他们是实现高品质民主的前提条件。正是由于中产阶级的上述作用，当一个社会的阶层结构是以中产阶级为主时,从经济违规三角形理论来说,①经济违规的压力、机会和借口三个条件都会发生变化,进而影响经济违规发生的可能性。从经济违规的压力来说,中产阶级的存在,会减少经济违规的压力;从经济违规的机会来说,中产阶级的存在,会提升各经济主体的管理水平,相应地减少经济违规的机会;从借口来说,中产阶级大多具有良好的公民意识、公德意识及较高的修养,从心理上难以说服自己实施经济违规行为。

二、经济政策状态与经济违规

经济政策是国家或政府为了达到一定的目标,为增进经济福利而制定的解决经济问题的指导原则和措施,很显然,经济政策是政治博弈的结果,最终体现统治阶层的意志,因此,也属于影响经济违规的政治因素。

经济政策正确与否,对社会经济的发展具有极其重要的影响,正确的经济政策可以对社会经济的发展起巨大的推动作用,错误的经济政策则会给社会经济的发展带来严重的破坏。

就经济政策对经济违规的影响来说,主要是两个路径:

(1)经济政策是确定经济违规与非违规的界限。同样的经济行为,在某些经济政策下可能是违规行为,而在另外一些经济政策下,则可能不是违规行为,因此,经济政策的变化,会影响经济违规发生的可能性。同时,经济政策越多,说明国家对经济主体的经济行为的约束也越多,这种约束越多,经济主体违反这些约束的可能性就会增加,因此,经济政策的多寡也会影响经济违规发生的可能性。由于出台经济政策的目的是建立某种有利于公共利益的经济秩序,所以并不是经济政策越多越好,当然,也不是经济政策越少越好,而是要适度,只有为了增加公共利益的经济秩序所需要规范的经济行为,才能制定经济政策,否则,政府不应该通过经济政策的形式予以干预。

(2)经济政策会影响经济主体的违规动机。如果经济政策与当前的环境条件相适宜,经济主体违反这些经济政策的动机就弱。相反,如果经济政策

---

① 经济违规三角形理论,请参阅本书第四章第一节。

与当前的环境条件不适宜，则经济主体不遵守这些经济政策的可能性就会增加。因此，经济政策出台前，必须认真研究当时的环境条件，特别要关注最近的变化，使出台的经济政策符合当前的环境条件。同时，还要密切关注环境条件的变化，当环境条件发生较大变化时，要及时修订或取消不适宜环境条件的经济政策。所以，经济政策的修订或取消是否及时，或者说，经济政策是否动态适应环境条件，是影响经济违规的重要因素。

三、腐败状态与经济违规

腐败通常是指公职人员在职位上作风不正、行为不正等权力滥用行为。由于腐败主要涉及权力滥用，因此，腐败属于政治环境的内容。腐败可能产生较广泛的影响，通常来说，腐败程度越高，经济违规的可能性越大，因此，加大反腐败力度，一定程度上能产生防控经济违规的作用。具体来说，腐败对经济违规的影响路径有三个：

（1）公职人员通过腐败行为直接发生经济违规行为，为自己谋取不当利益。经济活动中的腐败本身就是经济违规。例如，违反中央"八项规定"[1]精神，既是腐败行为，也是经济违规行为；公职人员以腐败为基础，发生其他的经济违规行为，例如，公职人员利用职权，参与市场经济活动，获取不正当利益，这就是以腐败为基础而发生的经济违规行为。

（2）公职人员通过腐败行为，滥用手中权力，包庇、放任、纵容他人的经济违规行为，为他人谋取不当利益。例如，工程招标中，公职人员滥用手中权力，干预或操纵招标过程，让目标投标者中标，优秀的投标者反而失败；税务机关的公职人员，滥用手中权力，致使纳税人没有按税收法律法规纳税。现实生活中，类似的经济违规行为还很多。

（3）公职人员由于腐败而对工作严重不负责任，为经济违规提供了可趁之机。对工作严重不负责任，甚至不作为，也是一种腐败行为，由于这种腐

---

[1] 2012年12月4日，中共中央政治局审议通过的《关于改进工作作风、密切联系群众的八项规定》的简称。

败行为，使得本身可以发现的经济违规行为没有被发现，另外，如果经济主体的违规行为没有被发现，可能助长这个经济主体违规的动机，进而再次发生经济违规。所以，对工作严重不负责任，甚至不作为，可能导致经济违规增加；而增强工作的责任性，认真负责履行岗位职责，则可能起到防控经济违规的作用。

四、官僚主义状态与经济违规

官僚主义是公职人员不负责任的工作作风，是腐败的一种形式。但与其他的腐败行为也有较大的区别，主要特征是公职人员脱离实际，不了解下情，遇事推诿，办事拖拉，不负责任，讲求官样文章，繁文缛节，等等。很显然，官僚主义是经济违规的温床，公职人员官僚主义越是严重，相关经济主体出经济违规的可能性越大，因此，治理官僚主义，也能发挥防控经济违规的作用。

具体来说，官僚主义对经济违规的影响，主要有两个路径：一是由于官僚主义的存在，对实际情况的调研不够，对实际情况并不真正了解，党和政府出台的经济政策可能不适应当前的环境条件，正是由于这种经济政策的不恰当，可能会增加经济主体违反这些不恰当经济政策的可能性；二是由于具有官僚主义的公职人员不了解下情、不负责任，遇事推诿，繁文缛节，可能为经济主体的经济违规提供了机会，或者是不能发现已经出现的经济违规，从而增加了经济违规行为。

第二节 经济因素与经济违规的防控

经济违规很有可能是由经济因素导致的，这些经济因素主要包括经济成分、经济发展水平和经济体制，本节阐述这些因素对经济违规的影响。

一、经济成分与经济违规

除了个人经济主体之外，以组织单位形式出现的经济主体主要有国有经济主体和非国有经济主体两种类型，不同经济主体从事经济活动对个人利益的激励密度不同，对经济违规负面后果的责任承担程度也不同。因此，这些经济主体在经济活动中对经济违规行为的态度可能不同，进而发生经济违规的可能性也不同。通常来说，国有经济主体发生经济违规对个人利益的激励密度较低，对经济违规负面后果的责任承担程度也低；而非国有经济主体则恰恰相反，发生经济违规对个人利益的激励密度较高，对经济违规负面后果的责任承担程度也高。因此，不同的经济成分，对经济违规的利益及负面后果会有不同的态度，进而也会影响到是否经济违规的决策。

但是，并不能得出非国有经济主体出现经济违规的可能性一定会大于国有经济主体这种结论，也不能得出相反的结论。下面，根据经济违规的成本收益理论，对这一问题予以阐述。

国有经济主体发生经济违规对个人利益的激励密度较低，所以，国有经济违规的决策者，其个人的经济违规利益并不大，但是对经济违规负面后果的责任承担程度也低。因此，国有经济违规的决策者，个人的经济违规成本也不高，对于国有经济主体来说，经济违规的收益和成本出现了"双低"的格局。

而非国有经济主体则恰恰相反。经济违规产生收益时，经济违规决策者的个人收益较高，但是当经济违规被发现后，经济违规决策者对经济违规负面后果的责任承担程度也高。综合上述两个方面，对于非国有经济主体来说，经济违规的收益和成本出现了"双高"的格局。

整体来说，关于国有经济和非国有经济哪类更加容易出现经济违规，并不能一概而论，"双低"和"双高"的经济违规净收益，不一定何者更大，需要视不同的经济违规的利益激励密度及责任程度而定。

二、经济发展水平与经济违规

经济发展水平与经济违规之间存在互动关系，一方面，经济发展水平会影响经济违规。通常来说，经济发展水平较低时，基于快速发展经济的冲动，更加容易产生经济违规行为；当经济发展水平较高时，快速发展的冲动没有了，经济违规的冲动也会降低。另一方面，经济违规也会影响经济发展，当经济法律法规立法水平不高时，违反这些经济法律法规可能有助于经济发展；当经济法律法规立法水平较高时，违反这些经济法律法规可能有损于经济发展。整体来说，不同的经济发展阶段，经济违规的程度不同。经济发展水平处于低阶段时，经济违规现象较多；而随着经济发展水平达到一定程度之后，经济违规现象就会减少。经济违规与经济发展的关系符合库兹涅茨曲线。[①]

从经济发展水平作为影响经济违规的环境因素来说，主要关注经济发展水平对经济违规的影响。不同的发展水平，对经济违规的影响不同。经济发展水平较低时，基于快速发展经济的冲动，更加容易产生经济违规行为；同时，经济发展水平较低时，经济法律法规的立法水平也较低，经济违规的成本可能也低，社会阶层结构离理想的橄榄形还有较大的距离，公职人员的腐败、官僚主义也可以较为严重，在这些环境条件下，经济违规更加容易出现。当经济发展水平较高时，快速发展的冲动没有了，经济违规的冲动也会降低，经济法律法规的立法水平得到提高，经济违规的成本也更高；同时，社会阶层结构更加优化，法治水平也不断提高，腐败、官僚主义很大程度上得到抑制，因此，在这些环境条件下，出现经济违规的可能性大大降低。当然，人们并不是为了防控经济违规才提高经济发展水平，经济发展水平对经济违规的影响告诉我们，在经济发展水平较低时，要更加重视除经济发展水平之外的积极主动的经济违规防控措施。

[①] 关于经济违规与经济发展的库兹涅茨曲线关系，请参阅本书第三章第二节。

三、市场经济体制与经济违规

市场经济体制是鼓励竞争和创新的经济体制，要鼓励竞争和创新，经济法律法规就不宜过于严厉，而要有一定的宽松空间由经济主体来自行选择，甚至还可以存在一定的模糊地带；而正是这些宽松空间和模糊地带的存在，可能被一些经济主体曲意利用，从而产生经济违规行为。相对来说，计划经济体制下，经济主体受到的约束较多，而一些约束可能并不适宜特定的经济主体，因此，经济主体突破这些约束的动机更加强烈，从而更有可能出现经济违规。所以，市场经济体制和计划经济体制对经济违规会产生不同的影响。当然，社会是选择市场经济体制还是计划经济体制，并不是为了防控经济违规，而是为了提高经济资源配置效率，所以，不同经济体制下，要注意可能引致经济违规的因素，进而关注这些因素，从而达到防控经济违规的目的。在市场经济体制下，由于经济法律法规的宽松空间和模糊地带可能被一些经济主体曲意利用，从而产生经济违规行为，所以一旦发现这些经济违规行为，要及时修订经济法律法规，通过持续改进市场经济体制下的经济法律法规，达到防控经济违规的目的。

第三节　法律因素与经济违规的防控

经济违规是对经济法律法规的违反，而这种违反行为很有可能与经济法律法规的立法和执法有关，本节从以下四个方面阐述经济法律法规的立法和执法对经济违规的影响。

一、经济法律法规对经济行为的干预程度与经济违规

经济法律法规是基于公共利益而对经济主体的经济行为进行干预，适度的干预是为了建立某种经济秩序，以促进公共利益。但是，如果经济法律法规对经济行为的干预过多，严重地约束了经济主体的正常行为，这些经济主

体为了有效地履行本单位的职责，不得已会违反一些过度约束的经济法律法规，从而出现经济违规。从本质上来说，经济法律法规对经济行为的过度干预虽然也建立了一些经济秩序，但是，这些经济秩序并没有增进社会公共利益，因此，这种经济秩序是没有实质意义的，甚至是有害的。所以，违反了这些经济法律法规，并不具有社会危害性，从实质上来说，它们并不是真正意义上的经济违规。但是，由于人们难以判断经济法律法规是否属于过度干预经济行为，因此，通常只是以是否遵守经济法律法规为标准来判断经济违规行为。为了减少对经济违规的这种机械式的错误判断，从经济法律法规立法的角度，就要树立尽量减少干预程度的指导思想，非必要，不立法。

二、经济法律法规的修订与经济违规

经济法律法规要保障经济秩序，促进公共利益，其前提条件是符合其适用时的环境条件，如果与其适用时的环境条件不适应，则经济法律法规就难以促进公共利益。所有的经济法律法规立法时，都有其立法的环境条件，如果环境条件发生了变化，而经济法律法规并未及时予以修订，则这些经济法律法规就会过时，遵守这些过时的经济法律法规会制约各经济主体的正常经济活动，为此，违反这些经济法律法规的可能性较大。例如，我国在计划经济体制向市场经济体制转轨初期，许多计划经济体制下的经济法律法规并未废止，也未修订，这些过时的经济法律法规严重地束缚了经济主体在市场经济体制下的正常经济活动，因此，这个时期的经济违规现象较多。后来，许多过时的经济法律法规被废止，与这些经济法律法规相关的经济违规也就没有了。所以，为了真正有效地应对具有社会危害性的经济违规，必须及时地根据环境条件的变化修订经济法律法规。

三、经济法律法规的模糊性与经济违规

经济法律法规是判断经济违规的依据，经济法律法规的条款越清晰，对经济违规的判断也就越准确。如果经济法律法规存在模糊地带，可能从两个

路径影响经济违规：第一，如果经济法律法规存在模糊地带，一些经济主体可能对这些模糊地带理解错误，进而导致经济违规；也有一些经济主体为了局部或个人利益，可能有意曲解模糊地带，进而导致经济违规。第二，由于经济法律法规存在模糊地带，导致经济法律法规的执法较为困难，在这种背景下，使得模糊地带的经济违规行为没有得到责任追究，可能引致更多的经济违规行为。另外，也可能出现经济执法中对模糊地带理解不当，导致似是而非的经济违规认定，从而使所谓的经济违规现象增多。因此，从防控经济违规来说，经济法律法规的条款越清晰越好。

四、经济违规的责任追究程度与经济违规

从经济违规的成本收益理论来说，经济违规的责任追究会增加经济违规主体的违规成本，进而抑制其经济违规行为，如果经济违规得不到责任追究，则可能助长经济主体的违规动机。

具体来说，经济违规的责任追究对经济违规的影响有两个路径：第一，由于经济法律法规对违规行为的责任追究条款不清晰，对这种经济违规行为的责任追究较为困难，在这种情形下，经济违规的成本较低，导致经济主体容易做出违规的选择；即使经济法律法规对违规行为的责任追究有清晰的条款规定，但是，由于种种原因，在经济执法过程中，对经济违规的责任追究过于宽松，并没有严格执行经济法律法规对责任追究的规定。在这种环境下，经济违规的成本降低，经济主体更有可能做出经济违规的决策。

总体来说，经济违规的责任追究有助于防控经济违规。但是，并不是说经济违规的责任追究越严厉，其防控经济违规的效果就会越好。过于严厉的责任追究，会造成责任追究不公平，难以被当事人接受，也难以被社会所接受，因此，其个别预防功能和一般预防功能都会受到负面影响。所以，需要根据经济违规所造成的社会危害性，综合考虑经济违规的构成，选择适宜的责任追究程度。

与此相关的一个问题是，对经济犯罪的刑罚也会影响经济违规。其原因是，经济犯罪和经济违规都是对经济法律法规的违反，只是产生的社会危

害性不同。社会危害性较大的,有可能界定为经济犯罪;而社会危害性不大的,则通常就界定为经济违规。经济犯罪的刑罚较为严厉,除了影响经济犯罪外,对经济违规也有外溢作用,如果对经济犯罪的刑罚较为严厉,则对经济违规也能发挥一定的震慑作用,从而达到抑制经济违规的作用,如果对经济犯罪的刑罚过于宽松,则可能在一定程度上会导致一些经济主体的投机心理,引致经济违规。所以,从某种意义来说,经济犯罪的刑罚也成为影响经济违规的环境条件之一。

第四节 社会因素与经济违规的防控

经济违规的社会原因是社会中那些决定、促使、引起经济违规产生的社会因素的总和,主要包括文化因素和道德原因。本节阐述这两类社会因素对经济违规的影响。

一、文化与经济违规

文化是能够被传承和传播的思维方式、价值观念、生活方式、行为规范等,它是人们相互之间进行交流的普遍认可的一种能够传承的意识形态。文化是人类行为的控制器,不同的文化下,人们的行为方式不同。很显然,经济违规作为一种行为也会受到文化因素的影响。在某些文化背景下无法接受的经济违规行为,在另外一些文化背景下可能成为理所当然的事。例如,在法制观念强的文化背景下,照章纳税是一种理所当然的行为;而在法制观念缺乏的文化背景下,尽量少纳税则是一种理所当然的行为,因此,偷税的违规行为在这种文化背景下是可以被接受的。一定时期,主流文化的不同,会影响人们对经济违规行为的态度,进而影响经济主体对经济违规与否的选择。

通常来说,文化对经济违规的影响有两种状态:一是抑制经济违规,在有些文化背景下,某些经济违规是不能被接受的行为,受到这种文化因素熏陶的人，难以做出该类经济违规的决策，因此，该类经济违规行为会减少，不少的文化因素都能够发挥这种作用；二是引致经济违规，在有些文化背景下，某些经济违规行为是可以被接受的，受到这种文化因素熏陶的人，较容易做出该类经济违规的决策，因此，该类经济违规行为会增加，也有不少的文化因素属于这种情形。

虽然文化对经济违规的影响有上述两种状态，但是，其影响机制基本相同，都是通过影响经济违规的借口来发挥抑制或引致经济违规的作用。具体地说，根据经济违规的三角形理论，经济违规决策必须同时具备机会、压力和借口三个条件。机会通常是指经济主体选择经济违规的可能性，压力是经济主体选择经济违规的必要性，而借口则是经济主体选择经济违规的自我平衡过程，即使存在经济违规的机会和压力，如果经济主体对经济违规难以达到自我平衡，通常也不会选择经济违规。文化对经济违规的影响，主要是通过影响自我平衡这种过程来实现的，某些经济违规行为，在某些文化背景下无法接受，具有这种文化理念的人，就难以做出该类经济违规的决策；而在另外一些文化背景下却可能成为理所当然的事，具有这种文化理念的人，就容易做出该类经济违规的决策。

总体来说，要发挥文化对经济违规的防控作用，必须大力倡导健康的文化理念，反对不健康的文化理念，营造积极向上、风清气正的文化气氛。

二、道德与经济违规

从广义上说，道德也是一种文化，它是社会意识形态之一，是人们共同生活及其行为的准则和规范，通过社会的或一定阶层的舆论对社会生活起约束作用。道德的事指的是社会普遍认可的、可以增进人民幸福感、促进社会进步的事；不道德的事是社会不认可、不能增进公众幸福感的事。对于同样的事，持有不同道德观的人，对其评价可能不同。

道德对经济违规的影响，总体来说有两种状态：一是抑制经济违规，二是引致经济违规。经济违规作为一种客观行为，在有的道德观下，认为其是不道德的事，具有这种道德观的人，较难做出经济违规的决策；而在另外一些道德观下，则并不认为是不道德的事，此时，如果经济违规符合成本收益原则，则很有可能选择经济违规。例如，在重义轻利的道德观下，经济违规是一种不道德的事，而对于持有唯利是图这种道德观的人来说，经济违规是可以接受的。一定时期，社会主流道德观不同，会影响公众对经济违规的道德评判，进而影响经济主体对经济违规与否的选择。

类似于文化影响经济违规的路径，道德影响经济违规的路径也是通过影响经济违规的借口来发挥抑制或引致经济违规的作用。在经济违规三角形理论中，借口是经济违规的决策者在选择经济违规时的自我心理平衡过程，经济主体只有通过了这种心理平衡过程，才会选择经济违规，否则，会放弃经济违规的机会。而道德对经济违规的影响，主要是通过影响自我平衡这种过程来实现的，某些经济违规行为，在某些道德观下无法接受，具有这种道德观的人，就难以做出该类经济违规的决策；而在另外一些道德观下却可能成为理所当然的事，具有这种道德观的人，就容易做出该类经济违规的决策。

总体来说，要发挥道德对经济违规的防控作用，必须大力倡导健康的道德观，反对不健康的道德观，营造积极向上、风清气正的道德气氛。

参考文献

[1] 马克昌主编.犯罪通论[M].武汉：武汉大学出版社，2005.

[2] 李永升，朱建华主编.经济犯罪学[M].北京：法律出版社，2012.

[3] 李永升，张二军.关于经济犯罪的成因剖析[J].犯罪与改造研究，2013.

[4] 刘大洪.经济违法行为的法经济学分析[J].中南财经政法大学学报，1998（3）.

[5] 林飞.经济违法行为的法律经济学分析[J].法学论坛，2001（6）.

[6] 夏朝晖，吴继承.经济犯罪控制与经济发展[J].湖北警官学院学报，2006（1）.

第七章　经济违规的外部防控（一）：专业经济监管

由政府建立的各类专门的行业规制部门对各自负责的领域进行行业规制，这其中就包括对该行业内各经济主体的经济违规行为的监管。由于这些政府部门只监管某一方面的经济行为，因此，通常将这种监管称为专业经济监管。本章首先阐释专业经济监管防控经济违规的一般原理，在此基础上，对各个专业经济监管做一个概要性介绍。

第一节　专业经济监管防控经济违规的一般原理

专业经济监管是各行业规制部门在履行职责中，对该行业的各机关、企业、事业单位和组织的经济活动所进行的监督和管理。通常来说，作为行业规制部门的专门经济监管部门，并不只是履行经济监督职能，而是要履行三项职能：一是本领域的立法，二是本领域的管理，三是本领域的监督。上述三项职能的履行中，都可以贯通经济违规的防控，其基本框架如图7-1所示。

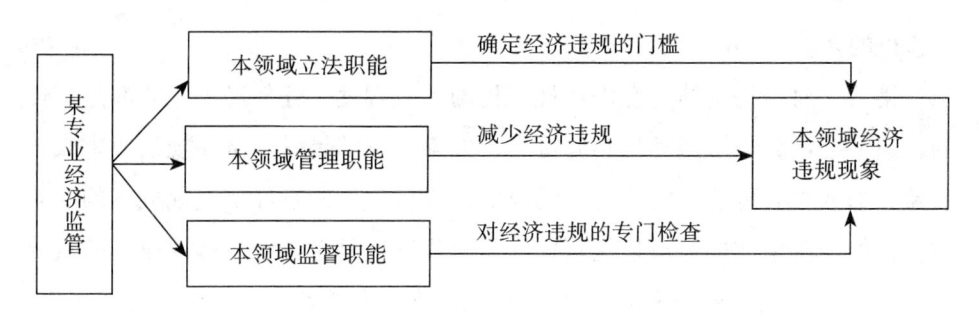

图 7-1 专业经济监管对经济违规的应对

一、履行本领域立法职能中的经济违规防控

政府设立的每个行业规制部门在立法方面会做三项工作：一是推动立法机关出台本领域的法律，例如，银行业监管部门推动出台《中华人民共和国商业银行法》《中华人民共和国商业银行监督管理法》，证券业监管部门推动出台《中华人民共和国证券法》，各个行业规制部门都会推动出台本领域的专门法律；二是推动本层级的政府出台本领域的行政法规或地方性法规；三是本部门直接出台部门行政规章。根据《中华人民共和国立法法》，上述三个层级的规范都属于法律法规，凡是违反上述三方面规范的经济行为，都属于经济违规。

由于行业规制部门在立法中具有推动立法或直接立法的职能，因此在履行这些职能时，可以发挥对经济违规的防控作用，具体的路径有三个方面：

第一，对经济主体的经济活动的干预程度。经济法律法规是政府对各类经济主体的经济活动的干预，这种干预的目的是建立一种适宜的经济秩序，而建立这种适宜的经济秩序是为了实现某种公共利益，所以，从原则上来说，行业规制部门应该根据公共利益来选择对哪些经济活动纳入经济法律法规的约束范围，以及对这些经济活动的约束程度，很显然，纳入经济法律法规的约束范围的经济活动越多，出现违反经济法律法规的经济行为可能也就越多，特别是如果将一些不宜纳入经济法律法规约束范围的经济活动纳入了，那么出现经济违规的可能性更大。所以，行业规制部门在立法或推动立法时，所选择的对经济主体的经济活动的干预程度是否适宜，直接决定了经济违规的多寡。

第二，对经济主体的经济违规责任的追究程度。任何经济主体都是理性的，通常会计算经济违规的利弊得失，如果计算结果是经济违规的成本大于收益，那么很有可能会终止自己的经济违规行为。影响经济违规成本的因素较多，但经济主体的经济违规责任的追究程度，是影响经济违规成本的重要因素，如果追究程度具有确定性，并且给经济违规者带来严重的负面后果，则经济违规的成本较高，对于抑制经济违规具有重要作用。这种责任追究的确定性及严厉程度，是由相关的法律法规确定的，如果立法时对这些条款没有考虑或是考虑不周全，则很有可能会降低经济违规的成本，进而引起经济违规的高发。但是，如果设立了适宜的条款，则经济主体对经济违规的成本就会清晰估计，此时，可能抑制经济违规的发生。

第三，对法律法规缺陷予以完善的完整性和及时性。法律法规的完善有两种情形：一是法律法规要建立适宜的经济秩序，这里的"适宜"就是与法律环境相适应，如果与环境不适应，就是不适宜。但是，法律环境是变化的，这就很有可能使法律法规不适应已经变化了的法律环境，在这种情形下，就需要对原来的法律法规进行修订，以适应变化了的法律法规。如果法律法规不能修订，在已经变化的环境下，就很有可能出现经济违规。二是法律法规的立法是人完成的，而人是有限理性的，因此，法律法规在实施过程中，总会发现一些缺陷，如果能够完善这些缺陷，法律法规就能很好地发挥预期的作用；如果这些缺陷不能得到完善，出现经济违规的可能性就会增加。上述两种情形下的法律法规的完善，如果是专门法律，需要行业规制部门推动立法机关来完成；如果是行政法规或地方性法规，则需要行业规制部门推动本级政府来完成；如果是部门行政规章，则由行业规制部门直接完成。而对法律法规缺陷予以完善的完整性和及时性，都会影响经济违规，就完整性来说，如果一些需要完善的法律法规缺陷没有得到完善，法律法规的不完善之处就较多，此时，正是因为这些不完善之处，经济违规出现的可能性就会增大；就及时性来说，如果法律法规缺陷的完善滞后，则这种缺陷就会存在较长的时间，在这段时间内，正是因为这些不完善之处，经济违规出现的可能性就会增加。

二、履行本领域管理职能中的经济违规防控

行业规制部门对于特定的行业，履行三项职能：一是建立或推动建立本领域的法律法规，二是对本领域的管理，三是本领域的监督。对本领域的管理涉及许多具体职责，除了法律法规的建立实施外，还包括本领域的战略规划、政策措施、行政许可、运行监视、业务统计等。不同的行业规制部门，履行的具体管理职责存在差异，但无论这些职责是什么，在履行这些管理职责时，都可以将防控经济违规作为管理职责的组成部分。下面，举几个例子予以说明。

例如，根据财政部印发的《财政部门监督办法》，财政部门的监督职责由本部门专职监督机构和业务管理机构共同履行，业务管理机构应当履行下列监督职责：①在履行财政、财务、会计等管理职责过程中加强日常监督；②配合专职监督机构进行专项监督；③根据监督结果完善相关财政政策；④向专职监督机构反馈意见采纳情况。

根据人力资源和社会保障部颁布的《社会保险基金行政监督办法》，人力资源和社会保障行政部门负责社会保险基金监督的机构具体实施社会保险基金行政监督工作。人力资源和社会保障部门负责社会保险政策、经办、信息化综合管理等机构，依据职责协同做好社会保险基金行政监督工作。这里的社会保险政策、经办、信息化综合管理等机构都属于业务部门，在履行各自的业务职能时包含了防控经济违规的内涵。

根据《中华人民共和国银行业监督管理法》，申请设立银行业金融机构，或者银行业金融机构变更持有资本总额或者股份总额达到规定比例以上的股东的，国务院银行业监督管理机构应当对股东的资金来源、财务状况、资本补充能力和诚信状况进行审查；银行业金融机构业务范围内的业务品种，应当按照规定经国务院银行业监督管理机构审查批准或者备案；未经国务院银行业监督管理机构批准，任何单位或者个人不得设立银行业金融机构或者从事银行业金融机构的业务活动。银行业监督机构在履行上述行政许可职能时，已经将银行业金融机构合法经营的要求寓于行政许可的审批中了。

根据《中华人民共和国证券法》，国务院证券监督管理机构，依法对证

券的发行、交易、登记、托管、结算进行监督管理；依法对证券发行人、上市公司、证券交易所、证券公司、证券登记结算机构、证券投资基金管理机构、证券投资咨询机构、资信评估机构以及从事证券业务的律师事务所、会计师事务所、资产评估机构的证券业务活动进行监督管理。证券监督管理机构在履行上述职能时，都包括了对经济违规行为的防控。

三、履行本领域监督职能中的经济违规防控

行业规制部门对于特定行业的监管，除了履行立法职能、管理职能外，还有监督职能，这种监督职能的履行有两种方式：一是将监督寓于管理职能之中，二是实施专门的监督。专门的监督是指行业规制部门内部设置的专门监督机构对本行业领域各经济主体实施的监督。这种监督通常要履行揭示功能、建议功能、责任追究功能、推动监督结果运用功能，最终实现防控经济违规的目的，基本框架如图7-2所示。

经济违规现象 → 揭示功能 → 建议功能 → 责任追究功能 → 推动监督结果运用功能 → 防控经济违规

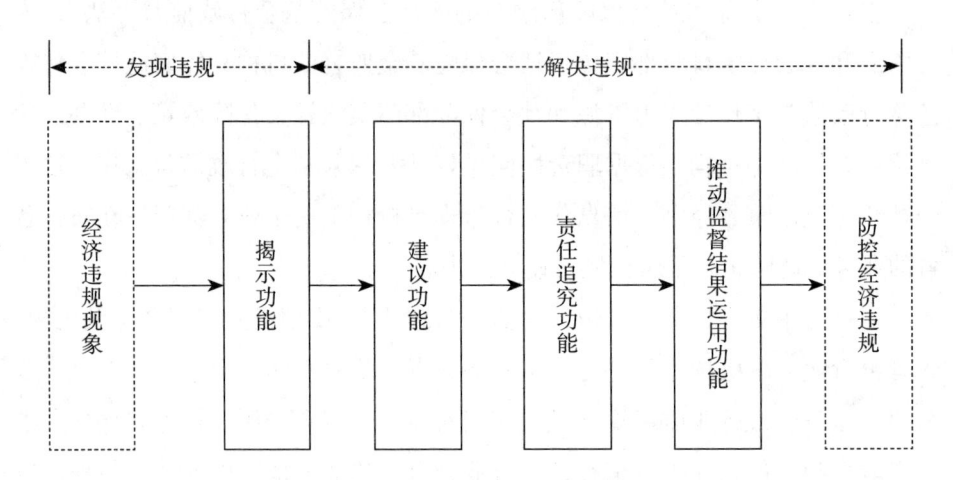

（发现违规 | 解决违规）

图 7-2　专业经济监督与经济违规防控

整体来说，专业经济监督分为两个步骤：一是发现经济违规，主要通过揭示功能来实现；二是解决经济违规，需要通过建议功能、责任追究功能、推动监督结果运用功能来实现。通过上述两个步骤，最终实现防控经济违规的目的。通常来说，对于上述过程，各行业规制部门都会颁布专门的部门

行政规章，或者推动出台更高层级的法律法规，对这个经济监督过程予以规范。

这里的揭示功能，是指专门的经济监督机构通过一定的方法，找出本领域各经济主体存在的经济违规行为，并予以准确地定性，同时认定责任单位和责任人及其责任程度。

这里的责任追究功能，是指专门的经济监督机构在对经济违规行为进行定性和责任认定之后，根据责任程度，对责任单位和责任人直接做出处理处罚决定，对于无权处理处罚的事项和人员，移交有关部门处理。责任追究功能对于防控经济违规具有重要性，如果没有责任追究，经济违规行为很有可能会重复发生。

这里的建议功能，是指专门经济监督机构针对经济违规发生的原因，对发生经济违规的经济主体及行业规制部门本身提出的改进管理的建议，凡是发生经济违规的经济主体所存在的管理缺陷，直接给该经济主体提出建议，凡是涉及本领域体制机制制度缺陷的，通常给本行业规制部门或内设相关机构提出建议。提出建议的目的是通过实施这些建议，完善本领域的体制机制制度，完善经济主体的内部管理，通过这些完善，使得经济违规行为发生的可能性降低。

这里的推动监督结果运用功能，是指专门经济监督机构在提出建议和做出责任追究的决定之后所开展的后续工作，主要包括三个方面：一是推动对经济违规行为的处理处罚决定的落实；二是对于移送相关部门的事项予以跟踪，推动这些部门对经济违规责任人的处理处罚；三是跟踪建议的采纳情况，特别关注两方面的内容：一是发生经济违规的经济主体采纳建议之后的管理缺陷改进情况，二是行业规制部门采纳建议之后的体制机制制度完善情况。

第二节　各专业经济监管概要

专业经济监管是各个行业监管部门对本行业内的经济活动所进行的管理和监督，促进本领域内经济活动的合法性。本节对主要的专业经济监管各做一个简要介绍，包括银行业监管、保险业监管、证券业监管、国有资产监管、市场监督管理、自然资源监管、环境监管、社会保障监管、财政监督、税务稽查、价格监督等。

一、银行业监管

银行业监管是指国家金融监管机构对银行业金融机构的组织及其业务活动进行监督和管理的总称。

（一）银行业监管目标

为了加强对银行业的监督管理，规范监督管理行为，防范和化解银行业风险，保护存款人和其他客户的合法权益，促进银行业健康发展，2003年12月27日，第十届全国人民代表大会常务委员会第六次会议通过了《中华人民共和国银行业监督管理法》（2006年10月修订），银行业监督管理的目标是促进银行业的合法、稳健运行，维护公众对银行业的信心。

（二）银行业监管机构

根据《中华人民共和国银行业监督管理法》，国务院银行业监督管理机构负责对全国银行业金融机构及其业务活动进行监督管理的工作。国务院银行业监督管理机构根据履行职责的需要设立派出机构。国务院银行业监督管理机构对派出机构实行统一领导和管理。国务院银行业监督管理机构的派出机构在国务院银行业监督管理机构的授权范围内，履行监督管理职责。根据上述规定，2003年3月，国务院设立中国银行业监督管理委员会，2018年3月，第十三届全国人民代表大会第一次会议表决通过了《关于国务院机构改革方案的决定》，设立中国银行保险监督管理委员会，中国银行业监督管理委员会并入该机构。目前，履行银行业监管的机构是中国银行保险监督管理委员会。

（三）银行业监管客体

根据《中华人民共和国银行业监督管理法》，对中华人民共和国境内设立的商业银行、城市信用合作社、农村信用合作社等吸收公众存款的金融机构和政策性银行，金融资产管理公司、信托投资公司、财务公司、金融租赁公司，以及经国务院银行业监督管理机构批准设立的其他金融机构的监督管理，都按银行业进行监管。

（四）银行业监管原则

银行业监管的原则是银行业监督管理行为所应遵循的基本准则。根据《中华人民共和国银行业监督管理法》，银行业监督管理机构对银行业实施监督管理，应当遵循依法、公开、公正和效率的原则。

（1）依法原则是指银行业监管机构的监管职权源于法律，并应严格依据法律行使其监管职权，履行监管职能。根据《中华人民共和国银行业监督管理法》的规定和国务院的授权，统一监督管理银行业金融机构，促进银行业的合法、稳健运行。

（2）公开原则是指对银行业的监督管理行为除依法应当保守秘密的以外，都应当向社会公开。这一原则主要包括两方面内容：一是信息的公开披露，包括监管立法、政策、标准、程序等方面的信息，银行业金融机构依法应当向社会公开的信息，必须公开的金融风险信息，监管结果的信息等；二是监管行为的公开，即监管机关的监管行为、行政执法行为都应当按照法定程序公开进行。

（3）公正原则是指所有依法成立的银行业金融机构具有平等的法律地位，监管机关应当依法监管，平等地对待所有的被监管对象。这一原则既包括实体公正也包括程序上的公正。

（4）效率原则是指监管机关在监管活动中应合理配置和利用监管资源，提高监管效率，降低监管成本，并在法律规定的期限内完成监管任务。

此外，从国际上来看，银行业监管还应遵守一些其他原则，《中华人民共和国银行业监督管理法》也有相关条款，这些原则包括：

（1）独立监管原则。独立监管原则是指银行业监督管理机构及其监管工作人员依法独立履行监督管理职责，受法律保护，地方政府、各级政府部门、社会团体和个人不得干涉。

（2）审慎监管原则。审慎监管原则是各国银行业监管实践的通行原则，也是巴塞尔银行监管委员会于1997年发布的《银行业有效监管核心原则》的一项重要的核心原则。根据审慎监管原则，银行业监督管理机构应当以认真谨慎的态度对银行的资本充足性、流动性、风险管理、内部控制机制等方面制定标准并进行有效的监督和管理。《中华人民共和国银行业监督管理法》及其他有关银行业监管法规借鉴国际银行业监管惯例和《银行业有效监管核心原则》的基本精神，确立了银行业审慎监管的原则，以促使我国银行业监管实现规范化、专业化和国际化。

（3）协调监管原则。协调监管原则是指在各类金融监管机构之间建立协调合作、互相配合的机制。参与协调监管的各方就维护金融稳定、跨行业监管和重大监管事项等问题定期进行协商，目的在于衔接和协调货币政策以及对银行业、证券业、保险业的监管政策，避免出现监管真空和重复监管，提高监管效率，从而维护整个金融体系的稳定、效率和竞争力。

（4）跨境合作监管原则。随着金融国际化的发展，各国金融市场之间的联系和依赖性不断加强，各种金融风险在国家之间相互转移、扩散也在所难免。在此背景下，各国越来越重视国际间银行监管的合作，逐步实施了跨境监管，各种国际性监管组织也纷纷成立，力图制定统一的跨境监管标准。跨境银行合作监管是为了确保所有跨境银行都能得到其母国和东道国监管当局的有效监管，并且，跨境银行的母国和东道国监管当局之间应当建立合理的监管分工和合作，就监管的目标、原则、标准、内容、方法以及实际监管中发现的问题进行协商和定期交流。具体来讲，母国监管当局应当对跨境银行的境内外机构、境内外业务进行全球并表监管；同时，东道国监管当局也应当对境内的外国银行机构在本地的经营实施有效监管，并就其母行的全球经营风险管理能力进行评价。

（五）银行业监管的职责

根据《中华人民共和国银行业监督管理法》，银行业监管机构的职责如下：

（1）国务院银行业监督管理机构依照法律、行政法规制定并发布对银行业金融机构及其业务活动监督管理的规章、规则。

（2）国务院银行业监督管理机构依照法律、行政法规规定的条件和程序，审查批准银行业金融机构的设立、变更、终止以及业务范围。

（3）银行业监督管理机构应当对银行业金融机构的业务活动及其风险状况进行非现场监管，建立银行业金融机构监督管理信息系统，分析、评价银行业金融机构的风险状况。

（4）银行业监督管理机构应当对银行业金融机构的业务活动及风险状况进行现场检查。

（六）银行业监管的权限

根据《中华人民共和国银行业监督管理法》，银行业监管机构的权限如下：

（1）银行业监督管理机构根据履行职责的需要，有权要求银行业金融机构按照规定报送资产负债表、利润表和其他财务会计、统计报表、经营管理资料以及注册会计师出具的审计报告。

（2）银行业监督管理机构根据审慎监管的要求，可以采取有关适当措施进行现场检查。

（3）银行业监督管理机构根据履行职责的需要，可以与银行业金融机构董事、高级管理人员进行监督管理谈话，要求银行业金融机构董事、高级管理人员就银行业金融机构的业务活动和风险管理的重大事项做出说明。

（4）银行业监督管理机构应当责令银行业金融机构按照规定，如实向社会公众披露财务会计报告、风险管理状况、董事和高级管理人员变更以及其他重大事项等信息。

（5）银行业金融机构违反审慎经营规则的，国务院银行业监督管理机构或者其省一级派出机构应当责令限期改正；逾期未改正的，或者其行为严重危及该银行业金融机构的稳健运行、损害存款人和其他客户合法权益的，经国务院银行业监督管理机构或者其省一级派出机构负责人批准，可以区别情形，采取有关措施。

（6）银行业金融机构已经或者可能发生信用危机，严重影响存款人和其他客户合法权益的，国务院银行业监督管理机构可以依法对该银行业金融机构实行接管或者促成机构重组，接管和机构重组依照有关法律和国务院的规定执行。

（7）银行业金融机构有违法经营、经营管理不善等情形，不予撤销将严重危害金融秩序、损害公众利益的，国务院银行业监督管理机构有权予以撤销。

（8）银行业金融机构被接管、重组或者被撤销的，国务院银行业监督管理机构有权要求该银行业金融机构的董事、高级管理人员和其他工作人员，按照国务院银行业监督管理机构的要求履行职责。在接管、机构重组或者撤销清算期间，经国务院银行业监督管理机构负责人批准，对直接负责的董事、高级管理人员和其他直接责任人员，可以采取有关措施。

（9）经国务院银行业监督管理机构或者其省一级派出机构负责人批准，银行业监督管理机构有权查询涉嫌金融违法的银行业金融机构及其工作人员以及关联行为人的账户；对涉嫌转移或者隐匿违法资金的，经银行业监督管理机构负责人批准，可申请司法机关予以冻结。

（10）银行业监督管理机构依法对银行业金融机构进行检查时，经设区的市一级以上银行业监督管理机构负责人批准，可以对与涉嫌违法事项有关的单位和个人采取有关措施。

二、保险业监管

保险业监管是监管机构依法对保险机构及其经营活动进行直接限制和约束的一系列监督管理行为。

（一）保险业监管原因

保险业是经营风险的特殊行业，是社会经济补偿制度的一个重要组成部分，对社会经济的稳定和人民生活的安定负有很大的责任。保险经营与风险密不可分，保险事故的随机性、损失程度的不可知性、理赔的差异性使得保险经营本身存在着不确定性，加上激烈的同业竞争和保险道德风险及欺诈的存在，使得保险成了高风险行业。保险公司经营亏损或倒闭不仅会直接损害公司自身的存在和利益，还会严重损害广大被保险人的利益，危害相关产业的发展，从而影响社会经济的稳定和人民生活的安定。所以，保险业具有极强的公众性和社会性。国家对保险业进行严格监管，是有效地保护与保险活动相关的行业和公众利益的需要。

国家对保险业进行严格监管也是培育、发展和规范保险市场的需要。由买方、卖方和中介人三要素构成的保险市场，有一个产生、发育、走向成熟的过程，它伴随市场经济的发展而发展。国家对保险业的严格监管有利于依法规范保险活动，创造和维护平等的竞争环境，防止盲目竞争和破坏性竞争，以利于保险市场的发育、成熟。

构成保险的要件之一是必须集合为数众多的经济单位，这样才能有效地分散风险，所以参加保险的人数众多、覆盖面大、涉及面广。保险经营具有很强的专业性和技术性，保险需专门知识，参加保险的一般成员往往缺乏这方面的知识。国家对保险业进行严格监管也是由保险经营和保险业的这种技术性与专业性特点所决定的。

（二）保险业监管机构

保险业监管机构是依法履行保险业监管职责的行政机构，即所谓的监管主体。一个国家的保险业监管机构是否有效，取决于监管机构的职责、监管的范围、方式和方法等诸多因素，监管主体是一国历史和国情的产物，它既没有统一的模式，也不是一成不变的。根据《中华人民共和国保险法》，国务院保险监督管理机构依法对保险业实施监督管理，国务院保险监督管理机构根据履行职责的需要设立派出机构，派出机构按照国务院保险监督管理机构的授权履行监督管理职责。1998年11月18日，国务院批准设立中国保险监督管理委员会，专门负责保险监督管理职能。2018年3月，第十三届全国人民代表大会第一次会议表决通过了《关于国务院机构改革方案的决定》，设立中国银行保险监督管理委员会，中国保险监督管理委员会并入该机构。目前，履行保险业监管的机构是中国银行保险监督管理委员会。

（三）保险业监管目标

在发达市场经济国家的保险法规和国际保险业监管组织文件中，对监管目标的表述虽然不尽相同，但基本上包括三方面：维护被保险人的合法权益，维护公平竞争的市场秩序，维护保险体系的整体安全与稳定。一些新兴市场经济国家的保险业监管机构除了履行法定监管职责之外，还承担着推动本国保险业发展的任务。

（1）维护被保险人的合法权益。由于被保险人对保险机构、保险中介机构和保险产品的认知程度极为有限，现实与可行的办法就是通过法律和规则，对供给者的行为进行必要的制约，还有一些强制的信息披露要求，以便于保险需求者尽量知情。同时也鼓励保险需求者自觉掌握尽量多的信息和专业知识，提高判断力，并且应当对自己的选择和判断承担相应的风险。保险监管本身并不是目的，而是防止被保险人的利益可能因不知情而受到保险机构和保险中介公司的恶意侵害。保险机构和保险中介机构的合法利益应当由自己依法维护。

（2）维护公平竞争的市场秩序。维护公平竞争的市场秩序的目标可以理解为维护被保险人的合法权益这个目标的延伸。当然，保险监管者也要明白，自己的使命是维护公平竞争的秩序，不是为了"秩序井然"而人为地限制、压制竞争。

（3）维护保险体系的整体安全与稳定。维护保险体系的整体安全与稳定是维护被保险人合法权益、维护公平竞争的市场秩序的客观要求和自然延伸。有两点需要注意，一是维护保险体系的整体安全稳定是前两个目标的自然延伸，而不是单一的和唯一的目标；二是维护保险体系的整体安全稳定，并不排除某些保险机构和保险中介机构因经营失败而自动或被强制退出市场。保险监管者不应当，也不可能为所有保险机构提供"保险"。保险监管者所追求的是整体的稳定，而不是个体的"有生无死"。

（4）促进保险业健康发展。一是坚持全面协调可持续的发展，二是坚持市场取向的发展，三是坚持有秩序并充满活力的发展，四是坚持有广度和深度的发展。

（四）保险业监管内容

保险业监管的内容主要有：市场准入监管，公司股权变更监管，公司治理监管，内部控制监管，资产负债监管，资本充足性及偿付能力监管，保险交易行为监管，网络保险业监管，再保险业监管，金融衍生工具监管等。

（五）保险业监管方式

1. 非现场监控与公开信息披露

监管机构应当建立有效的监控机制，设定辖区内保险公司提供财务报告、统计报告、精算报告以及其他信息的频率和范围，设定编制财务报告的会计准则，确定保险公司外部审计机构的资格要求，设定技术准备金、保单负债及其他负债在报告中的列示标准。

如果能够提供可以用来评估保险人的活动以及这些活动内在风险的适当信息，市场力量就会发挥有效的作用，即奖励那些能够有效管理风险的公司，惩罚那些不能够有效管理风险的公司，这就是所谓的市场法则或市场纪律，它是有效监管的重要组成部分。

因为保险本身具有内在的不确定性，市场对保险公司信息披露的要求要比一般企业高。当然，较多的细节披露会直接或间接增加保险公司的成本，监管机构应当在成本的增加与信息披露所带来的潜在利益之间进行权衡。

保险公司公开披露的信息必须与市场参与者的决策有关；必须具有及时性，以便人们在决策时所依据的信息是最新的；必须是经济和便利的，对市场参与者而言是可取的，而且不必支付过多费用；必须是全面和有价值的，有助于市场参与者了解保险公司的整体状况；必须是可靠的，基于这些信息的决策应当是可信的；必须是可比较的，要在不同保险公司之间以及保险公司与其他企业之间有可比性；必须是一致的，要具有连续性，以便可以看出相关的趋势。

2. 现场检查

现场检查可以为监管机构提供日常监督所无法获得的信息，发现日常监督所无法发现的问题。监管机构通过现场检查评估管理层的决策过程及内部控制能力，制止公司从事非法或不正当的经营行为。监管机构可以借现场检查的机会分析某些规章制度产生的影响，或从更广泛的意义上说，收集制定规则所需的信息。一般来说，现场检查的目标是对公司的风险结构和承受风险的能力进行比较，找出任何有可能影响到公司对投保人承担长远义务的能力的问题。但是，现场检查不应只局限于找出公司的问题，监管机构还应深究问题后面隐藏的原因，并找到解决问题的办法。现场检查可以是全面检查，也可以是专项检查。

（六）处理处罚措施

1. 正式的处理处罚

尽管各国采取的正式处理处罚措施的具体方式和程度有所不同，但一般来讲包括以下明确的书面指令：要求公司在从事某些交易之前必须获得监管机构的允许；限制或停止承保新业务；增加资本；停止从事某些业务。如果保险公司未能纠正已经被发现的问题，则会导致更加严厉的措施。在一些国家，如果保险公司未能按照监管机构的要求行事，监管机构通常在大众或官方媒体上公开它对该保险公司的建议或指令，从而提醒公众注意保险公司的问题和缺陷。还有一些国家规定，在严重情况下监管机构有权撤换该公司的管理人员和审计人员。更为严厉的措施还有中止或撤销保险公司承保某些险种的资格甚至吊销其执照，这一类措施通常要提交法院或其他机构审查决定。

2. 对公司进行整顿

监管机构为了实现对有问题公司的重整，可以取得该公司的控制权。所谓整顿是指采取措施恢复保险公司在市场上的功能。在有些国家，采取整顿措施可能会需要有法院的裁定，有些国家无须事先取得法院的裁定。

整顿大多被作为清算前的折中性措施，目的是尽量减少市场波动，防止导致系统性风险。

3. 依法清算

保险业监管机构针对财务困难的保险公司的最后一项措施是进行清算，结束该公司的所有业务。清算人一般由保险业监管机构指定，也可以由法院指定。清算人负责清点保险公司的资产，准备向保单持有人、债权人分配，如有可能还应当向股东分配。在清算程序中，保单持有人通常享有优先权，某些险种的保单持有人可以享有优于其他保单持有人的权力。

三、证券业监管

证券业监管是政府设立的证券业监管部门，对证券行业相关单位的监督和管理。

（一）证券业监管目标

证券业监管目标主要包括以下两个方面：①克服各种证券市场缺陷，保护市场参与者的合法利益，维护证券市场的公平、透明与效率，促进证券市场机制的运行和证券市场功能的发挥。这是证券业监管的现实目标。②保证证券市场的稳定、健全和高效率，促进整个国民经济的稳定和发展。这是证券业监管的最终目标。

（二）证券业监管原则

为保障证券市场的高效、稳定、有序、顺利运行，围绕证券业监管的各项目标，证券市场的有效监管必须确立公平、公开、公正原则，也是市场经济的三大原则，是证券业监管活动必须奉行的基本原则，是各国证券市场管理的核心和灵魂所在。

（1）公平。要求证券市场上的参与者拥有均等的市场机会、均等的交易机会和均等的竞争机会，不存在任何歧视或特殊待遇。市场经济条件下的市场公平，在本质上反映了商品交换的等价有偿性。证券市场上，统一的市场规则，均等的市场机会，平等的主体地位与待遇，以价值规律为基础的证券交易形式，就是公平。公平原则的基本要求是信息的完全性和对称性，即所有投资者拥有同质的及时信息。公平原则的内容也涉及地位公平、税负公平、权利公平、利益公平；公平的对象主要是社会公众，也包括其他市场参与主体。机会均等和平等竞争是证券市场正常运行的前提。

（2）公正。要求证券业监管者公正无私地进行市场管理和对待市场参与者。公正原则的内容包括立法公正、执法公正、仲裁公正。公正原则是有效监管的生命，是监管者以法律框架实现市场所有参与者之间的平衡与秩序的关键，并构成对管理者、立法者、司法者权利的赋予与制约。

（3）公开。要求证券市场上的各种信息向市场参与者公开披露，任何市场参与者不得利用内幕信息从事市场活动。这里的信息包含各种财务信息、交易信息、行为信息、政策信息乃至监管信息等与市场参与者利益相关的所有信息。公开原则是实现市场公平和公正的必要条件，也是证券法律的精髓所在。而且，公开性与信息的透明度是证券市场监管与证券市场效率之间的微观结合点。信息的公开程度直接关系到市场效率的高低。

（三）证券市场监管机构

根据《中华人民共和国证券法》，国务院证券监督管理机构依法对全国证券市场实行集中统一监督管理，国务院证券监督管理机构根据需要可以设立派出机构，按照授权履行监督管理职责，在国家对证券发行、交易活动实行集中统一监督管理的前提下，依法设立证券业协会，实行自律性管理。证券业监管机构必须注重政府监管与自律管理的有机结合，由此出发建立完整的证券市场监督管理体系。即使在自律管理具有悠久传统且发挥重大作用的英国等西方国家，政府监管仍然是整个证券业监管框架中不可或缺的主旋律。对于新兴证券市场，更应强调政府的集中、统一的监管地位，在此基础上构建自律组织的权责和职能。

（四）证券业监管客体

证券业监管客体涵盖参与证券市场运行的所有主体，既包括证券经纪商和自营商等证券金融中介机构,也包括工商企业和个人。对这些监管客体,可以从不同角度对其进行分类。

以证券市场参与主体的性质来说,证券业监管对象就是参与证券市场活动的法人和自然人主体。一般包括:①工商企业,指进入证券市场筹集资金的资本需求者,也包括在证券交易市场参与交易的企业法人;②基金,既包括被作为交易对象的上市基金,也包括作为重要市场力量的投资基金(仅从不同角度看待);③个人,大致包含两类:主要指证券市场上的投资者即资金供给者,另一类指各种证券从业人员;④证券金融中介机构,主要指涉及证券发行与交易等各类证券业务的金融机构,它既可以是专业的证券经纪商、承销商、自营商,也可以是银证合一体制下的商业银行和其他金融机构;⑤证券交易所或其他集中交易场所,证券交易所是提供证券集中交易的场所,并承担自律管理职能的特殊主体,它既包括传统的有形市场,也包括以电子交易系统为运作方式的无形市场;⑥证券市场的其他中介机构,包括证券登记、托管、清算机构以及证券咨询机构、会计师事务所、律师事务所、资产评估机构等。

以证券市场主体的地位与角色来说,证券业监管对象大致可分为四类:①上市对象(筹资者),包括以股票、债券、基金等证券形式挂牌上市的各类市场主体;②交易对象(投资者),包括所有参与证券买卖的市场主体;③中介对象,包括媒介证券发行与交易等各类活动,提供各类中介服务的上述金融机构、咨询机构、市场服务机构等;④自我管理对象,主要指证券集中交易场所。

(五)证券业监管内容

根据《中华人民共和国证券法》,证券业监管内容包括以下七个方面:①证券发行的监管;②证券交易的监管;③上市公司收购的监管;④证券交易所的监管;⑤证券公司的监管;⑥证券登记结算机构的监管;⑦证券交易服务机构的监管。

（六）证券业监管手段

1. 法律手段

国家通过立法和执法，以法律规范形式将证券市场运行中的各种行为纳入法制轨道，证券发行与交易过程中的各参与主体按法律要求规范其行为。运用法律手段管理证券市场，主要是通过立法和执法来抑制和消除欺诈、垄断、操纵、内幕交易和恶性投机现象等，维护证券市场的良好运行秩序。涉及证券市场管理的法律、法规范围很广，大致可分两类：一类是证券业监管的直接法规，除证券管理法、证券交易法等基本法律外，还包括各国在上市审查、会计准则、证券投资信托、证券金融事业、证券保管和代理买卖、证券清算与交割、证券贴现、证券交易所管理、证券税收、证券管理机构、证券自律组织、外国人投资证券等方面的专门法规，几乎遍及证券市场的所有领域；另一类是涉及证券管理，与证券市场密切相关的其他法律，如公司法、银行法、票据法、破产法、财政法、反托拉斯法等。这样，形成一个以证券基本法为核心，专门证券管理法规或规则相补充，其他相关法律相配套的证券法律体系。

2. 经济手段

政府以管理和调控证券市场为主要目的，采用间接调控方式影响证券市场运行和参与主体的行为。在证券业监管实践中，常见的有以下两种经济调控手段：①金融信贷手段。运用金融货币政策影响证券市场。在股市低迷之际放松银根、降低贴现率和存款准备金率，可增加市场货币供应量，从而刺激股市回升；反之则可抑制股市暴涨。运用"平准基金"开展证券市场上的公开操作，可直接调节证券供求与价格。金融货币手段可以有效地平抑股市的非理性波动和过度投机，有助于实现稳定证券市场的预期管理目标。②税收政策。由于以证券所得税和证券交易税为主的证券市场税收直接计入交易成本，税率和税收结构的调整直接造成交易成本的增减，从而可产生抑制或刺激市场的效应，并为监管者所利用。

3. 行政手段

政府监管部门采用计划、政策、制度、办法等对证券市场进行直接的行政干预和管理。与经济手段相比较，运用行政手段对证券市场的监管具有强制性和直接性的特点。例如，在证券发行方面对上市审批制或注册制的选择，控制上市种类和市场规模；对证券交易所、证券经营机构、证券咨询机构、证券清算和存管机构等实行严格的市场准入和许可证制度；交易过程中的紧急闭市等。由于证券市场是市场经济高度发达的伴生物，其充分的市场经济特性必然要求伴随市场的成熟与完善，逐步减少行政干预，因为过多的不恰当的行政干预容易形成监管过度，扭曲市场机制。

四、国有资产监管

国有资产监管是对国有资产及其使用单位的监督和管理，包括企业性国有资产监管和行政事业性国有资产监管。

（一）企业性国有资产监管

企业性国有资产监督是指政府出资人和运营者依法对指定的或者所属的国有企业占有使用的国有资本的经营管理实施监督管理活动的总称。

1. 企业性国有资产监管的原因

由于多种经济成分并存，不同所有制经济共同发展，因此，一方面，政府对社会经济的一般管理职能必须面向社会、面向各种经济成分，而不能只管理国有经济；另一方面，在多种经济成分并存的条件下，国有经济面临的市场竞争不仅表现为国有企业间的竞争，而且也表现为不同所有制经济成分的竞争。为了维护国有资产所有者的权益，必须将政府的社会经济管理职能和国有资产所有者职能分开，加强企业性国有资产的监督管理。国有企业是由政府投资兴办的依法自主经营、自负盈亏、独立核算的经营单位。国有企业根据授权，经营管理国有资本，政府赋予国有企业经营权，国有企业对政府授权经营管理的资本享有占有、使用和依法处分的权利。由于国有企业是独立自主地经营国有资本，因此，出资者有必要、有责任依据国有资本的所有权对企业占有使用的国有资本实施监督管理。

2. 企业性国有资产监管机构

国有资产监督管理机构是监管国有资产的专门机构，根据国务院颁布的《企业国有资产监督管理暂行条例》(2019年修正),国家实行由国务院和地方人民政府分别代表国家履行出资人职责,享有所有者权益,权利、义务和责任相统一,管资产和管人、管事相结合的国有资产管理体制。国务院,省、自治区、直辖市人民政府,设区的市、自治州级人民政府,分别设立国有资产监督管理机构。国有资产监督管理机构根据授权,依法履行出资人职责,依法对企业国有资产进行监督管理。企业国有资产较少的设区的市、自治州,经省、自治区、直辖市人民政府批准,可以不单独设立国有资产监督管理机构。国有资产监督管理机构不行使政府的社会公共管理职能,政府其他机构、部门不履行企业国有资产出资人职责。

3. 企业性国有资产监管客体

根据国务院颁布的《企业国有资产监督管理暂行条例》,企业性国有资产监管的国有资产包括国有及国有控股企业、国有参股企业中的国有资产,因此,国有独资企业、国有控股企业和国有参股企业,都属于企业性国有资产监管客体。

4. 企业性国有资产监管的职责和义务

根据国务院颁布的《企业国有资产监督管理暂行条例》,国有资产监督管理机构的主要职责是:

(1) 依照《中华人民共和国公司法》等法律、法规,对所出资企业履行出资人职责,维护所有者权益。

(2) 指导推进国有及国有控股企业的改革和重组。

(3) 依照规定向所出资企业委派监事。

(4) 依照法定程序对所出资企业的企业负责人进行任免、考核,并根据考核结果对其进行奖惩。

(5) 通过统计、稽核等方式对企业国有资产的保值增值情况进行监管。

(6) 履行出资人的其他职责和承办本级政府交办的其他事项。国务院国有资产监督管理机构除前款规定职责外,可以制定企业国有资产监督管理的规章、制度。

根据国务院颁布的《企业国有资产监督管理暂行条例》,国有资产监督管理机构的主要义务是:

（1）推进国有资产合理流动和优化配置，推动国有经济布局和结构的调整。

（2）保持和提高关系国民经济命脉和国家安全领域国有经济的控制力和竞争力，提高国有经济的整体素质。

（3）探索有效的企业国有资产经营体制和方式，加强企业国有资产监督管理工作，促进企业国有资产保值增值，防止企业国有资产流失。

（4）指导和促进国有及国有控股企业建立现代企业制度，完善法人治理结构，推进管理现代化。

（5）尊重、维护国有及国有控股企业经营自主权，依法维护企业合法权益，促进企业依法经营管理，增强企业竞争力。

（6）指导和协调解决国有及国有控股企业改革与发展中的困难和问题。

另外，国有资产监督管理机构应当向本级政府报告企业国有资产监督管理工作、国有资产保值增值状况和其他重大事项。

（二）行政事业性国有资产管理

国务院颁布的《行政事业性国有资产管理条例》，对行政事业性国有资产管理做出规定。

1. 行政事业性国有资产管理的范围

行政事业性国有资产，是指行政单位、事业单位通过以下方式取得或者形成的资产：①使用财政资金形成的资产；②接受调拨或者划转、置换形成的资产；③接受捐赠并确认为国有的资产；④其他国有资产。

2. 行政事业性国有资产管理的职责分工

（1）国务院财政部门负责制定行政事业单位国有资产管理规章制度并负责组织实施和监督检查，牵头编制行政事业性国有资产管理情况报告。

（2）国务院机关事务管理部门和有关机关事务管理部门会同有关部门依法依规履行相关中央行政事业单位国有资产管理职责，制定中央行政事业单位国有资产管理具体制度和办法并组织实施，接受国务院财政部门的指导和监督检查。

（3）相关部门根据职责规定，按照集中统一、分类分级原则，加强中央行政事业单位国有资产管理，优化管理手段，提高管理效率。

（4）各部门根据职责负责本部门及其所属单位国有资产管理工作，应当明确管理责任，指导、监督所属单位国有资产管理工作。

（5）各部门所属单位负责本单位行政事业性国有资产的具体管理，应当建立和完善内部控制管理制度。

（6）各部门及其所属单位管理行政事业性国有资产应当遵循安全规范、节约高效、公开透明、权责一致的原则，实现实物管理与价值管理相统一，资产管理与预算管理、财务管理相结合。

（7）县级以上人民政府财政部门应当对本级各部门及其所属单位行政事业性国有资产管理情况进行监督检查，依法向社会公开检查结果。

3. 行政事业性国有资产管理的内容

《行政事业性国有资产管理条例》规定的行政事业性国有资产管理包括以下内容：①资产配置、使用和处置；②资产相关预算管理；③资产相关基础管理；④资产报告；⑤资产相关监督。

五、市场监督管理

市场监督管理是指市场监督管理部门在其管理职权范围内，依照市场监督管理法规，对社会经济行为和活动进行强制性的监督检查和控制，以维护社会经济秩序，保证社会经济活动正常地、顺利地进行，保障社会各方面合法权益不受侵犯。

（一）市场监督管理的目的

市场监督管理的目的是发现和纠正市场经济运行过程中的各种偏差，以及各类参与市场经济活动的组织和个人的那些不符合法律法规、违反社会公共利益的行为，保护公平竞争，制止不正当竞争，保护经营者和消费者的合法权益，维护经济秩序，实现国家的立法意图。

（二）市场监督管理的客体

市场监督管理的客体主要有两大类：一是各类市场，包括生活消费品市场、生产资料市场、金融市场、技术市场、劳动力市场、生活服务市场、房地产市场、信息市场、文化市场等；二是各类经济活动主体和市场主体，包括各种类型的企业、事业单位、个体工商户、自然人及其他有关组织、团体和集团消费者。

（三）市场监督管理的主体

执行市场监督管理职能的主要组织机构是各级市场监督管理部门，它代表国家意志，运用政权力量，按照国家的法律法规，确定市场经济行为主体的法律地位和权利，对整个市场经济活动进行监督管理，以保护合法经营、取缔非法经营、维护社会经济秩序。市场监督管理部门本身是一个完整的体系，各级人民政府均有相应的机构，形成监督主体的层次机构。由于市场监督管理的许多工作要落实到基层，因而在区、乡、镇政府以下，也应相应设立基层机构和派出机构。国家市场监督管理总局作为市场监督管理的最高机关，直属国务院领导；以下各级机构原则上实行同级政府和上级市场监督管理机关双重领导。从具体的机构设置来说，根据《国务院关于机构设置的通知》（国发〔2008〕11号），设立国家工商行政管理总局（正部级）为国务院直属机构。2018年3月，第十三届全国人民代表大会第一次会议表决通过的《关于国务院机构改革方案的决定》，国家工商行政管理总局并入国家市场监督管理总局。目前，履行市场监督管理职责的是各级市场监督管理局。

（四）市场监督管理的内容

（1）市场的管理与监督。监督的范围包括市场上各种经济形式、各种流通渠道、各种经营方式的一切商品购销活动。

（2）工商企业登记的管理与监督。工商企业登记的管理与监督是国家对企业给予法律上的认可，并对工商企业开业、歇业、合并、转业、迁移和生产经营所进行的监督，它是市场监管部门的一项主要工作。

（3）个体工商业的管理与监督。对城乡个体工商户办理登记执照和实行监督管理，对工商个体户遵守法规和营业道德的教育，取缔无证经营，依法查处违法经营活动。

（4）经济合同的管理与监督。工商管理部门管理监督经济合同的职责包括宣传经济合同法规；制定管理监督经济合同的规章制度；监督检查经济合同的订立和履行；调解仲裁经济合同纠纷，议定无效经济合同；查处利用经济合同的违法行为。

（5）商标的管理与监督。负责申请商标注册的审查、批准，发给商标注册证；办理商标的转让、变更、注销和续展注册，对商标的异议做出裁定和对撤销注册商标做出决定；办理商标使用许可的备案手续；指导地方各级市场监管部门的商标管理工作。

（6）广告的管理与监督。对广告经营单位的登记管理；对广告发布的管理与监督等。

（7）监督检查机关、团体、部队、企事业等单位的经济违法活动，制止流通中的不正之风。

（五）市场监督管理的原则

市场监督管理不同于其他经济监督，因而在监督实施中，必须遵循下列基本原则。

（1）依法监督的原则。严格按各项法规办事，是市场监管部门进行监督时必须遵循的首要原则。国家根据国民经济和市场发展的需要，为调整和处理国家与工商企业以及市场活动之间的各种关系而制定的各项单行法规，如合同法、商标法、市场法、反垄断竞争法等，都是市场监督管理部门对社会经济过程实施监督管理的重要依据，它们不仅具有法律的一般性，而且还具有一定的行政性和经济性。因此，只有严格按法规办事，才能使监督工作系统化、规范化、法制化，保证监督工作的顺利开展；才能充分发挥各种法规的法律效力，排除来自各方面的人为干扰，保证监督工作的有效进行；才能形成一个以法制健全为基础的自由平等竞争的社会经济环境，有利于促进社会主义市场经济的健康运行。

（2）政策性和灵活性相结合的原则。市场监管部门对社会经济活动实施监督，必须按照党和国家在一定时期制定的有关政策办事，使各项监督活动为贯彻落实国家的各项政策服务。但是，各种社会经济关系都会变动，社会经济环境在不断发生变化，这就要求市场监管部门在进行监督管理时要有一定的灵活性，适时地根据客观现实情况的变化来调整自己的监督内容和监督方法，并能根据各地区、各部门以及各个不同的发展阶段，来分别对待某些监督问题。因此，这就要求市场监管部门要将政策性和灵活性有效地结合起来，本着为改革和经济发展服务的精神来做好监督工作。

（3）协同作战和综合监督的原则。社会经济活动涉及的范围极其广泛，对其监督管理的部门也较复杂。市场监管部门在对社会经济活动实施监督的过程中，在许多方面经常会涉及其他有关部门的工作关系，如在打击违法乱纪的经济行为时，就需要公安部门和城管部门等的密切配合才能顺利进行；在对市场及其商品的监督管理中，就要与卫生、计量、商检等部门共同参与行动，才能真正管好市场和上市商品。因此，市场监管部门要协调好与其他有关部门之间的关系，互相配合，协同作战，对社会经济过程进行综合的监督管理。

六、自然资源监管

自然资源监管包括自然资源管理和执法监督。自然资源管理是通过对土地、矿产、森林、水资源等采取一系列措施，以保护和改善土壤、水质、空气、矿产、森林、渔业和动植物等自然资源。自然资源执法监督是指自然资源主管部门依法对自然资源相关法律关系主体执行和遵守法律、法规的情况进行监督检查，并对违法者实施行政处罚的执法活动。执法监督的内容包括两个方面：一是对法律法规的实施情况进行监督检查，即通常所说的巡查督察；二是对违反法律法规的行为实施法律制裁，即通常所说的执法处罚。

（一）自然资源执法监督的主体

根据国土资源部2017年颁布、自然资源部2020年修订的《自然资源执法监督规定》，县级以上自然资源主管部门应当强化遥感监测、视频监控等科技和信息化手段的应用，明确执法工作技术支撑机构，可以通过购买社会服务等方式提升执法监督效能；县级以上地方自然资源主管部门根据工作需要，可以委托自然资源执法监督队伍行使执法监督职权，具体职权范围由委托机关决定；县级以上地方自然资源主管部门应当加强与人民法院、人民检察院和公安机关的沟通和协作，依法配合有关机关查处涉嫌自然资源犯罪的行为。

（二）自然资源执法监督的职责

根据《自然资源执法监督规定》，县级以上自然资源主管部门依照法律法规规定，履行下列执法监督职责：①对执行和遵守自然资源法律法规的情况进行检查；②对发现的违反自然资源法律法规的行为进行制止，责令限期改正；③对涉嫌违反自然资源法律法规的行为进行调查；④对违反自然资源法律法规的行为依法实施行政处罚和行政处理；⑤对违反自然资源法律法规依法应当追究国家工作人员责任的，依照有关规定移送监察机关或者有关机关处理；⑥对违反自然资源法律法规涉嫌犯罪的，将案件移送有关机关；⑦法律法规规定的其他职责。

（三）自然资源执法监督的措施

根据《自然资源执法监督规定》，县级以上自然资源主管部门履行执法监督职责，依法可以采取下列措施：①要求被检查的单位或者个人提供有关文件和资料，进行查阅或者予以复制；②要求被检查的单位或者个人就有关问题做出说明，询问违法案件的当事人、嫌疑人和证人；③进入被检查单位或者个人违法现场进行勘测、拍照、录音和摄像等；④责令当事人停止正在实施的违法行为，限期改正；⑤对当事人拒不停止违法行为的，应当将违法事实书面报告本级人民政府和上一级自然资源主管部门，也可以提请本级人民政府协调有关部门和单位采取相关措施；⑥对涉嫌违反自然资源法律法规的单位和个人，依法暂停办理其与该行为有关的审批或者登记发证手续；⑦对执法监督中发现有严重违反自然资源法律法规，自然资源管理秩序混乱，未积极采取措施消除违法状态的地区，其上级自然资源主管部门可以建议本级人民政府约谈该地区人民政府主要负责人；⑧执法监督中发现有地区存在违反自然资源法律法规的苗头性或者倾向性问题，可以向该地区的人民政府或者自然资源主管部门进行反馈，提出执法监督建议；⑨法律法规规定的其他措施。

七、环境监管

（一）环境监管释义

环境监管也就是环境监督管理，是环境监督和环境管理的合称，是指为了保护和改善环境，有关国家机关对环境保护工作进行规划、协调、督促检查和指导等活动的总称。其基本内容包括组织制订环境保护规划，对各行各业的环境保护工作及其政策和立法进行协调，对各部门、各单位贯彻执行环境保护法的活动进行检查、督促和指导。环境监督管理的主要手段是奖励和惩罚。对环境保护做出显著成绩的单位和个人给予奖励；对违反环境保护法、造成环境污染的破坏者给予惩罚。环境监督管理有一整套的制度和措施。我国的环境监督管理制度主要有环境影响评价制度、"三同时"（同时设计、同时施工、同时使用）制度、排污收费制度、排放污染物总量控制制度、排污申报登记与排污许可证制度、限期治理污染制度等组成。另外还有环境标准制度、环境监测制度、奖励综合利用制度等。

（二）环境监管机构

2018年3月，第十三届全国人民代表大会第一次会议表决通过了《关于国务院机构改革方案的决定》，决定设立生态环境部，以环境保护部为基础，将其他一些部委中与生态环境相关的职能并入该部。各级地方政府基本上也按此设立了生态环境部门。生态环境部门履行环境监督和环境管理两方面的职能，内部机构中，负责环境管理的机构较多，专门负责环境监督的有两个部门：一是生态环境保护督察机构，二是生态环境监督执法机构。

（三）环境监管法律法规

环境监管方面的法律法规较多，主要有以下三个方面：

（1）环境保护方面的法律：《中华人民共和国环境保护法》《中华人民共和国水污染防治法》《中华人民共和国大气污染防治法》《中华人民共和国固体废物污染环境防治法》《中华人民共和国环境噪声污染防治法》《中华人民共和国海洋环境保护法》。

（2）资源保护方面的法律：《中华人民共和国森林法》《中华人民共和国草原法》《中华人民共和国渔业法》《中华人民共和国农业法》《中华人民共和国矿产资源法》《中华人民共和国土地管理法》《中华人民共和国水法》《中华人民共和国水土保持法》《中华人民共和国野生动物保护法》《中华人民共和国煤炭法》。

（3）环境与资源保护方面的法规：《水污染防治法实施细则》《中华人民共和国大气污染防治法实施细则》《防治陆源污染物污染损害海洋环境管理条例》《中华人民共和国防治海岸工程建设项目污染损害海洋环境管理条例》《中华人民共和国自然保护区条例》《放射性同位素与射线装置放射线保护条例》《化学危险品安全管理条例》《淮河流域水污染防治暂行条例》《中华人民共和国海洋石油勘探开发环境保护管理条例》《中华人民共和国陆生野生动物保护实施条例》《风景名胜区管理暂行条例》《基本农田保护条例》。

八、社会保障监管

社会保障是以国家或政府为主体，依据法律，通过国民收入的再分配，对公民在暂时或永久丧失劳动能力以及由于各种原因而导致生活困难时给予物质帮助，以保障其基本生活的制度。中国社会保障制度主要包括社会保险、社会救助、社会优抚、社会福利和住房保障等内容，不同的社会保障制度，其管理和监督的制度安排存在差异，下面以社会保险基金为例，介绍其监管的相关内容。

（一）社会保险基金监管释义

社会保险基金监管是指国家社会保险基金监管机构为防范和化解风险，根据国家法规和政策规定，对社会保险经办机构、运营机构或其他有关中介机构的管理过程及结果进行评审、认证和鉴定。人力资源和社会保障部主管全国社会保险基金行政监督工作，县级以上地方各级人力资源和社会保障行政部门负责本行政区域内的社会保险基金监督工作。

（二）社会保险基金监管原则

（1）独立原则。社会保险基金监管是政府在法律法规基础上管理社会保险基金的一种形式。监管机构依照法律法规独立行使行政监管权力，不受其他任何单位和个人的干预，以确保监管的严肃性、强制性、权威性和有效性。

（2）公正原则。监管机构在履行监管职能时，应以客观事实为依据，以法律法规为准绳，综合运用行政、经济和法律手段，对经办机构及有关机构的违规违纪行为予以监督检查。监管机构要按照客观、公正、公开原则，提高执法透明度，对监管的主体、对象、目的、手段和程序进行统一规范，使被监管者充分了解自己的权利和义务，自觉地依照法律管理社会保险基金。

（3）审慎原则。监管机构按照社会保险基金对安全性、流动性、效益性的要求，合理设置有关监管指标，认真进行评价和预测，最大限度地控制风险，促进社会保险基金管理运营机构自我约束运作行为。

（4）科学原则。监管机构必须建立严密的监管法规体系和科学规范的监管指标体系，适应金融业发展和变革的情况，运用先进的科学技术，不断提高监管的质量和效率，推动社会保险基金监管水平不断提高。

（三）社会保险基金监管内容

社会保险基金监管贯穿于社会保险基金活动的全过程，包括对征缴各项社会保险费、支付各项社会保险待遇和管理各项社会保险结余社会保险基金情况的监督检查。

1. 社会保险基金征缴的监管

社会保险基金征缴监管主要是监督企业缴费行为，有无少报参保人数、少报工资总额、故意少缴或不缴社会保险费；经办机构征缴的社会保险费是否及时足额缴入收入户管理，有无不入账，搞体外循环或被挤占挪用；收入户资金是否按规定及时足额转入财政专户等。

2. 社会保险基金支付的监管

社会保险基金支付监管主要是指对经办机构是否按规定的项目、范围和标准支付社会保险基金，有无多头支、少支或不支，有无挪用支出户社会保险基金，收益人有无骗取保险金等行为进行监督。社会保险基金支出管理应把握以下原则：一是统筹范围内支付原则，社会保险基金必须是支付给统筹范围内参加社会保险的对象，不得支付未参加统筹的人员；二是专款专用原则，社会保险基金只能用于保障社会保险对象的社会保险待遇，任何地区、部门、单位和个人都不得挪作他用；三是统一性原则，社会保险基金的支付要严格按照国家政策规定的项目和标准开支，维护国家整体利益，保持各项政策执行的统一性，任何地区、部门和单位不得以任何借口擅自增加支出项目，提高开支标准；四是适度性原则，基金支出既要维持合理的支付水平，满足保险对象最基本的生活和医疗需要，又不能超越生产力发展水平及各方面的承受能力，盲目扩大支付规模，提高待遇水平。

3. 社会保险基金结余的监督

结余社会保险基金按期划转财政专户后，要根据社会保险基金的安全性、流动性和效益性原则，购买国债和进行短期、中长期存款及其他适宜的理财活动。任何地区、部门、单位和个人都不得动用结余社会保险基金进行没有法律法规许可的其他任何形式的直接或间接投资，不得用于平衡财政预算或挪作他用。对结余社会保险基金监督主要是指有无挤占挪用社会保险基金及非法动用社会保险基金，是否按规定及时足额拨入支出户等行为进行监督。

4. 社会保险基金财务监督

社会保险基金管理的核心是财务管理。社会保险经办机构在经办社会保险业务中，按照国家社会保险政策、法规，合理组织、筹集、支付、运营社会保险基金，这就形成了社会保险基金的运动，从而构成了基金的财务活动，这些财务活动的合法合规性也属于监督范围。

（四）社会保险基金监管方式

社会保险基金监督的方式是指为履行社会保险基金监督职能，完成或达到社会保险基金监督任务或目的而采取的方式、方法，主要包括现场监督和非现场监督。

1. 现场监督

现场监督是监督机构实施有效监督的主要方法，也是社会保险基金监督过程至关重要的组成部分。现场监督是监督机构派人到被监督单位检查，比较详尽地掌握有关社会保险基金运作的控制程序和相关信息，对其业务经营合规状况、内部控制和管理水平，以及社会保险基金流动性、安全性和效益性进行深入细致的了解，发现一些财务报表和业务资料中很难发现的隐蔽性问题，并对有关机构的资产财务状况和遵守法规政策情况做出客观的评价。现场监督主要包括日常监督（在日常业务活动中开展的定期或不定期的基金监督工作）、专项监督（针对某项具体问题而开展的基金监督）和挪用社会保险基金案件的检查处理。

2. 非现场监督

非现场监督是现场监督的基础，也是社会保险基金监督的重要方式之一。监督机构通过报表分析，对经办机构和有关机构管理运营社会保险基金的活动进行全面、动态的监控，了解社会保险基金管理的状况、存在问题和风险因素，发现异常情况及时采取防范和纠正措施。一般情况下，现场检查间隔时间较长，在此期间可能发生一些变化和问题，监督机构可以通过非现场监督，依靠经办机构和有关机构报送的数据，进行多方面的分析、测算并加以管制。非现场监督的目的主要是：发现那些目前管理运营状况尚好，但在短期或中期可能会出现问题的机构，防患于未然；密切监视已经发现问题的机构，不断获得管理运营信息，掌握改进情况，防止进一步恶化；评估整个社会保险基金管理运营系统的动态，通过对有关报表和报告的综合研究，分析社会保险基金管理运营的轨迹和趋势,为制定切实有效的社会保险基金政策和监督措施提供依据。

九、财政监督

财政监督是财政部门在财政分配过程中,对国家机关、企事业单位、社会团体和其他组织或个人涉及财政收支、财务收支、国有权益以及其他有关财政管理事项进行监督,对其合法性进行监控、检查、稽核、督促和反映。财政部门实施监督应当与财政管理相结合,将监督结果作为预算安排的重要参考依据;根据监督结果完善相关政策、加强财政管理。

(一)财政监督机构

根据财政部颁布的《财政部门监督办法》,县级以上人民政府财政部门依法对单位和个人涉及财政、财务、会计等事项实施监督;财政部门应当按照财政管理体制、财务隶属关系,对财政、财务等事项实施监督;按照行政区域对会计事项实施监督;财政部门内部,监督职责由本部门专职监督机构和业务管理机构共同履行,由专职监督机构实行统一归口管理、统一组织实施、统一规范程序、统一行政处罚。

目前,我国财政监督专职机构分为中央财政监督机构和地方财政监督机构两大类。中央财政监督机构包括财政部监督检查局和财政部派驻全国各省、自治区、直辖市、计划单列市财政监察专员办事处,财政部监督检查局管理专员办的业务工作。地方财政监督机构包括省、市、县各级财政部门的监督机构和派出机构。各级财政监督机构及其派出机构向同级人民政府负责,并接受上级财政部门业务指导。

(二)财政监督职责

根据财政部印发的《财政部门监督办法》,财政部门依法对下列事项实施监督:①财税法规、政策的执行情况;②预算编制、执行、调整和决算情况;③税收收入、政府非税收入等政府性资金的征收、管理情况;④国库集中收付、预算单位银行账户的管理使用情况；⑤政府采购法规、政策的执行情况；⑥行政、事业单位国有资产，金融类、文化企业等国有资产的管理情况；⑦财务会计制度的执行情况；⑧外国政府、国际金融组织贷款和赠款的管理情况；⑨法律法规规定的其他事项，其中，对会计师事务所和资产评估机构设立及执业情况的监督，由省级以上人民政府财政部门依法实施。

（三）财政监督的措施

根据财政部印发的《财政部门监督办法》，财政部门实施监督，可以依法采取下列措施：①要求监督对象按照要求提供与监督事项有关的资料；②调取、查阅、复制监督对象有关预算编制、执行、调整和决算资料，会计凭证和账簿、财务会计报告、审计报告、账户信息、电子信息管理系统情况，以及其他有关资料；③经县级以上人民政府财政部门负责人批准，向与被监督单位有经济业务往来的单位查询有关情况，向金融机构查询被监督单位的存款；④在证据可能灭失或者以后难以取得的情况下，经县级以上人民政府财政部门负责人批准，先行登记保存证据，并在7日内及时做出处理决定；⑤对正在进行的财政违法行为，责令停止，拒不执行的，暂停财政拨款或者停止拨付与财政违法行为直接有关的款项，已经拨付的，责令暂停使用；⑥法律法规规定的其他措施。

（四）财政监督方式

财政监督以确保预算任务完成为中心，以促进财政管理为重点，一般以监督检查与规范财政管理相结合的形式实施，实施方式分为日常监督检查、专项监督检查。

日常监督检查主要是对预算执行和财政管理中的某些重要事项进行日常监控。财政机关业务机构的日常监督检查是结合预算编制，对财政资金分配进行事前的审查、稽核，对资金拨付、使用进行事中的审核、控制，以及对财政资金运行和预算执行中的重要环节进行必要的延伸检查核证，及时进行重点监控和实地检查。

专项监督检查是深化管理、制定政策、加强法治的重要手段，是日常监督的必要补充。从现实情况看，经济转轨时期各种经济关系、经济利益重新调整、组合、变化，但相应的法律法规和约束机制还没有及时建立或不尽完善，为此，财政机关根据财政管理和监督检查工作中暴露的难点、热点和重大问题，坚持指令性计划和指导性计划相结合，有针对性地开展了一些专项监督检查。

十、税务稽查

税务稽查是税务机关代表国家依法对纳税人的纳税情况进行检查监督的一种形式，它是税收征收管理工作的重要步骤和环节，其依据是具有法律效力的各种税收法律、法规及政策规定。具体包括日常稽查、专项稽查和专案稽查。

（一）税务稽查机构

我国各级税务机关应按集中统一、专业性相结合的原则普遍设立税务稽查机构，统一名称和规格，明确职责和权限，按选案、实施、审理、执行的税务稽查工作流程分别设置职能科室，做到相互制约、相互配合。各级税务机关设立的税务稽查机构，应按照各自的管辖范围行使税务稽查职能。各级税务机关应当在所属税务稽查机构建立税务违法案件举报中心，受理公民举报税务违法案件。

为了避免稽查局与其本级税务局之间出现双重执法的问题，凡是税务违法行为构成了偷税、逃避追缴欠税、骗税和抗税的，一律移交稽查局处理，由稽查局独立做出决定，税务局不予干涉；凡是税务违法行为没有构成偷税、逃避追缴欠税、骗税、避税和抗税的，也就是说属于一般税务违法案件的，一律由税务局处理，稽查局不予干涉。

（二）税务稽查范围

税务稽查的范围包括税务法律、法规、制度等的贯彻执行情况，纳税人生产经营活动及税务活动的合法性，偷、逃、抗、骗、漏税及滞纳情况。

(三) 税务稽查工作步骤

根据国家税务总局颁布的《税务稽查案件办理程序规定》，税务稽查包括选案、检查、审理、执行四个步骤。

1. 选案

确定税务稽查对象是税务稽查的重要环节，稽查选案分为：人工选案、计算机选案、举报、其他等。人工选案的基本方法是抽样。实施抽样又分为随机抽样和非随机抽样。在实行抽查选案时，一般都采用随机抽样法，它是按照概率规律抽取稽查对象的一种方法。计算机选案的指标主要有以下几个方面：分行业生产经营指标平均增长值分析、分行业财务比率分析、企业常用财务指标分析、流转税类选案分析、企业所得税税前限制列支项目指标分析、进出口税收指标分析、税收管理指标分析等。举报是税务机关发现案源最多的一种途径。其他选案方法指转办、交办等。

2. 检查

检查就是税务稽查的实施，它是税务稽查工作的核心和关键环节。税务人员在实施税务稽查时可以根据需要和法定程序采取询问、调取账簿资料、实地稽查、账外调查和异地协查等方式进行。税务稽查人员在税务查账时，应在"税务稽查底稿"上逐笔如实记录稽查中发现的问题及所涉及的账户、记账凭证、金额等细节，全面反映此项稽查工作的情况。税务稽查实施终结，税务稽查人员应当认真整理检查资料，归集相关证据，计算补退税款，分析检查结果，提出处理意见，并根据立案查处、未经立案查处以及稽查中发现的问题等不同情况，决定实行一般工作程序或简易工作程序，并分别制作税务稽查报告、税务处理决定书或税务稽查结论。

3. 审理

税务稽查审理是税务稽查机构对立案查处的各类税务违法案件在实施稽查完毕的基础上，由专门组织或人员核准案件实施、审查鉴别证据、分析认定案件性质，制作审理报告和税务处理决定书或税务稽查结论的活动过程。税务稽查审理主要包括违法事实是否清楚、证据是否确凿、数据是否准确、资料是否齐全；适用税收法律、法规、规章是否合法；是否符合法定程序；拟定的处理意见是否得当。

4. 执行

税务稽查文书送达后，被查对象一般都能自动履行税务机关做出的法律文书所规定的义务——自动办理补报缴纳。逾期不履行的，税务机关将采取强制执行措施。

十一、价格监督

价格监督是价格主管部门对违反价格政策、法律、法规的行为所进行的监督、检查、审理与处置等活动的总称，价格监督是价格管理的一项重要的内容。

（一）价格监督的机构和职权

根据《中华人民共和国价格法》，价格监督的执法主体是县级以上的各级人民政府的价格主管部门。政府价格主管部门进行价格监督检查时，可以行使下列职权：①询问当事人或者有关人员，并要求其提供证明材料和与价格违法行为有关的其他资料；②查询、复制与价格违法行为有关的账簿、单据、凭证、文件及其他资料，核对与价格违法行为有关的银行资料；③检查与价格违法行为有关的财物，必要时可责令当事人暂停营业；④在证据可能灭失或者以后难以取得的情况下，可以依法先行登记保存，当事人或者有关人员不得转移、隐匿或者销毁。

（二）价格监督的主要内容

政府价格主管部门进行价格监督检查的主要内容是：①查处价格违法行为，保障国家的价格法律、法规、规章和政策顺利贯彻执行；②监督落实各项价格调控措施，确保价格改革和价格监管目标的实现；③完善价格监督检查网络，切实维护价格秩序；④健全价格法制，严格依法行政。

（三）价格监督的原则

价格监督检查应遵循的原则是：①以事实为依据，以法律为准绳的原则；②处罚法定原则；③公正性原则；④公开性原则；⑤过罚相当原则；

⑥处罚与教育相结合原则；⑦一事不再罚原则。

参考文献

［1］马勇.金融监管学［M］.北京：中国人民大学出版社，2021.

［2］李连仲主编.国有资产监管与经营［M］.北京：中国经济出版社，2005.

［3］执法规范化研究中心编.市场监督管理执法指南［M］.北京：中国法制出版社，2019.

［4］杨雪锋，王军，李玉文.资源与环境管理概论［M］.北京：首都经济贸易大学出版社，2012.

［5］胡晓义主编.社会保障基金监管［M］.北京：中国劳动社会保障出版社，2012.

［6］财政部干部教育中心编.现代财政监督研究［M］.北京：经济科学出版社，2017.

［7］中央财经大学税收教育研究所编著.税务稽查［M］.北京：中国财政经济出版社，2019.

［8］国家发展改革委价格监督检查司编著.价格行政处罚实用手册［M］.北京：中国物价出版社，2004.

第八章 经济违规的外部防控（二）：政府审计监督和民间审计监督

审计的固有功能是纠错，基于这个固有功能，审计在许多领域发挥作用。很显然，经济违规是一种"错误"，因此，审计同样可以在经济违规的防控中发挥作用，政府审计①可以在公共部门发挥作用，民间审计可以接受委托在各部门发挥作用，内部审计可以在本单位内部发挥作用。由于内部审计属于经济违规的内部防控体系的成员，本章仅介绍属于经济违规外部防控的政府审计监督和民间审计监督。

第一节 政府审计监督与经济违规防控

政府审计是以系统方法从经济行为、经济信息和经济制度三个维度独立检查国有资源经管责任履行情况，并将结果传达给利益相关者的制度安排（郑石桥，2015）。在对国有资源经管责任履行情况进行独立检查时，主要关注四类问题：一是经济信息是否虚假，二是经济行为是否合法合规，三是经济绩效是否低下，四是经济制度是否健全。很显然，经济违规是政府审计所关注的四类问题之一，因此，政府审计能够在应对经济违规的行为中发挥作用。本节首先讨论政府审计应对经济违规的一般原理，在此基础上，阐述政

---

① 本书在同等意义上使用"政府审计"和"国家审计"，根据不同的语境，使用不同的词汇。

府审计应对经济违规的目标、范围、职责和权限，以及政府审计监督与专业经济监管的关系。

一、政府审计监督应对经济违规的原理

政府审计业务通常有四种基本类型，分别是财务审计、合规审计、绩效审计和制度审计。财务审计关注财务信息是否虚假；合规审计关注经济行为是否合法合规；绩效审计首先关注绩效信息是否虚假，在此基础上，还关注绩效低下的原因及改进建议；制度审计关注制度是否健全。上述四类审计业务中，直接应对经济违规的是合规审计，其他三类审计业务与经济违规的关联不大。下面分析合规审计应对经济违规的一般原理。

政府审计有多种功能，开展不同的审计业务，需要的审计功能不同。就合规审计来说，其实质是以系统方法从经济行为这个维度独立检查国有资源经管责任履行情况，并将结果传达给利益相关者的制度安排（郑石桥，2018），合规审计不但要找出经济违规问题，还要推动解决经济违规问题，为了实现这些目的，合规审计需要履行的审计功能包括揭示功能、建议功能、责任追究功能和推动审计结果运用功能，这些功能组合起来，形成一个整体功能，通常称为监督，由于审计主体是政府审计机关，所以，这种监督通常称为政府审计监督，其作用的基本过程如图 8-1 所示。

经济违规现象 → 揭示功能 → 建议功能 → 责任追究功能 → 推动审计结果运用功能 → 防控经济违规

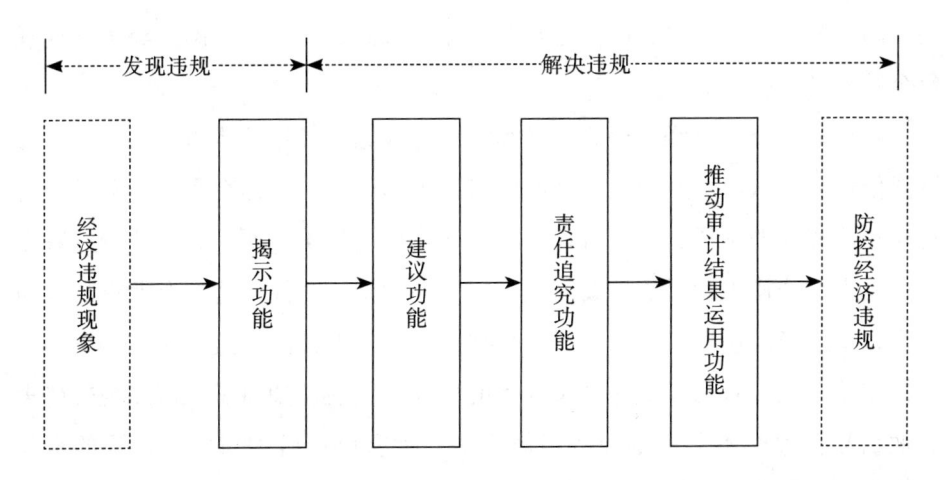

（发现违规 | 解决违规）

图 8-1　政府审计监督与经济违规防控

合规审计关注的经济违规现象可以分为两类：一是财务行为违规，二是业务行为违规。每一个经济主体的经济活动无非就是"做事"和"花钱"，前者称为业务行为，后者称为财务行为，二者密切相关，"做事"必须"花钱"，而"花钱"是为了"做事"，所以，通常是将财务行为和业务行为都纳入合规审计的范围。当然，由于作为外部防控体系重要成员的政府行业规制部门也会重点关注各自领域的经济主体的业务行为是否合法合规，因此，政府审计机关对业务行为合法合规的监督，要注意与行业规制部门的监管相协调。

对于已经发生的经济违规现象，政府审计履行的基本功能是揭示功能，也就是采用系统方法，将已经发生的财务违规和业务违规找出来，并准确地定性，同时，还要根据相关证据做出责任认定。由于揭示功能需要在查清楚事实真相的基础上，将事实真相与既定标准相比较，以确定事实真相与既定标准的相符程度，因此，在经典审计原理中，通常将这种审计功能称为鉴证功能（郑石桥，2022）。就合规审计来说，既定标准就是经济法律法规及内部规章制度，而事实真相就是经济行为的真实情况，二者的相符程度，就是经济行为符合经济法律法规及内部规章制度的情况，二者的偏离达到一定的程度，就是经济违规。

经济违规现象的发生，一定有其原因，因此，在揭示经济违规现象之后，要进一步调查清楚导致经济违规现象发生的原因，在此基础上，针对这些原因，提出改进建议，以优化相关的体制机制制度，使得同类经济违规现象今后难以再重复发生。

政府审计要应对经济违规，必须对责任人和责任单位进行责任追究，通过责任追究，从两个路径发挥抑制经济违规的作用：一是个别预防路径，就是对经济违规的责任者进行责任追究，使其付出代价，因此，这些责任者今后再发生经济违规的可能性会降低，因为他们知道，经济违规有严重的负面后果，做出经济违规选择的难度会增加；二是一般预防，这是对他人发生的震慑作用，他人看到经济违规者受到的处理处罚后，知道了经济违规的严重负面后果，因此不会策划经济违规活动。政府审计机关对经济违规的责任追究有两种类型：一是对于获得授权的事项和人员，由政府审计机关直接做出审计处理处罚决定,《中华人民共和国审计法》的相关条款做出了这方面的规定;二是对于未获得授权的事项和人员,政府审计机关做出审计移送决定,将这些事项和人员,移送有处理处罚权的国家机关,《中华人民共和国审计法》的相关条款也有这方面的规定。

政府审计机关通过揭示功能发现了经济违规现象——这就是审计发现,并针对原因提出了审计建议,同时,对某些事项和人员直接做出了审计处理处罚决定,将有的事项和人员做出了审计移送决定,移送相关的国家机关。为了有效地发挥政府审计的作用,审计机关还必须开展一些后续工作,以推动审计结果的运用。主要的工作有以下几个方面:第一,推动审计客体的审计整改,主要包括执行审计决定、采纳审计建议;第二,推动政府相关部门完善体制机制制度,对于涉及许多单位的体制机制制度缺陷,政府审计机关通常是给政府有关部门提出完善体制机制制度的建议,这些建议提出后,政府审计机关要跟踪这些建议的采纳和实施情况;第三,对于移送相关国家机关的事项和人员,审计机关要跟踪后续处理情况,推动对责任人和责任单位的责任追究。

以上分析的揭示功能,主要是发现经济违规问题,而建议功能、责任追究功能、推动审计结果运用功能,都是服务于解决问题的。这里的解决问题,既包括纠正已经发生的经济违规,也包括采取恰当措施使得同类经济违规现象今后难以再发生。通过上述两个逻辑步骤,实现经济违规防控的目的。

二、政府审计应对经济违规的目标

根据《中华人民共和国审计法》,审计机关依法独立检查被审计单位的会计凭证、会计账簿、财务会计报告以及其他与财政收支、财务收支有关的资料和资产,监督财政收支和财务收支真实、合法、效益。这里确定的审计目标是真实、合法和效益三个方面,其中,合法这个目标是聚焦于应对经济违规的。《中华人民共和国国家审计准则》对真实、合法和效益三个目标进行了解释:真实性是指反映财政收支、财务收支以及有关经济活动的信息与实际情况相符合的程度；合法性是指财政收支、财务收支以及有关经济活动遵守法律、法规或者规章的情况；效益性是指财政收支、财务收支以及有关经济活动实现的经济效益、社会效益和环境效益。很显然，这里的合法性就是政府审计应对经济违规时的审计目标。

对于合法性这个政府审计目标，可以从终极目标和直接目标两个角度来理解。从终极目标来说有两种情形：情形之一就是国有资源委托代理关系（也就是因国有资源的托付所形成的委托代理关系）中，作为委托人的国有资源所有者或其代理机构，希望通过政府审计机关开展的合规审计所得到的结果，很显然，由于国有资源委托代理关系中的代理人的经济违规行为会损害委托人的利益，因此，委托人当然是希望通过政府审计来抑制代理人的经济违规行为，从委托人的角度出发，政府审计机关开展合规审计的终极目标是抑制经济违规行为。情形之二是国有资源委托代理关系中，代理人也可能存在审计需求，一是将政府审计机关开展的合规审计作为其信号传递的机制，向利益相关者表明，代理人不存在经济违规，此时，传递的信号是代理人经济行为合法性的信号；二是当代理人不存在激励不相容时，代理人不存在故意的经济违规行为，却可能存在无意或过失而发生的经济违规行为，因此，代理人可能希望政府审计能够找出这些经济违规行为，此时，政府审计是作为经济违规行为的揭示机制，这时的审计目标仍然可以表述为合法性。概括地说，无论是基于国有资源委托代理关系中的委托人的角度，还是代理人的角度，政府审计机关开展合规审计的终极目标都可以表述为合法性，但是，对于委托人和代理人来说，其含义不同。

委托人和代理人自己是无法实现上述审计目标的，必须通过政府审计机关来实现上述审计目标，这就产生了政府审计机关自身开展合规审计的目标，通常将这种审计目标称为直接目标。那么，这种直接目标是什么呢？人们并不为审计而审计，合规审计也是如此，政府审计机关开展合规审计，要服务于委托人或代理人的合规审计需求，因此，必须以合规审计终极目标为导向来确定审计机关开展合规审计的目标，具体地说，服务于国有资源委托代理关系中的委托人的审计目标，政府审计机关必须寻找代理人履行其国有资源经管责任中的财务行为和业务行为中所存在的经济违规现象，并在此基础上，推动审计结果的运用。服务于代理人时，如果代理人将合规审计作为揭示机制，则政府审计机关同样必须寻找代理人履行其国有资源经管责任中的财务行为和业务行为中所存在的经济违规现象；如果代理人将合规审计作为信号传递机制，则政府审计机关必须对代理人履行其国有资源经管责任中的财务行为和业务行为的合法性做出鉴证。政府审计机关在上述各类情形下的审计目标，都属于直接目标，都可以归结为合法性，只是在不同的情形下，这个合法性的含义不同。

整体来说，政府审计机关开展合规审计的审计目标（也就是政府审计应对经济违规的目标）都可以表述为合法性，但是，对于委托人、代理人和政府审计机关来说，其含义不同。

三、政府审计应对经济违规的范围

从政府审计监督的经济主体的范围来说（也就是审计客体范围），根据《中华人民共和国审计法》，国务院各部门和地方各级人民政府及其各部门的财政收支，国有的金融机构和企业事业组织的财务收支，以及其他依照本法规定应当接受审计的财政收支、财务收支，依照本法规定接受审计监督。上述这些单位可以分为两类：一是国有单位，二是其他单位。国有单位由于获得了国有资源，因此，必须接受政府审计机关的监督，这是很显然的。其他单位虽然不是国有单位，但是，在一些特殊情形下，也必须接受政府审计机关的监督，根据《中华人民共和国审计法》，其他单位主要有以下几种情形：

（1）审计机关对国有企业、国有金融机构和国有资本占控股地位或者主导地位的企业、金融机构的资产、负债、损益以及其他财务收支情况，进行审计监督。遇有涉及国家财政金融重大利益情形，为维护国家经济安全，经国务院批准，审计署可以对前款规定以外的金融机构进行专项审计调查或者审计。在这种情形下，审计署可以对非国有金融机构予以审计。

（2）审计机关对政府投资和以政府投资为主的建设项目的预算执行情况和决算，对其他关系国家利益和公共利益的重大公共工程项目的资金管理使用和建设运营情况，进行审计监督。在这种情形下，审计机关可以对非国有投资项目进行审计。

（3）审计机关对政府部门管理的和其他单位受政府委托管理的社会保险基金、全国社会保障基金、社会捐赠资金以及其他公共资金的财务收支，进行审计监督。在这种情形下，审计机关审计的并不是国有资源。

（4）审计机关对国际组织和外国政府援助、贷款项目的财务收支，进行审计监督。在这种情形下，审计机关的审计也不是国有资源。

从政府审计监督的经济活动的范围来说（也就是审计内容范围），根据《中华人民共和国审计法实施条例》（2010年修订），审计机关依法独立检查被审计单位的会计凭证、会计账簿、财务会计报告以及其他与财政收支、财务收支有关的资料和资产，监督财政收支和财务收支真实、合法、效益。财政收支是指依照《中华人民共和国预算法》和国家其他有关规定，纳入预算管理的收入和支出，以及下列财政资金中未纳入预算管理的收入和支出：①行政事业性收费；②国有资源、国有资产收入；③应当上缴的国有资本经营收益；④政府举借债务筹措的资金；⑤其他未纳入预算管理的财政资金。财务收支是指国有的金融机构、企业事业组织以及依法应当接受审计机关审计监督的其他单位，按照国家财务会计制度的规定，实行会计核算的各项收入和支出。

四、政府审计应对经济违规的职责

政府审计应对经济违规的职责是其审计客体范围和内容范围的具体化，根据《中华人民共和国审计法实施条例》（2010年修订），审计机关的职责主要包括以下几个方面：

（1）审计机关对本级人民政府财政部门具体组织本级预算执行的情况，本级预算收入征收部门征收预算收入的情况，与本级人民政府财政部门直接发生预算缴款、拨款关系的部门、单位的预算执行情况和决算，下级人民政府的预算执行情况和决算，以及其他财政收支情况，依法进行审计监督。经本级人民政府批准，审计机关对其他取得财政资金的单位和项目接受、运用财政资金的真实、合法和效益情况，依法进行审计监督。2021年审计法修订后,还包括对本级决算草案的审计。

(2)审计机关对本级预算收入和支出的执行情况进行审计监督的内容包括:①财政部门按照本级人民代表大会批准的本级预算向本级各部门(含直属单位)批复预算的情况、本级预算执行中调整情况和预算收支变化情况;②预算收入征收部门依照法律、行政法规的规定和国家其他有关规定征收预算收入情况;③财政部门按照批准的年度预算、用款计划,以及规定的预算级次和程序,拨付本级预算支出资金情况;④财政部门依照法律、行政法规的规定和财政管理体制,拨付和管理政府间财政转移支付资金情况以及办理结算、结转情况;⑤国库按照国家有关规定办理预算收入的收纳、划分、留解情况和预算支出资金的拨付情况;⑥本级各部门(含直属单位)执行年度预算情况;⑦依照国家有关规定实行专项管理的预算资金收支情况;⑧法律、法规规定的其他预算执行情况。

(3)审计署对中央银行及其分支机构履行职责所发生的各项财务收支,依法进行审计监督。

(4)审计机关对国有资本占控股地位或者主导地位的企业、金融机构实施审计,包括:①国有资本占企业、金融机构资本(股本)总额的比例超过50%的;②国有资本占企业、金融机构资本(股本)总额的比例在50%以下,但国有资本投资主体拥有实际控制权的。

(5)审计机关对政府投资和以政府投资为主的建设项目实施审计,包括:①全部使用预算内投资资金、专项建设基金、政府举借债务筹措的资金等财政资金的;②未全部使用财政资金,财政资金占项目总投资的比例超过50%,或者占项目总投资的比例在50%以下,但政府拥有项目建设、运营实际控制权的。

审计机关对建设项目的总预算或者概算的执行情况、年度预算的执行情况和年度决算、单项工程结算、项目竣工决算,依法进行审计监督;对前款规定的建设项目进行审计时,可以对直接有关的设计、施工、供货等单位取得建设项目资金的真实性、合法性进行调查。

(6)审计机关审计的社会保障基金包括社会保险、社会救助、社会福利基金以及发展社会保障事业的其他专项基金;审计机关审计的社会捐赠资金包括来源于境内外的货币、有价证券和实物等各种形式的捐赠。

（7）审计机关对国际组织和外国政府援助、贷款项目实施审计，包括：①国际组织、外国政府及其机构向中国政府及其机构提供的贷款项目；②国际组织、外国政府及其机构向中国企业事业组织以及其他组织提供的由中国政府及其机构担保的贷款项目；③国际组织、外国政府及其机构向中国政府及其机构提供的援助和赠款项目；④国际组织、外国政府及其机构向受中国政府委托管理有关基金、资金的单位提供的援助和赠款项目；⑤国际组织、外国政府及其机构提供援助、贷款的其他项目。

（8）审计机关可以依照审计法及其实施条例规定的审计程序、方法以及国家其他有关规定，对预算管理或者国有资产管理使用等与国家财政收支有关的特定事项，向有关地方、部门、单位进行专项审计调查。

五、政府审计应对经济违规的权限

审计机关要履行其职责，必须有相应的权限，根据《中华人民共和国审计法实施条例》（2010年修订），审计机关有以下权限：

（1）审计机关进行审计监督时，被审计单位应当向审计机关提供与财政收支、财务收支有关的资料。被审计单位负责人应当对本单位提供资料的真实性和完整性做出书面承诺。

（2）各级人民政府财政、税务以及其他部门（含直属单位）应当向本级审计机关报送下列资料：①本级人民代表大会批准的本级预算和本级人民政府财政部门向本级各部门（含直属单位）批复的预算，预算收入征收部门的年度收入计划，以及本级各部门（含直属单位）向所属各单位批复的预算；②本级预算收支执行和预算收入征收部门的收入计划完成情况月报、年报，以及决算情况；③综合性财政税务工作统计年报、情况简报，财政、预算、税务、财务和会计等规章制度；④本级各部门（含直属单位）汇总编制的本部门决算草案。

（3）审计机关查询被审计单位在金融机构的账户的，应当持县级以上人民政府审计机关负责人签发的协助查询单位账户通知书；查询被审计单位以个人名义在金融机构的存款的，应当持县级以上人民政府审计机关主要负责人签发的协助查询个人存款通知书。有关金融机构应当予以协助，并提供证明材料，审计机关和审计人员负有保密义务。

（4）审计机关依照审计法相关规定封存被审计单位有关资料和违反国家规定取得的资产的，应当持县级以上人民政府审计机关负责人签发的封存通知书，并在依法收集与审计事项相关的证明材料或者采取其他措施后解除封存。封存的期限为7日以内；有特殊情况需要延长的，经县级以上人民政府审计机关负责人批准，可以适当延长，但延长的期限不得超过7日。对封存的资料、资产，审计机关可以指定被审计单位负责保管，被审计单位不得损毁或者擅自转移。

（5）审计机关可以就有关审计事项向政府有关部门通报或者向社会公布对被审计单位的审计、专项审计调查结果。审计机关经与有关主管机关协商，可以在向社会公布的审计、专项审计调查结果中，一并公布对社会审计机构相关审计报告核查的结果。审计机关拟向社会公布对上市公司的审计、专项审计调查结果的，应当在5日前将拟公布内容告知上市公司。

（6）审计机关有关业务机构和专门机构或者人员对审计组的审计报告以及相关审计事项进行复核、审理后，由审计机关按照下列规定办理：①提出审计机关的审计报告，内容包括对审计事项的审计评价，对违反国家规定的财政收支、财务收支行为提出的处理、处罚意见，移送有关主管机关、单位的意见，改进财政收支、财务收支管理工作的意见。②对违反国家规定的财政收支、财务收支行为，依法应当给予处理、处罚的，在法定职权范围内做出处理、处罚的审计决定。③对依法应当追究有关人员责任的，向有关主管机关、单位提出给予处分的建议；对依法应当由有关主管机关处理、处罚的，移送有关主管机关；涉嫌犯罪的，移送司法机关。

（7）对被审计单位违反国家规定的财务收支行为，审计机关在法定职权范围内，区别情况采取审计法规定的处理措施，可以通报批评，给予警告；有违法所得的，没收违法所得，并处违法所得1倍以上5倍以下的罚款；没有违法所得的，可以处5万元以下的罚款；对直接负责的主管人员和其他直接责任人员，可以处2万元以下的罚款，审计机关认为应当给予处分的，向有关主管机关、单位提出给予处分的建议;构成犯罪的,依法追究刑事责任。法律、行政法规对被审计单位违反国家规定的财务收支行为处理、处罚另有规定的,从其规定。

六、政府审计监督与专业经济监管的关系

政府审计与专业经济监管(也就是各个行业规制部门对本领域的监管)相比,有三点重要的区别:一是监管客体只限于获得国有资源的单位,未能获得国有资源的单位通常不纳入政府审计范围,这其中的原因是政府审计是所有权监督,不是行政权或立法权或司法权监督;二是监督范围的综合性,政府审计并不只是监督特定的经济领域,而是对各领域的经济活动都进行审计,从这个意义上来说,政府审计是综合性经济监督;三是政府审计通常是只"监"不"管",这不同于政府设立的行业规制部门(也就是专业经济监管),这些部门是既"监"又"管",正是政府审计的这种特征,使得这种监督具有独立性,为其客观公正地实施审计监督奠定了基础。

那么,对于国有单位及其他相关单位的经济行为,既然有了专业经济监管,为什么还需要政府审计对其再次予以监督呢?

(一)监督财务活动的合法性

对于特定的经济主体来说,其经济活动有两种类型:一是履行本单位职责的活动,也就是"做事",通常将这些经济活动称为业务活动;二是财务活动,也就是"花钱",因为从事业务活动必须使用经济资源,而这些经济资源的获得、管理和使用,通常称为财务活动。业务活动和财务活动密切相关,"做事"必须"花钱",而"花钱"是为了"做事"。通常来说,由各行业规制部门所实施的专业经济监管主要关注业务活动的合法性,对财务活动的合法性关注较少,因此,国有单位的财务活动的合法合规性需要政府审计来监督。

（二）对业务活动的合法性进行再次监督

就业务活动的违规来说，行业规制部门已经在监管业务行为是否合法合规，在这种背景下，政府审计仍然需要开展合规审计监督这些单位的业务行为是否合法合规。我们以政府规制理论为基础来分析原因。

政府规制的目的是保护公共利益，但由于规制机构本身的利益驱动或其他原因，规制的结果完全有可能偏离最初的规制目的，甚至出现规制者成为被规制者的代言人，这种现象称为规制失效。规制失效的原因，大致有规制效率论和规制俘获论两种。规制效率论认为，规制失效是由于规制机构不能有效地控制被规制者的日常运行，而且规制的调节过程具有不可避免的时间滞后，也就是说，失效是因为规制机构的效率无法达到规制的要求。规制俘获论认为，规制失效的原因是被规制者俘获了规制者（于立宏，2009）。正是由于上述原因，规制本身也要有分工，政府审计是其中之一。

（1）根据规制效率论，行业规制部门的规制效率无法达到规制的要求，通过增加政府审计，就可以在原有规制效率的基础上，增加规制的效率。

（2）根据规制俘获论，要阻止规制俘获，有多种路径，规制俘获理论利用委托代理理论的分析方法，从信息不对称入手，建立了在信息不对称情况下的各种激励机制，以保证俘获行为的阻止，并且从组织设计上进行制度改进，从而达到社会福利的改进。归纳起来，阻止规制俘获主要有以下三种路径：第一，解决信息不对称。规制者和规制委托人之间的信息不对称是导致规制俘获现象发生的原因。减少这种信息不对称就可以降低规制俘获的概率。第二，权力分割。由于规制者相对于规制委托人具有信息优势，因此其自由裁量权是影响俘获范围的主要因素之一，从这一意义上说，要想规制有效，就必须将规制权限分配给不同的机构，以减少每一规制机构的自由裁量权，即规制分离，防止合谋与俘获的出现。第三，权力监督。也就是指定其中一个规制机构只负责监督，而不需要执行其他任务，那么，执行其他任务的机构就很难从被规制者那获得剩余租金。

政府审计在上述三个路径中都可以发挥重要作用。第一，就解决信息不对称而言，政府审计通过对经济主体的审计，以基于责任方认定业务和直接报告业务两种业务模式，能获得许多关于经济主体的信息，这些信息提供给规制委托人（也就是广义政府代表机构）、规制者和利益相关者；第二，就权力分割而言，政府规制一般包括规则制定、规则执行和效果评价，行业规制部门主要负责规则制定和规则执行，但是，规则执行效果则由政府审计机关来评价，因为规则是由行业规制部门制定的，并且是由这些部门执行的，这些部门事实上已经是规制的当事人，由这些部门来以规则执行效果进行评价，不具有客观性，而政府审计机关不参与规则的制定，也不参与规则的执行，具有高度的独立性，由政府审计来评价规则执行效果能做到客观评价。第三，就权力监督而言，要求在规制分工中，指定其中一个规制机构只负责监督，不执行其他任务，政府审计恰恰是这种只负责监督的规制机构之一，不参与规则的制定，也不参与规则的执行，只负责监督，对其他规制机构进行监督，当然也包括监督经济主体是否执行了规则。所以，从这个意义上来说，政府审计机关是对规制机构的再监督（郑石桥、宋海荣，2015）。

也正是基于上述原因，有人提出，相对于专业经济监管来说，政府审计是综合性、高层次的经济监督。综合性，是指政府审计监督范围的综合性，政府审计并不只是像专业经济监管那样，只是监督特定的经济领域，而是对各领域的经济活动都进行审计，从这个意义上来说，政府审计是综合性经济监督。高层次有两方面的含义：一是对各行业规制部门监管范围的经济主体，凡是属于国有单位的，政府审计机关都可以在行业规制的基础上，进行再监督；二是政府审计机关对行业规制部门本身也可以进行监督。很显然，对于特定的国有单位来说，其业务活动既要接受行业规制部门的监管，也要接受政府审计机关的监督，因此，这两类监督要协调，不宜造成重复监督。

第二节　民间审计监督与经济违规防控

民间审计是民间机构接受委托，以系统方法从经济信息、经济行为和经济制度三个维度独立检查经管责任履行情况，并将结果传达给利益相关者的制度安排。从审计功能上来说，民间审计可以在防控经济违规中发挥作用，但是，这种作用的发挥是以审计需求者的委托为前提的，没有审计需求者的委托，民间审计就无法发挥任何作用。目前，民间审计开展的审计业务活动主要是财务审计和内部控制审计，在开展这两种审计业务时，都可以对审计客体的经济违规行为保持应有的职业关注。当然，民间审计机构也可以接受委托，专门开展合规审计和舞弊审计，本节对这些内容分别予以阐述。

一、民间审计机构在财务审计业务中对违规行为保持应有的职业关注

财务审计的审计主题是财务信息，民间审计经历了多个发展阶段，在不同阶段，其审计主题不同，影响审计目标的权变因素不同，从而目标不同。

20世纪30年代以前，以查错防弊为主要审计目标。在这个阶段，审计主题是管理人员的行为，审计目标是揭露舞弊，也就是鉴证管理人员是否存在违法违规行为，这里的查错防弊审计目标也属于一般意义上的合规合法性审计目标。

20世纪30年代到80年代，以验证财务报表的真实公允性为目标。在这一阶段，审计主题是财务报表，也就是信息，审计目标是真实公允性。

从1988年AICPA（美国注册会计师协会）发布第53号、54号《审计准则说明书》开始到现在，查错防弊和验证财务报表的真实公允性并重。在这个阶段，以财务报表为代表的信息继续是重要的审计主题，与此相一致，真实性仍然是主要的审计目标。然而，这一阶段的"查错防弊"是否意味着行为又重新成为重要的审计主题呢？是否意味着与之相关的合规合法性又成为重要的审计目标呢？根据对相关准则的分析，并不能得出这样的结论。因为，此时的"查错防弊"不是20世纪30年代以前"查错防弊"所特指的管理人员在业务经营过程中有无舞弊行为，而是特指财务报表中的错误和舞弊。AICPA发布的53号《审计准则说明书》和我国的相关审计准则中都体现了这种意思。

AICPA发布的53号《审计准则说明书》指出，"审计人员必须评价舞弊和差错可能引起财务报表严重失实的风险，并依据这种评价设计审计程序，

以合理地保证揭露对财务报表有重大影响的舞弊和差错"。很显然，这里关注的是"以合理地保证揭露对财务报表有重大影响的舞弊和差错"，并不是一般意义上的舞弊和差错。

《中国注册会计师审计准则第1141号——财务报表审计中与舞弊相关的责任》第九条指出："本准则的规定旨在帮助注册会计师识别和评估舞弊导致的重大错报风险，以及设计用以发现这类错报的审计程序。"《中国注册会计师审计准则第1142号——财务报表审计中对法律法规的考虑》第五条指出："本准则旨在帮助注册会计师识别由于违反法律法规导致的财务报表重大错报。注册会计师没有责任防止被审计单位违反法律法规行为，也不能期望其发现所有的违反法律法规行为。"很显然，我国的上述两个准则都表明，注册会计师主要关注与财务报表重大错报相关的舞弊和违反法律法规行为，并不是要以这些行为作为审计主题，审计主题仍然是会计报表。

综上所述，财务审计中所关注的是影响财务信息公允性的舞弊及违法，而不是一般意义上的，审计目标仍然是财务信息的真实性或公允性（郑石桥，2017）。

二、民间审计机构在内部控制审计业务中对违规行为保持应有的职业关注

内部控制审计是民间审计机构的重要审计业务，财政部等五部委于2010年联合发布《企业内部控制审计指引》，中国注册会计师协会于2011年发布《企业内部控制审计指引实施意见》，中国注册会计师协会于2015年发布《企业内部控制审计问题解答》，上述三个内部控制审计规范都是对民间审计如何开展内部控制审计业务做出的明文规定，但都没有提到在这种审计业务中如何关注审计客体的经济违规行为。但是，根据《中国注册会计师职业道德守则第1号——职业道德基本原则》第二十条，"注册会计师应当勤勉尽责，即遵守职业准则的要求并保持应有的职业怀疑，认真、全面、及时地完成工作任务"。因此，在内部控制审计业务中，也可以在一定程度上起到应对审计客体经济违规的作用，主要有三种情形：一是在内部控制审计中，发

现有些内部控制措施并未得到有效执行，而这种内部控制措施主要是防控经济活动违规风险的，对于此类内部控制执行缺陷，要判断其导致重要经济违规的可能性，凡是可能性较大的，要执行进一步的审计程序；二是在内部控制审计中，发现有些内部控制条款本身就不符合相关的法律法规，对于这些内部控制措施及相关的经济活动，要进行职业判断，凡是具有重要性的，要实施进一步的审计程序；三是在内部控制审计中，发现了审计客体经济违规的线索或经济违规的证据，此时，要进行职业判断，凡是具有重要性的，要执行具有针对性的进一步审计程序。

三、民间审计机构接受委托专门开展合规审计

虽然民间审计机构的主要审计业务是财务审计和内部控制审计，但是，从理论上来说，只要有审计委托人，并且民间审计机构具备相应的专业胜任能力，并能保持独立性，它就可以开展任何类型的审计业务，所以，只要有审计委托人，具备专业胜任能力的民间审计机构，完全可以开展合规审计。审计实践也是如此，我国一些政府审计机关委托民间审计机构实施部门预算执行审计，一些内部审计机构委托民间审计机构开展内管干部经济责任审计，这些审计业务委托中，都包括了合规审计的内容。

本章前面在阐述政府审计开展的合规审计时指出，合规审计需要履行的审计功能包括揭示功能、建议功能和推动审计结果运用功能。由于民间审计机构是接受委托来开展合规审计的，所以，责任追究功能和推动审计结果运用功能通常不会委托民间审计机构来履行，因此，即使是开展合规审计，民间审计机构主要是履行揭示功能和建议功能。这里的揭示功能是民间审计机构采用的一定的系统方法，找出审计委托人指定范围的经济违规，并根据有关经济法律法规，对这种经济违规行为予以定性，如果审计委托人需要，还要获取相关证据，对经济违规行为予以责任认定。这里的建议功能，是民间审计机构基于其对经济违规原因的调查，提出针对性的建议，使得类似的经济违规行为今后再难以重复发生。民间审计机构在履行上述两项审计职能之后，通常给审计委托人提交合规审计报告，这种审计报告应该是详式报告，

要将审计发现、审计结论、审计建议都详细列示在审计报告中，同时，对于经济违规的定性法律法规依据，也要明确列出。

四、民间审计机构接受委托专门开展舞弊审计

舞弊的概念及其类型有多种理解，民间审计机构接受委托人的委托，专门开展的舞弊审计主要涉及员工舞弊，这种舞弊是指组织内部的某些职员利用组织内部控制不严的漏洞，采用涂改或伪造单据、账册及其他手段，以达到贪污、盗窃或挪用资财的行为。管理层为了自己的利益所进行的舞弊，也属于员工舞弊。按舞弊的对象不同，员工舞弊分为现金舞弊、实物舞弊和业绩舞弊；按舞弊的环节不同，员工舞弊分为发票舞弊、业务运作舞弊和会计舞弊（郑石桥，2018）。

员工舞弊的路径主要有三种：①在具体工作过程中，利用职务之便捞取好处。由于组织各个营运环节的每种业务相对独立展开，使得员工对他人岗位的工作细节不甚了解，从而每个岗位都有可能出现舞弊现象。例如，采购人员在产品运输过程中夹带私货，将运杂费一并打在企业的账上；保管人员将整进、零出产品的包装物件据为己有；财务人员为自己多计差旅费、加班费；等等。②弄虚作假，谋取私利。这类舞弊行为多依仗特定的职务便利和工作经验，局外人没有机会介入，或者业务内容较为复杂，没有经验的专业人员难以发现问题，以致舞弊人明知后果严重，也敢于冒险。例如，在购货过程中所购物品的品质与价格不符，产品的数量、种类、花色、档次不合乎企业的经营要求，从中索取或收受好处；在产品的销售过程中以次充好、短斤少两、擅自抬价、搭售私货、多报损耗等。③利用自身的某些优势，投机取巧、损公肥己。有些工作从事时间久了即可积累起技巧和经验，形成某种优势，以致在业务工作中有了垄断性，这也可以为舞弊带来便利。有时即使发现了问题，却碍于该岗位一时无人能够填补，只好得过且过。例如，有的业务人员利用多年工作之便形成的客户关系网，在经济活动中损公肥私；有的人员利用自己的职权，在购销合同的签订和执行过程假装糊涂，以出让利益换取个人利益；有的人员多计维修、装潢成本，从中渔利；等等（郑石

桥，2018）。

任何一个经济主体，如果发现本单位有员工舞弊的迹象，而本单位内部没有相应的舞弊审计资源，或者是无法保持独立性时，可以委托具有专业胜任能力的民间审计机构来实施舞弊审计专项业务。民间审计机构可以采取的舞弊侦察审计技术主要有四类：基于会计资料的调查、分析性程序、拓展性询问、借鉴经济犯罪侦察的一些方法。

参考文献

[1] 郑石桥.政府审计本质：理论框架和例证分析[J].会计之友，2015（12）.

[2] 郑石桥.审计理论研究：审计主题视角[M].北京：红旗出版社，2017.

[3] 郑石桥.合规审计[M].北京：中国人民大学出版社，2018.

[4] 郑石桥.审计原理[M].北京：高等教育出版社，2022.

[5] 于立宏.规制俘获与规制权力分离理论述评[J].江苏社会科学，2009（6）.

[6] 郑石桥，宋海荣.政府审计客体：理论框架和例证分析[J].会计之友，2015（16）.

第九章 经济违规的外部防控（三）：非专业经济监督

经济违规的外部防控是一个体系，前面各章中已经阐述了外部环境因素、专业经济监管和审计监督在经济违规防控中的作用，本章阐述外部非专业经济监督在经济违规防控中的作用。非专业经济监督是指除了专业经济监管和外部审计监督之外的其他各类外部监督机构，这些监督机构并不只是从事经济监督，其监督的内容和范围较广泛，但是，也可能对经济违规行为予以监督，通常来说，人大监督、纪检监察、巡视巡察、媒体监督、群众监督、社会公益组织监督是其主要形态。本章对上述这些监督在经济违规防控中的作用，做一个简要阐述。

第一节 人大监督与经济违规防控

本节先对人大监督的内容框架做一简要介绍，在此基础上，分析人大监督对经济违规的防控作用。

一、人大监督的内容框架

根据《中华人民共和国各级人民代表大会常务委员会监督法》，人大监督包括以下八方面的内容：

（1）各级人民代表大会常务委员会对本级人民政府、监察委员会、人民法院和人民检察院的工作实施监督，促进依法行政、公正司法。上述机构都是由本级人大产生的，需要向本级人大负责，按年度向人大做工作报告，人大审议这些机构的工作报告，并做出决议。同时，国务院和县级以上地方各级人民政府应当在每年六月至九月期间，向本级人民代表大会常务委员会报告本年度上一阶段国民经济和社会发展计划、预算的执行情况。

（2）听取和审议人民政府、人民法院和人民检察院的专项工作报告。

（3）审查和批准决算，听取和审议国民经济和社会发展计划、预算的执行情况报告，听取和审议审计工作报告。

（4）法律法规实施情况的检查。

（5）规范性文件的备案审查。

（6）询问和质询。

（7）特定问题调查。

（8）撤职案的审议和决定。

二、人大监督在经济违规防控中的作用

人大监督内容的八个方面都与经济活动有关，因此，都有可能发挥防控经济违规的作用。

（1）审议政府年度工作报告时，关注政府工作是否有效执行了党和国家的经济方针政策，促进政府对经济政策的执行水平，从而抑制违反经济政策的行为。

（2）审议专项工作报告时，有些专项报告本身就是经济方面的，对这些专项报告的审议，很重要的一个方面是关注这些方面的经济行为是否符合相关方针政策及法律法规的要求。例如，一些地方政府向本级人大专门报告国有资产管理情况，人大在审议这种专项报告时，很重要的一个方面就是关注国有资产管理相关法律法规是否得到遵守，这种审议显然能够促进国有资产管理的合法性水平。

（3）审议国民经济和社会发展计划、预算的执行情况报告时，重点会关注是否存在经济违规行为。例如，根据《中华人民共和国各级人民代表大

会常务委员会监督法》，常务委员会对决算草案和预算执行情况报告，重点审查下列内容：①预算收支平衡情况；②重点支出的安排和资金到位情况；③预算超收收入的安排和使用情况；④部门预算制度建立和执行情况；⑤向下级财政转移支付情况；⑥本级人民代表大会关于批准预算的决议的执行情况。很显然，在对上述这六个方面进行审议时，很重要的一个方面是关注预算执行是否遵守了相关的法律法规。

（4）审议审计工作报告时，人大对审计发现问题的关注，以及对审计整改的要求，都会推进政府、审计机关及审计客体等相关单位对审计整改的重视程度，进而发挥对经济违规的约束作用。

（5）法律法规实施情况检查中，通过对经济方面的法律法规实施情况的检查，促进经济法律法规的执行，并发现这些法律法规存在的缺陷，促进其不断完善，这些方面都对约束经济违规有一定的促进作用。

（6）规范性文件的备案审查，如果有经济方面的规范性文件，对这些文件的审查可以提升其立法水平，从源头上发挥约束经济违规的作用。

（7）询问和质询、特定问题调查和撤职案的审议和决定，都可能涉及经济违规事项，因此，人大的这些监督方式都可能产生对经济违规的约束作用。

第二节 纪检监察与经济违规防控

纪检监察是纪律检查和监察的合称，纪律检查是中国共产党党内监督，主要是检查党的机构和党员贯彻执行党的路线、方针、政策的情况，查处违纪的党组织和党员，履行纪律检查职责的是中国共产党的各级纪律检查委员会（简称纪委）。监察是对政府机构和政府系统公职人员及有关人员在公权力行使中的违法及失职行为的监督，履行监察职能的是各级监察委员会。从1993年开始，纪委和监察机关实行合署办公，一套班子，两块牌子，履行纪检监察两种职能。本节对上述两种职能在经济违规防控中的作用做一阐述。

一、纪律检查与经济违规防控

中共中央印发的《中国共产党纪律检查委员会工作条例》对党的纪律检查各主要事项做出了明文规定，本节首先对这些规定予以简要介绍，然后再分析纪律检查在经济违规防控中的作用。

（一）纪律检查的工作机构

党的各级纪律检查委员会是党内监督专责机关。党的中央纪律检查委员会在党中央领导下进行工作，履行党的最高纪律检查机关职责。党的地方各级纪律检查委员会和基层纪律检查委员会在同级党的委员会和上级纪律检查委员会双重领导下进行工作。党的中央纪律检查委员会与国家监察委员会合署办公，党的地方各级纪律检查委员会与地方各级监察委员会合署办公，实行一套工作机构、两个机关名称，履行党的纪律检查和国家监察两项职责，实现纪委监委领导体制和工作机制的统一融合，集中决策、一体运行，坚持纪严于法，执纪执法贯通。

（二）纪律检查的任务

党的各级纪律检查委员会的主要任务是：维护党的章程和其他党内法规，检查党的理论和路线方针政策、党中央决策部署执行情况，协助党的委员会推进全面从严治党、加强党风建设和组织协调反腐败工作。

（三）纪律检查的工作职责

党的各级纪律检查委员会围绕实现党章赋予的任务，坚持聚焦主责主业，履行监督、执纪、问责职责。坚持把监督作为基本职责，抓早抓小、防微杜渐，综合考虑错误性质、情节后果、主观态度等因素，依规依纪依法、精准有效运用监督执纪"四种形态"：

（1）党员、干部有作风纪律方面的苗头性、倾向性问题或者轻微违纪问题，或者有一般违纪问题但具备免予处分情形的，运用监督执纪第一种形态，按照规定进行谈话提醒、批评教育、责令检查等，或者予以诫勉。

（2）党员、干部有一般违纪问题，或者违纪问题严重但具有主动交代等从轻减轻处分情形的，运用监督执纪第二种形态，按照规定给予警告、严重警告处分，或者建议单处、并处停职检查、调整职务、责令辞职、免职等处理。

（3）党员、干部有严重违纪问题，或者严重违纪并构成严重职务违法的，运用监督执纪第三种形态，按照规定给予撤销党内职务、留党察看、开除党籍处分，同时建议给予降职或者依法给予撤职、开除公职、调整其享受的待遇等处理。

（4）党员、干部严重违纪、涉嫌犯罪的，运用监督执纪第四种形态，按照规定给予开除党籍处分，同时依法给予开除公职、调整或者取消其享受的待遇等处理，再移送司法机关依法追究刑事责任。

（四）纪律检查的工作方式

（1）党的纪律检查委员会应当加强日常监督，监督方式主要包括：座谈、召集、参加或者列席会议，了解党内同志和社会群众反映；查阅查询相关资料和信息数据；现场调查，驻点监督；督促巡视巡察整改；谈心谈话，听取工作汇报，听取述责述廉；建立健全党员领导干部廉政档案，开展党风廉政意见回复等工作。

（2）开展专项监督，针对落实党中央决策部署中的突出问题，行业性、系统性、区域性的管党治党重点问题，形式主义、官僚主义、享乐主义和奢靡之风问题，群众反映强烈、损害群众利益的突出问题加强监督检查。必要时，可以组织、参加或者督促开展集中整治、专项治理。

（3）党的各级纪律检查委员会应当畅通信访举报渠道，依规依纪受理党员群众的信访举报，健全分办、交办、督办、反馈等工作机制。对信访举报情况应当定期分析研判，对反映的典型性、普遍性、苗头性问题提出有针对性的工作建议，形成综合分析或者专题分析材料，向同级党委、上级纪委报告或者向有关党组织通报。对于信访举报反映、监督执纪中发现以及巡视巡察机构和其他单位移交的问题线索，应当实行集中管理，采取谈话函询、初步核实、暂存待查、予以了结等方式分类处置，做到件件有着落。

（4）党的各级纪律检查委员会对反映党组织、党员的问题线索经过初步核实，对于涉嫌违纪、需要追究党纪责任的，应当按照规定予以立案审查。纪律审查工作应当依规依纪采取谈话、查询、调取、暂扣、封存、勘验检查、鉴定等措施，以及通过要求相关组织做出说明等方式，收集证据，查明事实，处置违纪所得。

（5）党的各级纪律检查委员会根据纪律审查结果，依据相关党内法规，对应当追究党纪责任的党组织和党员进行纪律处理、处分。

（6）在监督检查、纪律审查等过程中，应当注意查找分析监督对象所在党组织党风廉政建设、管理监督等方面存在的突出问题，采取制发纪律检查建议书或者其他适当方式，提出有关强化管党治党、净化政治生态、健全制度、整改纠正等意见建议，督促指导和推动有关地区、部门、单位党组织举一反三、切实整改。对于涉及党的建设、党的事业的普遍性、倾向性问题，应当进行深入调研，形成专题报告，报送同级党委、上级纪委或者通报相关党组织，推动解决问题、规范决策、完善政策、健全制度。

（五）纪律检查对经济违规的防控作用

党的纪律检查并不是专门针对经济违规的，但是，对于各国有单位及党员的经济违规行为有防控作用，主要体现在以下四个方面：

第一，纪律检查的主要任务是"维护党的章程和其他党内法规，检查党的理论和路线方针政策、党中央决策部署执行情况，协助党的委员会推进全面从严治党、加强党风建设和组织协调反腐败工作"，其中的"路线方针政策、党中央决策部署执行"中包括经济方面的路线方针政策及决策部署，这些方面未能遵守执行，也属于经济违规，甚至是严重的经济违规，因此，纪律检查能够促进国有单位和党员领导干部更好地执行经济方面的路线方针政策及决策部署。另外，从严治党、党风建设和反腐败这些任务，很多都与经济行为相关，不少的经济行为都属于从严治党、党风建设和反腐败的内容。例如，中央八项规定出台后，各级党委和政府按八项规定精神，对许多的公务开支做出了规定，这些公务开支实际上是经济活动，而八项规定精神成为这些经济活动的规则，执行中央八项规定精神，既是纪律检查，也发挥了约束公务活动中的经济违规的作用。又如，2022年5月29日，中央纪委国家监委公布2022年4月全国查处违反中央八项规定精神问题汇总情况（表9-1），多项违规行为都与经济违规有关，有的就可以归类为经济违规。

第二，纪律检查依规依纪依法、精准有效运用监督执纪"四种形态"，对党的机构和党员的违法违规行为予以处置，这虽然不是专门针对经济违规的，但是，这种精准有效的监督，对党的机构和党员的经济违规也能发挥震慑作用，从而有利于防控经济违规。

第三，党的各级纪律检查委员会畅通信访举报渠道，通过信访举报渠道，可以获得一些党员特别是党员领导干部贯彻执行党的路线、方针、政策的信息。虽然信访举报渠道不是专门针对经济违规的，但是，通过这些渠道，也有可能获得一些国有单位和党员领导干部经济违规的信息，基于这些信息开展进一步的调查工作，能够发挥抑制经济违规的作用。一些党员领导干部的经济违规行为，就是通过这种渠道获得信息的。

第四，在监督检查、纪律审查等过程中，应当注意查找分析监督对象所在党组织党风廉政建设、管理监督等方面存在的突出问题。这里的"党风廉政建设、管理监督等方面存在的突出问题"很有可能是与经济违规相关的，通过对这些问题的查找和整改，与此相关的经济违规也就有可能得到抑制。所以，纪律检查的这个要求，也能发挥防控经济违规的作用。

二、监察与经济违规防控

监察是对政府机构和政府系统公职人员及有关人员在公权力行使中的违法及失职行为的监督，履行监察职能的是各级监察委员会。《中华人民共和国监察法》及其实施条例，对监察的主要事项都做出了明文规定。

（一）监察机关的组织体系

各级监察委员会是行使国家监察职能的专责机关，依法对所有行使公权力的公职人员进行监察，调查职务违法和职务犯罪，开展廉政建设和反腐败工作，维护宪法和法律的尊严。国家监察委员会由全国人民代表大会产生，

下编 经济违规的防控

表 9-1 全国查处违反中央八项规定精神问题统计表

时期	项目	总计	级别				问题类型									
			省部级	地厅级	县处级	乡科级以下	形式主义、官僚主义问题					享乐主义、奢靡之风问题				
							贯彻党中央重大决策部署有令不行、有禁不止，或者表态多调门、行动少落实，差，脱离群众，造成严重后果	在履职尽责、服务经济社会发展和生态环境保护方面不担当、不作为、乱作为、假作为，严重影响高质量发展	在联系服务群众中消极应付、冷硬横推，效率低下，损害群众利益、群众反应强烈	文山会海反弹回潮、文风会风不实不正，督查检查考核过多过频、过度留痕，给基层造成严重负担	其他	违规收送名贵特产和其他类礼品	违规收送名贵礼品礼金和其他贵重礼品	违规公款吃喝	违规接受管理和服务对象等宴请	违规操办婚丧喜庆	违规发放津贴补贴或福利	公款旅游以及违规接受管理和服务对象旅游活动安排	其他
2022年4月	查处问题数	7441	0	33	545	6863	181	3177	183	15	248	32	1410	378	336	199	677	111	494
	批评教育帮助和处理人数	11351	0	33	650	10668	301	5399	294	18	399	41	1656	624	532	245	1054	184	604
	党纪政务处分人数	7603	0	10	464	7119	190	3348	144	12	204	36	1255	476	382	176	795	150	435
2022年以来	查处问题数	29302	5	164	2351	26782	418	12804	665	63	1019	117	5308	1629	1257	723	2748	569	1982
	批评教育帮助和处理人数	44486	5	192	2839	41450	702	20990	1029	99	1699	140	6458	2545	1972	805	4509	1059	2479
	党纪政务处分人数	29897	5	122	1918	27852	468	13295	533	34	836	121	5000	1883	1380	630	3289	730	1698

备注：享乐主义、奢靡之风"其他"问题包括：违规配备和使用公车、违规出入私人会所、领导干部住房违规、违规操办婚丧喜庆、楼堂馆所问题，提供或接受超标准接待，组织或参加公款支付的高消费娱乐健身等活动，接受或提供可能影响公正执行公务的健身娱乐等活动、违规出入私人会所、领导干部住房违规。

数据来源：中央纪委国家监委党风政风监督室 中央纪委国家监委网站 郝兴 制图

负责全国监察工作。地方各级监察委员会由本级人民代表大会产生，负责本行政区域内的监察工作。地方各级监察委员会对本级人民代表大会及其常务委员会和上一级监察委员会负责，并接受其监督。

（二）监察机关的监察范围

监察机关对下列公职人员和有关人员进行监察：

（1）中国共产党机关、人民代表大会及其常务委员会机关、人民政府、监察委员会、人民法院、人民检察院、中国人民政治协商会议各级委员会机关、民主党派机关和工商业联合会机关的公务员，以及参照《中华人民共和国公务员法》管理的人员。

（2）法律、法规授权或者受国家机关依法委托管理公共事务的组织中从事公务的人员。

（3）国有企业管理人员。

（4）公办的教育、科研、文化、医疗卫生、体育等单位中从事管理的人员。

（5）基层群众性自治组织中从事管理的人员。

（6）其他依法履行公职的人员。

（三）监察机关的职责

监察机关依法履行监察监督职责，对公职人员政治品行、行使公权力和道德操守情况进行监督检查，督促有关机关、单位加强对所属公职人员的教育、管理、监督，履行监督、调查、处置职责，具体地说，有以下职责：

（1）对公职人员开展廉政教育，对其依法履职、秉公用权、廉洁从政从业以及道德操守情况进行监督检查。

（2）对涉嫌贪污贿赂、滥用职权、玩忽职守、权力寻租、利益输送、徇私舞弊以及浪费国家资财等职务违法和职务犯罪进行调查。

（3）对违法的公职人员依法做出政务处分决定；对履行职责不力、失职失责的领导人员进行问责；对涉嫌职务犯罪的，将调查结果移送人民检察院依法审查、提起公诉；向监察对象所在单位提出监察建议。

（四）监察机关的工作方式

（1）监察机关应当结合公职人员的职责加强日常监督，通过收集群众反馈意见、座谈走访、查阅资料、召集或者列席会议、听取工作汇报和述责述廉、开展监督检查等方式，促进公职人员依法用权、秉公用权、廉洁用权。

（2）监察机关可以与公职人员谈心谈话，发现政治品行、行使公权力和道德操守方面有苗头性、倾向性问题的，及时进行教育提醒。

（3）监察机关对于发现的系统性、行业性的突出问题，以及群众反映强烈的问题，可以通过专项检查进行深入了解，督促有关机关、单位强化治理，促进公职人员履职尽责。

（4）监察机关应当以办案促进整改、以监督促进治理，在查清问题、依法处置的同时，剖析问题发生的原因，发现制度建设、权力配置、监督机制等方面存在的问题，向有关机关、单位提出改进工作的意见或者监察建议，促进完善制度，提高治理效能。

（五）监察在经济违规防控中的作用

监察是对政府机构和政府系统公职人员及有关人员在公权力行使中的违法及失职行为的监督，虽然不是专门针对经济违规的，但是，公职人员和有关人员如果出现经济违规，属于违法及失职行为，因此也属于监察的范围。根据《中华人民共和国监察法》及其实施条例，凡是属于监察范围的公职人员及有关人员，其政治品行、行使公权力和道德操守情况，都属于监察范围，经济违规行为作为一种行使公权力不当的行为，也属于监察范围。所以，监察在防控自然人经济违规中能发挥作用。由于经济主体本身是没有行动能力的，单位经济违规是自然人决策和实施的，因此，对于国有单位来说，单位的领导作为自然人是监察的对象，约束了单位领导的经济违规行为，也就在很大程度上约束了国有单位的经济违规行为。从这个意义上来说，监察对国有单位的经济违规也有约束作用。

第三节　巡视巡察与经济违规防控

根据中共中央组织部发布的《中国共产党巡视工作条例》，从性质上来说，巡视巡察是政治监督，是党内监督的利器，党的中央和省、自治区、直辖市委员会实行巡视制度，党的市县一级委员会借鉴《中国共产党巡视工作条例》的精神，向下开展党内监督工作称为巡察。

一、巡视巡察的基本框架

（一）巡视巡察的机构

党的中央和省、自治区、直辖市委员会实行巡视制度，建立专职巡视机构，在一届任期内对所管理的地方、部门、企事业单位党组织全面巡视。中央有关部委、中央国家机关部门党组（党委）可以实行巡视制度，设立巡视机构，对所管理的党组织进行巡视监督。党的市（地、州、盟）和县（市、区、旗）委员会建立巡察制度，设立巡察机构，对所管理的党组织进行巡察监督。开展巡视巡察工作的党组织承担巡视巡察工作的主体责任，并成立巡视巡察工作领导小组，领导小组向本级党组织负责并报告工作。巡视巡察工作领导小组下设办公室，为其日常办事机构。各级党组织设立巡视巡察组，承担巡视巡察任务。巡视巡察组向巡视巡察工作领导小组负责并报告工作。

（二）巡视巡察的内容

巡视巡察要聚焦坚持党的领导、加强党的建设、全面从严治党，发现问题、形成震慑，推动改革、促进发展，确保党始终成为中国特色社会主义事业的坚强领导核心。因此，巡视巡察组对巡视巡察对象执行《中国共产党章程》和其他党内法规，遵守党的纪律，落实全面从严治党主体责任和监督责任等情况进行监督，着力发现党的领导弱化，党的建设缺失，全面从严治党不力，党的观念淡漠、组织涣散、纪律松弛，管党治党宽松软问题，具体地说，主要包括以下五个方面：①违反政治纪律和政治规矩，存在违背党的路线方针政策的言行，有令不行、有禁不止、阳奉阴违、结党营私、团团伙伙、拉帮结派，以及落实意识形态工作责任制不到位等问题；②违反廉洁纪律，以权谋私、贪污贿赂、腐化堕落等问题；③违反组织纪律，违规用人、任人唯亲、跑官要官、买官卖官、拉票贿选，以及独断专行、软弱涣散、严重不团结等问题；④违反群众纪律、工作纪律、生活纪律，落实中央八项规定精神不力，搞形式主义、官僚主义、享乐主义和存在奢靡之风等问题；⑤派出巡视巡察组的党组织要求了解的其他问题。

此外，派出巡视巡察组的党组织可以根据工作需要，针对所辖地方、部门、企事业单位的重点人、重点事、重点问题或者巡视巡察整改情况，开展机动灵活的专项巡视巡察。

（三）巡视巡察的工作方式

巡视巡察组可以采取以下方式开展工作：①听取被巡视巡察党组织的工作汇报和有关部门的专题汇报；②与被巡视巡察党组织领导班子成员和其他干部群众进行个别谈话；③受理反映被巡视巡察党组织领导班子及其成员和下一级党组织领导班子主要负责人问题的来信、来电、来访等；④抽查核实领导干部报告个人有关事项的情况；⑤向有关知情人询问情况；⑥调阅、复制有关文件、档案、会议记录等资料；⑦召开座谈会；⑧列席被巡视巡察地区（单位）的有关会议；⑨进行民主测评、问卷调查；⑩以适当方式到被巡视巡察地区（单位）的下属地方、单位或者部门了解情况；⑪开展专项检查；⑫提请有关单位予以协助；⑬派出巡视巡察组的党组织批准的其他方式。

二、巡视巡察在经济违规防控中的作用

巡视巡察是政治监督，不是专门针对经济违规的，所以，防控经济违规并不是巡视巡察的主要任务。但是，由于巡视巡察的政治属性及其高度权威性，对经济违规也能发挥一定的抑制作用，主要体现在三个方面：第一，通常来说，政治上越坚强、可靠，经济违规的可能性也就越低，通过巡视巡

察，从政治上强化了党的组织和党的领导，因此，经济违规的可能性也会相对降低。第二，巡视巡察关注的某些内容，本身就具有经济活动的内涵，对这些内容的监督，也就是对经济违规行为的监督。例如，以权谋私、贪污贿赂、腐化堕落，享乐主义和奢靡之风，这些行为本身就是经济违规行为，对这些行为的监督，也就是对经济违规行为的监督。第三，巡视巡察通过"发现问题，形成震慑"，具有很大的权威性，在这种背景下，国有单位的领导在策划经济违规行为时，会考虑经济违规行为一旦败露的严重后果，因此，可能放弃实施经济违规行为的想法。把上述三个方面综合起来，可以认为，巡视巡察对经济违规行为具有抑制作用。

第四节 媒体监督、群众监督和社会公益组织监督对经济违规的防控作用

本节对媒体监督、群众监督和社会公益组织监督在经济违规防控中的作用予以简要阐述。

一、媒体监督对经济违规的防控作用

由于媒体的主办方不同，媒体监督有两种类型：一是官方媒体监督，二是非官方媒体监督。官方媒体监督是官方的报纸、杂志、广播、电视、网络媒体等大众传媒对各种违法犯罪、渎职腐败行为所进行的揭露、报道、评论或抨击，这种监督具有速度快、范围广、影响大的特点。官方媒体如果对一些经济主体的经济违规行为予以揭露、报道、评论或抨击，对于抑制经济违规行为有很大作用。所以，官方媒体监督也就成为政府抑制经济违规行为的重要措施之一。非官方媒体是指政府之外的机构建立和管理的报纸、杂志、广播、电视及网络自由媒体，这些媒体也可能对各种违法犯罪、渎职腐败行为进行揭露、报道、评论或抨击，这些行为也具有监督的作用，如果是对一些经济主体的经济违规行为予以揭露、报道、评论或抨击，对于抑制这些经

济违规行为有很大作用。所以，非官方媒体监督也就成为民间抑制经济违规行为的重要措施之一。在网络时代，非官方媒体中，网站、论坛等网络自由媒体的影响力很大，具有时效性强、受众主动、交互性强、信息量大等特点，如果正确使用，对于抑制经济违规行为具有积极作用。

从媒体监督防控经济违规的作用机制来说，媒体对不当事项的揭露、报道、评论或抨击，并不局限于某一类事项，经济违规现象也可能引起媒体关注，进而成为媒体监督的内容。因此，媒体监督对经济违规也有抑制作用，具体来说，媒体监督对经济违规的防控作用有三个路径：一是声誉机制，媒体将某经济主体的经济违规行为予以揭露、报道、评论之后，社会上会形成对该经济主体的负面评价，该经济主体的声誉会受到负面影响；二是舆论机制，所谓舆论，即多数人的共同意见，经济违规现象披露之后，社会各界通过网站、论坛等大众传播媒介，发表自己的意见和看法，形成舆论，这种舆论对经济违规的当事人形成社会压力；三是关注机制，媒体将某经济主体的经济违规行为予以揭露、报道、评论之后，也会引起党和政府相关部门的关注，从而对包括经济违规在内的一切有悖于法律和道德的行为产生制约。

二、群众监督对经济违规的防控作用

习近平在党的群众路线教育实践活动总结大会上强调："群众的眼睛是雪亮的，群众的意见是我们最好的镜子。只有织密群众监督之网，开启全天候探照灯，才能让'隐身人'无处藏身。"习近平将群众监督形象生动地比作全天候探照灯，道出了群众监督的真实性、广泛性、有效性。群众监督主要是人民群众对国家机关及其工作人员的工作所进行的监督。群众监督的基本方式是批评、建议、检举、控告和申诉。群众监督的实施机制包括信访制度、举报制度、申述制度、政治协商对话制度、意见征询制度、领导接待制度等。党的十八大以来，群众监督在推进全面从严治党过程中发挥了有目共睹的重要作用。广大群众通过纪检监察机关"12388"举报电话和网站、组织部门"12380"举报电话和网站、各巡视巡察组公布的电话和信箱等方式检举揭发党组织和党员干部的违纪违法行为，全天候探照灯照出了"隐身人"，形成了强大的内外监督合力。

群众监督的范围和内容是广泛的，经济主体的各类不当行为，都可能进入群众监督的范围。经济违规行为显然是不当行为，也可能成为群众监督的内容。群众监督防控经济违规有两个路径：一是震慑机制，由于群众监督的存在，一些单位的领导人或工作人员在策划经济违规行为时，考虑到群众可能会发现这些经济违规行为，并对这些经济违规行为予以举报，进而被有关部门查处，基于这些考虑，可能放弃经济违规的打算；二是揭露机制，指经济违规行为发生之后，群众很有可能会发现这些经济违规行为，并通过举报等方式向有关部门揭露这种经济违规行为，进而使这种经济违规行为受到查处。总体来说，群众监督对经济违规现象有一定的防控作用。

三、社会公益组织监督对经济违规的防控作用

社会公益组织是指那些合法的、非党派性质的、非政府的、不把利润最大化当作目标，以社会公益事业为主要追求目标的社会组织，其主要活动是致力于社会公益事业和解决各种社会性问题。目前，还没有出现专门防控经济违规的社会公益组织，但是，有些社会公益组织也可能将某些类型的经济违规现象作为其关注的社会性问题，因此，社会公益组织也可能在防控经济违规中发挥作用。下面，举两个例子予以说明。

中证中小投资者服务中心（简称投资者服务中心）是经中国证监会批准设立并直接管理的证券金融类公益机构，主要职责是为中小投资者自主维权提供教育、法律、信息、技术等服务，具体业务包括：公益性持有证券等品种，以股东身份行权和维权；受中小投资者委托，提供调解服务；为中小投资者自主维权提供法律等服务；面向中小投资者开展公益性宣传和教育；代表中小投资者向政府机构、监管部门反映诉求；中国证监会委托的其他业务。投资者服务中心的上述各项业务中，都是基于保护中小投资者利益，从另外一个角度来说，也就是防控其他经济主体以不当手段损害中小投资者利益。2020年4月，由于康美药业公司从2016年至2018年连续3年实施财务

造假约 300 亿元，投资者服务中心向广州市中级人民法院提出针对康美药业财务舞弊的特别代表人诉讼，这是全国首例证券集体诉讼案。2021 年 11 月 12 日，广州市中级人民法院对该案做出一审判决，责令康美药业股份有限公司因年报等虚假陈述侵权赔偿证券投资者损失 24.59 亿元，康美药业原董事长、总经理马兴田及 5 名直接责任人员、广东正中珠江会计师事务所及直接责任人员承担全部连带赔偿责任，13 名相关责任人员按过错程度承担部分连带赔偿责任。

中国企业反舞弊联盟是由阿里巴巴、碧桂园、美的、顺丰、万科等来自不同行业的知名企业发起成立的社会公益组织，旨在通过搭建平台、资源整合、数据共享，建立职场的不诚信档案，提高企业反舞弊能力，营造廉洁的商业环境。该组织发布的《中国企业反舞弊联盟公约》表明，行受贿、侵占公司财产、出卖商业秘密、利用职权谋取不正当利益等舞弊行为均被列入不诚信行为范畴，并要求联盟成员单位要各自建立内部不诚信职员名单和数据库，与其他联盟单位共享，特别是在招录员工时，如遇不诚信者，可以拒招，以提高不诚信行为的社会成本。很显然，反舞弊联盟的这些活动，都有助于企业和员工经济违规行为的防控。

总体来说，社会公益组织监督对经济违规现象有一定的防控作用。

参考文献

［1］程湘清.论人大监督［J］.求是，2002（2）.

［2］刘国栋.纪检监察原理与方法精要［M］.北京：中国方正出版社，2010.

［3］吴荣顺，杨曼，陆浩.新时代中国共产党巡视巡察制度研究［J］.唯实，2021（10）.

［4］陈华明.媒体监督与监督媒体［J］.新闻界，2004（3）.

［5］王俊淇.习近平群众监督思想的三重维度［J］.求实，2015（12）.

［6］陆亚娜.加强我国社会监督的系统性措施探讨［J］.中国行政管理，2005（2）.

［7］陈岳堂.政府职能转变与社会公益组织发展［C］."构建和谐社会与深化行政管理体制改革"研讨会暨中国行政管理学会 2007 年年会，2007.

第十章 经济违规的内部防控（一）：防控主体、防控客体和防控内容

经济违规的内部防控体系由 11 个要素构成：防控主体、防控客体、防控内容、防控目标、防控环境、违规风险评估、防控活动、信息与沟通、防控监视、责任追究、保障机制，其中，防控环境、违规风险评估、防控活动、信息与沟通、防控监视合称防控要素。[①] 本章阐述防控主体、防控客体和防控内容。

第一节 经济违规内部防控的防控主体

经济违规的防控主体是指一个经济主体内部由何种机构和岗位负责经济违规的防控。通常来说，组织内部的每个单位和每个岗位都有可能出现经济违规，因此，都在经济违规的内部防控方面承担责任。但是，由于各个单位和岗位的职责不同，在经济违规防控方面承担的责任也存在差异。本节阐述经济违规内部防控的防控主体的相关内容，包括三个问题：一是内部防控主体的类型、责任和专业胜任能力，二是《中央企业合规管理办法》对中央企业合规管理内部责任分工的规定，三是内部防控主体与风险管理三道防线的关系。

---

① 关于经济违规的内部防控体系的结构，请参阅本书第五章第四节。

一、内部防控主体的类型、责任和专业胜任能力

内部防控主体是组织内部建设和实施内部防控举措的责任主体，这种主体要有效地履行其内部防控责任，必须具有两个条件：一是明确的责任划分，二是具备恰当的专业胜任能力。责任划分确定了应该干些什么，专业胜任能力决定了能干些什么，二者结合起来，能促进内部防控主体有效地履行其内部防控责任。

（一）内部防控责任主体的类型及责任划分

组织中的每一个人都对内部防控负有责任。但是，每个责任者的责任是不同的，而责任不同的原因是其组织层级不同以及在内部防控不同环节承担的责任不同。对于内部防控责任者可以按不同的视角进行分类，从有效地履行内部防控责任出发，可以从两种视角对内部防控责任主体进行分类，一是按组织层级分类，二是按内部防控环节分类。

按组织层级分类，内部防控责任主体基本上可以分为高层主体、中层主体和基层主体三个层级。高层主体位于一个组织内部的高层，一般包括本组织副职以上的全部领导；中层主体位于一个组织内部的中层，组织内部各单位、各部门的负责人都属于中层主体；基层主体位于一个组织内部的基层，包括高层主体和中层主体之外的其他全部员工。上述三个层级是任何一个组织的内部防控责任主体的主要组成部分。然而，内部防控的建立和实施是一项持续且具有专业性的工作，一般来说，稍具规模的组织，还设立有两类内部防控职能部门：第一，虽然内部防控建立和实施涉及全体员工，但是，需要有一个部门来负责组织协调这项工作，这个部门称为内部防控建设职能部门；第二，内部防控要持续有效，需要进行内部独立评价，因此，需要有一个专门负责内部防控独立评价的部门，这个部门称为内部防控评价职能部门。一般来说，为了保持内部防控评价职能部门的独立性，这个部门通常不宜与内部防控建设职能部门合并。从组织层级来说，这两个内部防控职能部门都属于中层主体，但是由于其内部防控职责的特殊性，所以需要作为独立的内部防控责任主体。总体来说，按组织层级分类，内部防控责任主体包括

五类：高层主体、中层主体、基层主体、内部防控建设职能部门和内部防控评价职能部门。

按内部防控环节分类，内部防控建立和实施通常分为四个基本环节：内部防控设计、内部防控执行、内部防控评价和内部防控整改，与此相适应，这些不同的环节都需要有相应的主体，履行这些环节职责的主体分别称为建立主体、执行主体、评价主体和整改主体。建立主体履行内部防控设计责任，执行主体履行内部防控执行责任，评价主体则履行内部防控责任，而整改主体则履行内部防控整改责任，四种主体共同形成完整的内部防控环节。

事实上，相应主体在内部防控的不同环节履行责任，也就是内部防控责任划分。那么，不同层级的内部防控责任主体，在内部防控的不同环节履行什么责任呢？不同的组织可能并无统一的模式，但是一般来说，其基本情况如表10-1所示。下面，我们来说明这个表中的内部防控责任划分。

表10-1 内部防控责任主体

项目		基于组织层级的责任主体				
		高层主体	中层主体	基层主体	内部防控建设职能部门	内部防控评价职能部门
基于内部防控环节的责任主体	建立主体	★	★	—	★	—
	执行主体	★	★	★	—	—
	评价主体	★	★	★	—	★
	整改主体	★	★	★	★	★

注："★"表示通常有这种责任，"—"表示通常没有这种责任。

（1）高层主体的内部防控责任：高层主体由一个组织副职以上的领导组成，对于企业来说，这个主体包括董事会、监事会、经理班子，这三种主体，在内部防控的建立和实施中承担的职责不同。在内部防控建立方面，董事会要对内部防控进行总体规划和决策，并对内部防控的有效性承担最终责任，同时对经理班子的内部防控职责履行情况进行检查；经理班子具体负责内部防控的建立和实施；监事会对董事会和经理班子的内部防控职责履行情况进行监督。所以，董事会、监事会、经理班子都是内部防控建立主体的组成部分。在内部防控执行方面，董事会、监事会、经理班子要做内部防控执行的带头人，要严格执行相关的内部防控制度。在内部防控评价方面，这三个主体都要进行内部防控自我评价，对自身执行的内部防控进行评价，同时，三个主体还有责任支持内部防控评价职能部门的工作，经理班子还要组织本组织的内部防控自我评价，董事会要对内部防控评价承担最终责任。在内部防控整改方面，经理班子要承担主要责任，董事会对重大内部防控缺陷整改负责，监事会监督董事会和经理班子履行职责。

对于非企业组织来说，财政部颁布的《行政事业单位内部控制规范（试行）》规定，单位负责人对本组织内部控制的建立健全和有效实施负责。这里的单位负责人是指本单位的主要负责人，其在内部控制中承担的职责类似于企业的董事会、监事会、经理班子承担的内部防控职责。

此外，高层主体还要建立内部防控激励约束机制，调动各层级的主体建立和实施内部防控的积极性。总体来说，高层主体在内部防控各环节都要承担责任。

（2）中层主体的内部防控责任：中层主体是组织内部各单位、各部门的负责人，需要对本单位、本部门的内部防控的建立健全和有效实施负责。首先，中层主体要负责本单位、本部门的内部防控建立；其次，中层主体要带头执行本单位、本部门的内部防控，并监督检查本单位、本部门其他人员执行内部防控；再次，中层主体要组织本单位、本部门的内部防控自我评价；最后，中层主体要负责本单位、本部门的内部防控缺陷整改。所以，总体来说，中层主体在内部防控各环节都要承担责任。

（3）基层主体的内部防控责任：基层主体是各岗位的普通员工，一般来说，这些员工不需要对内部防控建立承担责任，但是有责任执行本岗位相关的内部防控；同时，有责任对本岗位相关的内部防控进行自我评价，及时发现内部防控缺陷并报告上级。另外，还有责任协助对本岗位相关的内部防控缺陷进行整改。所以，总体来说，基层主体在内部防控执行、内部防控评价这些环节要承担责任。

（4）内部防控建设职能部门的内部防控责任：内部防控建设职能部门是组织内部负责组织协调内部防控建立和实施的职能部门，很显然，这个部门要负责规划、指导、协调、检查组织内部各单位和各部门的内部防控建立，并负有优化内部防控的职责，对于发现的内部防控缺陷，有责任推动缺陷整改。所以，总体来说，内部防控建设职能部门在内部防控建立和内部防控整改这两个环节承担责任。

（5）内部防控评价职能部门的内部防控责任：内部防控评价职能部门的主要责任是对内部防控建立和实施情况进行评价，寻找内部防控缺陷，并推动内部防控缺陷得到整改。2010年，财政部、证监会、审计署、银监会、保监会联合发布的《企业内部控制评价指引》规定，企业可以授权内部审计部门或专门机构负责内部控制评价的具体组织实施工作。具体来说，内部防控评价职能部门的责任包括：一是检查内部各单位、各单位的内部防控自我评价；二是独立地对内部各单位的内部防控进行评价；三是推动对发现的内部防控缺陷进行整改。

（二）内部防控责任主体的专业胜任能力

内部防控建立和实施通常包括四个基本环节：内部防控设计、内部防控执行、内部防控评价和内部防控整改，内部防控主体在不同的内部防控环节履行责任都需要具备相应的专业胜任能力，否则无法有效地履行其承担的内部防控责任。

就内部防控建立来说，一方面要求识别和评价风险，另一方面还要针对这些风险设计应对措施，因此，内部防控主体需要两方面的专业胜任能力：一是内部防控相关的专业知识，包括内部防控基本原理及一些必要的操作技术；二是拟建立内部防控的业务领域的相关知识，没有这些知识，将无法识别风险，也无法设计有针对性的控制措施。一般来说，要建立有效的内部防控制度，上述内部防控相关的专业知识和业务领域的相关知识都要达到一定水平。

就内部防控执行来说，是在特定的岗位有效地应用已经设计好的内部防控，这需要两方面的知识：一是了解本岗位相关的业务知识，要求达到较高的水平；二是能准确地理解本岗位相关的内部防控设计。上述二者缺一不可，一方面，不了解本岗位相关的业务知识，将无法理解内部防控设计；另一方面，不能准确理解内部防控设计，即使了解本岗位相关的业务知识，也无法将已经设计的内部防控准确地应用。

就内部防控评价来说，有两种情形，一是执行内部防控的当事人进行的自我评价，二是由内部防控评价职能部门进行的独立评价。对于自我评价来说，需要的专业胜任能力与内部防控执行相同，一是本岗位相关的业务知识，二是能准确理解本岗位相关的内部防控设计。同时，还需要掌握一定的内部防控自我评价知识和技术。对于内部防控独立评价来说，由于评价者本身并不执行内部防控，所以需要专门的胜任能力，这些能力包括三个方面：一是内部防控及与内部防控评价相关的专业知识，包括内部防控原理与技术、内部防控评价原理与技术；二是能准确地了解和理解所评价的内部防控制度；三是内部防控所在业务领域的相关知识，没有这些业务知识，无法判断内部防控是否存在缺陷。此外，内部防控评价职能部门还需要指导内部防控执行者进行内部防控自我评价，所以也需要掌握这方面的专业知识。

就内部防控整改来说，其关键内容是对内部防控缺陷进行完善，这需要非常熟悉相关的业务知识，不熟悉业务知识，就无法理解缺陷及相关的风险暴露，当然也就无法提出有效的措施。

另外，无论在内部防控的哪个环节履行职责，正确地理解相关的内部防控制度是必需的。所以，这是一种通用的专业胜任能力。总体来说，以上所分析的内部防控各环节的专业胜任能力，归纳起来如表 10-2 所示。

表 10-2 内部防控专业胜任能力

项 目		内部防控环节			
		内部防控设计	内部防控执行	内部防控评价	内部防控整改
内部防控专业胜任能力	业务知识	★	★	★	★
	内部防控原理与技术	★	—	★	—
	内部防控评价原理与技术	—	—	★	—

续表

项 目		内部防控环节			
		内部防控设计	内部防控执行	内部防控评价	内部防控整改
内部防控专业胜任能力	内部防控自我评价技术	—	★	★	—
	理解内部防控制度	★	★	★	★

注:"★"表示需要这种专业胜任能力,"—"表示不需要这种能力。

二、《中央企业合规管理办法》对中央企业合规管理内部职责分工的规定[①]

(一)中央企业党委(党组)的职责

中央企业党委(党组)发挥把方向、管大局、促落实的领导作用,推动合规要求在本企业得到严格遵循和落实,不断提升依法合规经营管理水平。

中央企业应当严格遵守党内法规制度,企业党建工作机构在党委(党组)领导下,按照有关规定履行相应职责,推动相关党内法规制度有效贯彻落实。

(二)董事会的职责

中央企业董事会发挥定战略、做决策、防风险的作用,主要履行以下职责:

(1)审议批准合规管理基本制度、体系建设方案和年度报告等。

(2)研究决定合规管理重大事项。

---

① 根据《中央企业合规管理办法》,合规是指企业经营管理行为和员工履职行为符合国家法律法规、监管规定、行业准则和国际条约、规则,以及公司章程、相关规章制度等要求。对于企业来说,合规主要是经济合规,因此,经济合规是经济违规的对立面,合规管理实质上也就是对经济违规的管理,这与本书提出的经济违规的内部防控在实质上具有一致性。

（3）推动完善合规管理体系并对其有效性进行评价。
（4）决定合规管理部门设置及职责。

（三）经理层面职责

中央企业经理层发挥谋经营、抓落实、强管理作用，主要履行以下职责：
（1）拟订合规管理体系建设方案，经董事会批准后组织实施。
（2）拟订合规管理基本制度，批准年度计划等，组织制定合规管理具体制度。
（3）组织应对重大合规风险事件。
（4）指导监督各部门和所属单位合规管理工作。

（四）中央企业主要负责人的职责

中央企业主要负责人作为推进法治建设的第一责任人，应当切实履行依法合规经营管理重要组织者、推动者和实践者的职责，积极推进合规管理各项工作。

（五）合规委员会的职责

中央企业设立合规委员会，可以与法治建设领导机构等合署办公，统筹协调合规管理工作，定期召开会议，研究解决重点难点问题。

（六）首席合规官的职责

中央企业应当结合实际设立首席合规官，不新增领导岗位和职数，由总法律顾问兼任，对企业主要负责人负责，领导合规管理部门组织开展相关工作，指导所属单位加强合规管理。

（七）各业务及职能部门的职责

中央企业业务及职能部门承担合规管理主体责任，主要履行以下职责：
（1）建立健全本部门业务合规管理制度和流程，开展合规风险识别评估，编制风险清单和应对预案。

（2）定期梳理重点岗位合规风险，将合规要求纳入岗位职责。

（3）负责本部门经营管理行为的合规审查。

（4）及时报告合规风险，组织或者配合开展应对处置。

（5）组织或者配合开展违规问题调查和整改。

中央企业应当在业务及职能部门设置合规管理员，由业务骨干担任，接受合规管理部门业务指导和培训。

（八）合规管理牵头部门的职责

中央企业合规管理部门牵头负责本企业合规管理工作，主要履行以下职责：

（1）组织起草合规管理基本制度、具体制度、年度计划和工作报告等。

（2）负责规章制度、经济合同、重大决策合规审查。

（3）组织开展合规风险识别、预警和应对处置，根据董事会授权开展合规管理体系有效性评价。

（4）受理职责范围内的违规举报，提出分类处置意见，组织或者参与对违规行为的调查。

（5）组织或者协助业务及职能部门开展合规培训，受理合规咨询，推进合规管理信息化建设。

中央企业应当配备与经营规模、业务范围、风险水平相适应的专职合规管理人员，加强业务培训，提升专业化水平。

（九）监督部门的职责

中央企业纪检监察机构和审计、巡视巡察、监督追责等部门依据有关规定，在职权范围内对合规要求落实情况进行监督，对违规行为进行调查，按照规定开展责任追究。

三、内部防控主体与风险管理三道防线的关系

风险管理三道防线是由国际内部审计师协会（Institute of Internal Auditors，IIA）倡导的，根据组织内部各机构在风险管理中的责任不同，将

风险管理责任主体划分为三种类型。这些责任主体虽然在风险管理中承担的责任不同，但是共同组成应对风险的三道防线，因此形象地将这三类责任主体称为风险管理三道防线。

第一道防线：所有业务部门及职能部门。通常来说，各类风险都发生在业务活动及职能活动之中，因此，风险发生在何处，该处首先就应该应对风险，所以，作为风险发生地的业务部门及职能部门是风险管理的第一道防线。

第二道防线：组织高层及风险管理职能部门。组织高层确定风险管理的基调，并负责风险管理的许多决策，在风险管理中发挥决定性作用。风险管理职能部门根据组织高层的基调和决策，具体负责组织各业务部门及职能部门建立实施风险管理系统，对风险管理的有效性发挥核心作用。

第三道防线：本身并不直接进行风险管理，但是，对第一及第二道防线部门的风险管理工作进行事后稽核、审计和监察等，确保这两道防线持续有效。

风险管理三道防线适用于任何规模和层次的组织，同时也可以帮助那些还没有建立系统的风险管理制度的组织，帮助它们在风险管理中查漏补缺并尽可能地避免职能相互覆盖。其实质是以组织各级岗位和职责为前提，对风险管理的责任进行划分，当三道防线都能有效地履行其风险管理职责时，组织就能实现整体风险管理的战略目标。

经济违规的内部防控，其实质就是合规管理，而合规管理是风险管理的一种类型，管理的是违规风险，所以合规管理也是违规风险管理，既然如此，风险管理三道防线也适用于合规管理或经济违规的防控。

前述内容将内部防控主体分为高层主体、中层主体、基层主体、内部防控建设职能部门和内部防控评价职能部门，这些防控主体中，中层主体、基层主体是第一道防线，高层主体和内部防控建设职能部门是第二道防线，内部防控评价职能部门是第三道防线。

根据《中央企业合规管理办法》，中央企业内部相关机构在合规管理中的职责，按三道防线来划分，归属如下：第一道防线：业务及职能部门；第二道防线：党组织董事会、经理层、合规委员会、合规管理负责人、合规管理牵头部门；第三道防线：纪检监察、审计。

第二节 经济违规内部防控的防控客体

经济违规的防控客体是指防控谁的经济违规。一个经济主体的任何岗位和任何内部机构都有可能出现经济违规，因此，这些岗位和内部机构都是经济违规防控客体。但是，如果对防控客体的认知只到岗位和内部机构层级，显然是不够的，还需要细化到内部防控的标的。下面主要阐述两个方面的内容：一是内部防控的防控人员范围，二是内部防控的防控标的。

一、内部防控的防控人员范围

通常来说，每个岗位都有可能出现经济违规，并且每个岗位都与其他岗位有关联，因此，可以在防控其他岗位的经济违规中发挥作用。但是，不同的岗位在经济违规防控中的职责有较大的差异，有的是作为岗位职责的组成部分，有的岗位的主要职责是防控经济违规。经济主体的每个内部机构都有防控经济违规的责任，但是，不同内部机构的经济违规的防控责任存在较大的差异，有的主要职责是防控经济违规，而有的只是对本机构实施的经济行为承担合规合法责任。

经济违规内部防控的重点人员包括：①管理人员。促进管理人员切实提高合规意识，带头依法依规开展经营管理活动，认真履行承担的合规管理职责，强化考核与监督问责。②重要风险岗位人员。根据合规风险评估情况明确界定重要风险岗位，有针对性地加大培训力度，使重要风险岗位人员熟悉并严格遵守业务涉及的各项规定，加强监督检查和违规行为追责。③海外人员。将合规培训作为海外人员任职、上岗的必备条件，确保遵守我国和所在国法律法规等相关规定。④其他需要重点关注的人员。

二、内部防控的防控标的

（一）内部防控标的的概念及分类

内部防控措施要落实到标的物及其组合，由于内部防控的防控内容是风险或风险因素,所以,这个标的物及其组合一定与风险或风险因素相关,这种相关性表现在两个方面:一是标的物及其组合本身是风险因素,控制这些标的物及其组合就能控制风险;二是标的物及其组合是风险损失的承载者,所以,针对抑制损失控制的措施,必须落实在这些风险损失的承载者上,于是,这些风险损失的承载者就成为防控客体。一般来说,风险要素包括风险因素、风险事件、风险损失和目标偏离,这四个风险要素中,哪些会成为防控客体呢?风险事件是风险因素导致的,要控制风险事件,必须控制风险因素,所以,风险事件不宜作为防控客体,而风险因素应该成为防控客体。风险损失导致目标偏离,风险损失是原因,则目标偏离是结果,要控制目标偏离,必须控制风险损失,所以,目标偏离不宜成为防控客体,而风险损失应该是防控客体。与此相关的问题是,风险损失是由风险事件导致的,而风险事件是由风险因素导致的,既然控制了风险因素,为什么还要控制风险损失呢?其中的原因是风险因素固然通过风险事件作用于风险损失,但是,影响风险损失的,还有一些风险因素之外的因素,所以,将风险损失作为控制标的,主要是增加一些风险因素之外的但会影响风险损失的因素。基于以上分析,在风险的四要素中,内部防控客体主要体现在风险因素和风险损失这两个要素中。

将内部防控客体界定为风险因素和风险损失,还过于抽象,需要进一步具体化。那么,作为内部防控客体的风险因素和风险损失如何具体化呢?一般来说,可以具体化为交易、财产与实物、信息和人这四种具体标的,风险因素和风险损失都可以体现在这四个标的上,而这四个具体标的组合起来,则形成交易循环或业务流程,这是更高一层级的内部防控客体,也可以说是内部防控客体的组合。综合上述分析,内部防控客体如表10-3所示。

表 10-3 内部防控客体

项 目			风险要素	
			风险因素	风险损失
具体标的及其组合	具体标的	交易	★	—
		财产与实物	★	★
		信息	★	★
		人	★	★
	具体标的之组合：交易循环		★	★

注："★"表示有这种防控客体，"—"表示没有这种防控客体。

（二）内部防控的具体标的

内部防控的具体标的包括交易、财产与实物、信息和人这四种具体标的，既可能是风险因素，也可能是风险损失的承载者，所以，它们成为内部防控的控制标的。

1. 内部防控的具体标的之一：交易

交易就是特定组织所做的事，作为内部防控客体的交易，其内部性集中体现在交易主体的内部性上，也就是说，无论交易的发生地在何处，交易当事人中至少有一方属于"内部人"，则该交易才能成为内部防控的标的。交易可能因本组织与外界交换或获得资产与劳务而形成，也可能在组织内部转移或使用资产而形成，各种行为是交易的基础。在交易履行的过程中，当事人必须完成各自一些相关的行为。组成交易的行为在完成的先后顺序上，有的存在明显的逻辑关系，有的则不存在先后顺序问题。交易本身既有可能由多方当事人共同完成，也可能仅由一方当事人单独完成。交易按参与的主体不同可分为：单一岗位单独完成的交易；组织内部同一机构内的岗位间共同完成的交易；组织内部不同机构的岗位间完成的交易；组织内部岗位与组织外部主体之间完成的交易。当然，交易还可以按所属的特定领域进行分类。例如，制造业企业的交易基本情况如表 10-4 所示。

表 10-4　制造业企业的交易类型

交易循环	主要交易
货币资金循环	收支申请、收支审批、收支复核、办理收支、账实核对等
销售循环	接受和处理订单、签订合同、执行销售政策和信用政策、催收货款、审核销售发货单据、办理发货的具体事宜、销售款项的结算和记录、货款回收等
采购循环	请购与审批、询价及确定供应商、订立采购合同与审计、采购的执行、验收、相关会计记录、货款支付等
生产循环	计划生产、发出原材料、生产产品、核算生产成本、储存产成品、发出产成品、相关记录
担保循环	担保业务的评估与审批、担保业务的执行与监督、相关财产的保管、担保业务记录等
工程项目循环	项目建议、可行性研究、项目决策、概预算编制、预算审核、项目实施、支付工程价款、竣工决算、竣工审计、相关记录等
筹资与投资循环	编制预算、预算审批、投筹资项目的分析论证与评估、投筹资决策、执行、对外投资处置的审批与执行、相关会计记录等
预算循环	预算编制、预算审批、预算执行、预算执行结果的考核
公司治理循环	股东会职责、董事会职责、监事会职责、经理班子职责

交易如何成为控制标的呢？交易主要是风险因素，一个特定组织要控制的风险，许多都来源于交易及履行交易的各种行为，正是由于交易的各种行为不当，导致了交易相关风险的产生。以采购循环为例，表 10-4 中列示了七种交易，履行每种交易都需要一些具体行为，恰恰是这些具体的行为不当，导致一些风险的发生。所以，采购循环的各种交易中都可能出现对本组织有负面影响的事件，而交易相关行为不当是出现负面事件的原因。所以，要控制采购中的负面事件的发生，必须通过具体的交易行为控制来实现。

以上分析的是采购交易循环中的交易，其他各交易循环中的交易也具有类似情形。总体来说，交易及履行交易的各种行为可能是风险因素，要控制风险，必然要控制交易及履行交易的各种行为，从这种意义上来说，交易及履行交易的各种行为成为内部防控的控制标的。

2. 内部防控的具体标的之二：财产与实物

内部防控客体的财产是指组织享有的、能够带来经济利益的资源，不仅包括具有经济价值和实物形态的物品，以及货币和有价证券，还包括智力成果——精神（知识）财富。组织对财产的享有方式表现为：拥有所有权、拥有控制权、拥有使用权。这里谈及的"财产"与会计中的"资产"是有区别的。资产强调拥有或控制，而享有财产的最低标准是"使用"。以企业经营租入设备为例，会计并不将其确认为资产，然而，从企业拥有其使用权的角度讲，该设备属于企业的资源，应当纳入控制对象中。一般来说，作为内部防控客体的财产分为以下几类：货币资金，主要包括现金和银行存款；实物资产，主要包括房屋建筑物、机器设备、工具器具、原材料、在产品和产成品等；金融资产，主要包括债券、股票、基金以及金融期货等；无形资产，主要包括专利权、商标权、土地使用权、著作权、特许权、非专利技术（包括商业秘密）和商誉等。

财产如何成为控制标的呢？一般来说，财产主要是风险损失的承载者，风险所带来的损失，很大程度上会落在财产上。所以，要防护风险给组织带来的损失，可以对资产实施一些保护性控制，此时，财产就成为控制措施的实施标的。例如，为了保护财产不被他人非法占有，可以对财产进行看护，建设一个仓库以保护财产不被风吹雨淋，财产保险等，都是以财产作为控制标的或客体。

实物是具有客观实体的物理体，包括归属于本组织所有的实物及不归属于本组织所有的实物。归属于本组织所有的实物，也属于本组织的财产，但这是有实物形态的财产，不包括没有实物形态的财产。实物如何成为控制标的呢？一般来说，有两种路径：一是实物是风险损失的承载者，这与其他财产一般，前面已经做过分析；二是实物可能是风险因素，它可以导致风险，例如，机器设备老化了，引起设备事故，易燃物品由于天气原因发生自燃现象，都属于实物原因引发的风险。

3. 内部防控的具体标的之三：信息

信息泛指各种情报、资料、消息和数据。信息可以来源于组织内部信息系统（包括会计信息系统、统计信息系统和业务信息系统等），也可以来源于组织外部。一般来说，从计量属性来说，信息可以分类财务信息和非财务信息。财务信息就是以货币计量的信息，会计信息是其主要类型，由于货币计量的固有限制，财务信息仅仅是组织相关信息中的"冰山一角"；非财务信息是以非货币计量单位计量的信息，统计信息是其主要类型。

信息如何成为控制标的呢？主要有两个路径：一是信息及其相关行为可能是风险因素，导致某些风险。例如，信息采集、加工、沟通及报告行为不恰当，导致信息错报；又如，前一个环节的信息如果发生错报，可能导致以此为基础的后一个环节的信息也发生错报。所以，要控制信息错报，就要控制与信息相关的各种加工行为，通过对这个信息加工行为的控制，保障信息不发生错报。二是信息是风险承载者，一些风险因素导致的风险使得信息失真，所以，要控制这些风险带来的负面影响，需要对这些信息进行某种保护性控制，例如，通过一些保密措施，使得这些信息不受他人删改。

4. 内部防控的具体标的之四：人

内部防控中的"人"是一个较为特殊的控制标的。其特殊性主要体现在：第一，人可以是内部防控的主体，实施并影响内部防控，一旦组织中的较高层级主体中的"人"对较低层级防控主体的"人"施加影响或凌驾于内部防控之上，内部防控的作用将弱化甚至失效。第二，人可以是内部防控客体，一方面，人作为一种能够为组织带来经济利益的特殊资源，构成内部防控的客体；另一方面，人可以产生风险。第三，正是由于内部防控主体具有层次性，位于中层的防控主体成为高层防控主体向基层防控主体施加控制影响力的"工具"。可见，在整个内部防控系统中，"人"的影子随处可见，无论是内部防控的设计，还是内部防控的实施，以及对内部防控的评价和优化，"人"都是至关重要的因素。

人如何成为控制标的呢？有两个路径：第一，人是风险因素，可能导致某些风险。从这个视角来说，内部防控中的"人"既包括内部人，也包括外部人，凡是能带来负面影响的，都是风险因素，都成为防控客体。第二，人是风险损失的承载者，一些风险可能导致人身安全事故的发生，这些安全事故可能发生在内部人身上，也可能发生在外部人身上，所以，作为风险损失的承载者，内部人和外部人都可能成为防控客体。

（三）控制标的的组合：交易循环

以上分别分析了交易、财产与实物、信息和人作为内部防控的具体标的，这些标的是密切相关的，在建立和实施风险应对机制时，不能分割地考虑这些具体标的，而是需要将这些标的联系起来，建立和实施风险应对机制。交易、财产与实物、信息和人四者存在密切关系，交易离不开财产或实物，没有一定的财产或实物，交易就没有实质性内容；交易与信息密切关系，交易需要以信息为基础，交易本身也会产生信息；人是交易的操作者，没有人，交易不可能自行完成；信息与财产和实物密切相关，许多的信息就是关于财产和实物的信息；人是信息的采集和加工者，没有人，就没有信息的加工和采集。所以，交易、财产与实物、信息和人是四位一体的，他们共同组成交易循环或业务流程。从这个意义上来说，交易循环或业务流程是控制标的的组合，也就是更高一个层级的防控客体。

交易循环的划分方式具有多样性，表10-4中将制造业企业的交易分为九类，形成九个交易循环。这种划分并不具有唯一性，不同行业的企业，交易的类型可能不同；同一行业的企业，其营运模式不同，也可能形成不同的交易循环。对于非企业组织来说，其交易循环就与企业有很大的不同，例如，财政部印发的《行政事业单位内部控制规范（试行）》将行政事业单位的经济活动划分为以下几类：预算管理、收支管理、政府采购管理、资产管理、建设项目管理、合同管理，很显然，这就是六类经济活动，形成六个交易循环。无论交易循环如何划分，都应该有独立的业务流程，而这些业务流程都是交易、财产与实物、信息和人的组合，形成内部防控宏观层面的内部防控客体。

第三节 经济违规内部防控的防控内容

经济违规的防控内容是指防控什么，它不同于防控客体。由于内部防控也是内部控制的组成部分，因此，我们首先从内部控制的角度讨论内部控制的控制内容，在此基础上，再分析经济违规内部防控的防控内容框架，并介绍《中央企业合规管理指引（试行）》对中央企业合规管理内容的规定。

一、内部控制的控制内容

内部防控属于内部控制的组成部分，经济违规是一种风险。因此，阐述内部控制的控制内容，也能解释内部防控的内容。

（一）内部控制的控制内容是风险

研究内部控制本质的文献都会涉及内部控制内容，这些观点基本都认同内部控制的控制内容是风险。下面，对不同内部控制本质观点下的内部控制内容做一些具体分析。

COSO（全国虚假财务报告委员会下属的发起人委员会）报告（1992）发布的内部控制框架认为，内部控制是由组织的各层次实施旨在为实现其主要目标提供合理保证的过程，营运效率效果目标、财务报告真实性目标、法律法规遵循性目标，这是内部控制的三大目标。内部控制如何实现三大目标呢？COSO报告界定的内部控制五要素是内部环境、风险评估、控制活动、信息与沟通、内部监视，其作用过程是识别和控制影响目标实现的偏离，这种偏离也就是风险。

COSO报告（2004）发布的风险管理框架认为，风险管理八要素包括内部环境、目标设定、风险识别、风险分析、风险应对策略、控制活动、信息与沟通、内部监视。很显然，风险管理的管理内容是风险。

事实上，COSO确定的内部控制框架与风险管理框架并无实质性区别，八要素中的目标设定、风险识别、风险分析、风险应对策略这四个要素，共同组成五要素中的风险评估。

我们将COSO报告对内部控制的观点归结为过程论。除了过程论外，关于内部控制本质还有管理活动论、控制职能论、经济控制系统论、免疫系统论等，这些观点对内部控制本质的认知与COSO报告有些差异。

管理活动论认为，内部控制是管理体系的组成部分，是管理层和员工实现控制目标而发生的一项管理活动。这种观点与COSO报告并无实质性差异，其控制内容当然是影响目标实现的偏离，这些偏离就是风险。

控制职能论认为内部控制的本质是管理职能中的控制职能。控制职能的作用方式是发现目标偏离并控制这种偏离，很显然，这里的偏离可以视为风险。

经济控制系统论认为内部控制是一种经济控制系统或者一项经济机制。这种经济控制系统或机制的作用方式是发现偏离，并控制这些偏离，以实现一定的目标。很显然，这里的偏离可以视为风险。

免疫系统论认为内部控制是组织内部的免疫系统化。很显然，这里的"疫"就是风险。

还有一种观点认为，内部控制是组织内部建立和实施的风险应对机制。很显然，既然是风险应对机制，应对的当然是风险，内部控制的控制内容显然是风险。

所以，总体来说，尽管对于内部控制本质有不同的认知或表述，但绝大多数观点都认为内部控制的控制内容是风险，尽管有些观点并未使用"风险"这个词，例如，将目标偏离作为控制内容，就其实质来说，控制内容就是风险。尽管内部控制的控制内容是风险，这是多数文献认同的观点，然而，对于风险本身的认知却有不同的观点。下面仅仅就风险的本质、要素、特征和分类做些探究。

（二）风险的本质、要素和特征

要深刻地理解风险，需要把握风险的本质、要素及特征，三者结合起来，从整体上刻画风险。下面，我们从这三个方面来认知风险。

内部控制的控制内容是风险，这里的风险是什么意思呢？关于风险并无统一的定义，以下是几种代表性观点：风险是事件未来可能结果发生的不确定性；风险是目标偏离的不确定性；风险是损害发生的不确定性；风险是指可能发生损害的损害程度的大小；风险是指损害的大小和发生的可能性。综观这些观点，风险本质可以分为两类：一是强调目标或结果的不确定性，我们称为目标偏离论；二是强调损害的不确定性，我们称为损害论。从表面来看，两类观点存在分歧，目标偏离论强调了风险对组织的既定目标造成的偏离，并未强调损害；而损害论则强调风险给组织带来的损害，并未强调目标。但是，从实质来看，二者异曲同工，组织既定目标未能实现，对于组织来说，就是损害；而组织受到了损害，则既定目标可能就会难以达成；如果一个组织在风险可能影响到的各个领域都有既定目标，则目标偏离论和损害论是重合的，在特定领域性的损害，就是对该特定领域目标的偏离，上述情形如表10-5所示。当然，对于一个特定的组织来说，可能在某些领域并无明确的目标，这种情形下，避免损害也可以当作一种目标。当然，这里的损害是广义的，凡是对组织可能形成的负面影响，都是损害。

表 10-5 目标偏离论与损害论的关系

项 目		各领域的目标			
		A 领域目标	B 领域目标	C 领域目标	……
损害发生的领域	A 领域损害	★	★	★	★
	B 领域损害	★	★	★	★
	C 领域损害	★	★	★	★
	……	★	★	★	★

注："★"表示重合。

既然目标偏离论和损害论二者具有实质上的一致性，我们对风险本质有如下界定：风险就是在一些因素的作用下，导致特定事项给特定组织带来损害或造成该组织特定目标偏差的不确定性。

对风险本质的上述界定，包括了风险的四个要素：一是风险因素，正是这个因素造成了风险事件的发生；二是风险事件，正是这个事项给组织带来损害或造成目标偏差；三是风险损害，正是风险事件给组织带来了风险损害或负面影响；四是目标偏差，正是风险损害或负面影响，造成组织的特定目标未能达成。上述风险四要素的关系如图10-1所示。

```
风险因素  →导致→  风险事件  →产生→  风险损害  →导致→  目标偏差
```

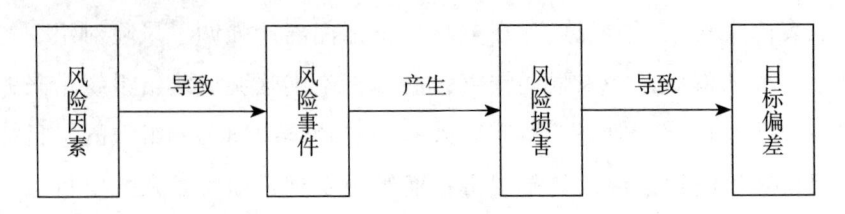

图 10-1　风险要素

图 10-1 所示的风险要素之间的关系，也在一定程度上显示了风险的发生机理，风险因素导致风险事件，而风险事件导致风险损害，进而是风险损害导致目标偏差，这是一个因果关系链。这个因果关系链也提示了风险控制的可能路径，如果风险因素来自组织内部，则可能控制风险因素，如果风险因素不来自组织内部，则无法控制风险因素。

风险特征也就是风险所具有的特性，所以也称为风险性质。有不少的文献研究特定领域的风险的特征，例如，金融风险的特征、财政风险的特征等。一般来说，无论何种风险，基本上都具有客观性、不确定性、损害性、可控性这些特征。客观性指风险是一种不以人的意志为转移、独立于人的意识之外的客观存在，人们不可能完全消除风险；不确定性是指风险是否发生、何时发生、其损害程度如何都不能事先预知；损害性是指风险会给特定的组织带来负面后果或导致其特定的目标不能有效地实现；可控性是指通过人们的努力，能在一定程度上降低风险发生的可能性或降低其带来的损害。

（三）风险分类

有不少的文献研究特定领域的风险分类，例如，金融风险的分类、财政风险的分类等。一般来说，无论何种风险，都可以从多种角度进行分类。下面，介绍三种通用的分类方法。

（1）按对组织的影响方向分类，风险可以分为纯粹风险和机会风险。对组织带来影响的各种事项大致可以分为三类：积极事项、消极事项、机会事项。积极事项对组织只有有利影响；消极事项对组织只有不利影响；机会事项对组织的影响方向不确定，可能是正面影响，也可能是负面影响。消极事项和机会事项就是风险事件。根据这种分类，风险可以分为纯粹风险和机会风险，前者只有负面影响，后者可能是负面影响，也可能是正面影响。

（2）按影响范围分类，风险可以划分为系统性风险和非系统性风险。系统性风险是由组织外部的因素形成、对于许多组织都有影响的风险；非系统性风险是由与特定组织相关的因素形成、对于特定组织有影响的风险。由于系统性风险并不只是影响特定组织，所以也称为基本风险；而非系统性风险只与特定组织相关，所以也称为特定风险。

（3）按产生的主要原因分类，风险可以分为自然风险、社会风险、政治风险、经济风险、技术风险。自然风险主要是由自然力导致的风险，社会风险主要是由社会上的个人或团体的行为所导致的风险，政治风险主要是由政治因素导致的风险，经济风险主要是由经济因素导致的风险，技术风险主要是由科学技术导致的风险。

二、经济违规的防控内容框架

通常来说，经济违规的内容可以做多种不同的划分：一是从经济违规的主体来说，可以分为员工个人经济违规、内部机构经济违规和单位经济违规；二是从经济活动的类型来说，可以分为财务活动违规、业务活动违规和其他活动违规。这些活动都是经济活动，都有相关的法律法规和内部规章，因此，都有可能出现违规。综合上述两个维度，经济违规的防控内容框架如表 10-6 所示。

表 10-6 经济违规的防控内容

项 目		经济活动的类型		
		财务活动	业务活动	其他经济活动
经济违规的主体	员工个人	★	★	★
	内部机构	★	★	★
	单位	★	★	★

注："★"表示可能有这种情形。

三、《中央企业合规管理指引（试行）》[①] 对中央企业合规管理内容的规定

国资委2018年印发的《中央企业合规管理指引（试行）》从合规管理的重点领域和重点环节两个角度，对中央企业合规管理内容做出了规定。

（一）合规管理的重点领域

《中央企业合规管理指引（试行）》提出，加强对以下重点领域的合规管理：①市场交易。完善交易管理制度，严格履行决策批准程序，建立健全自律诚信体系，突出反商业贿赂、反垄断、反不正当竞争，规范资产交易、招投标等活动。②安全环保。严格执行国家安全生产、环境保护法律法规，完善企业生产规范和安全环保制度，加强监督检查，及时发现并整改违规问题。③产品质量。完善质量体系，加强过程控制，严把各环节质量关，提供优质产品和服务。④劳动用工。严格遵守劳动法律法规，健全完善劳动合同管理制度，规范劳动合同签订、履行、变更和解除，切实维护劳动者的合法权益。⑤财务税收。健全完善财务内部控制体系，严格执行财务事项操作和审批流程，严守财经纪律，强化依法纳税意识，严格遵守税收法律政策。⑥知识产权。及时申请注册知识产权成果，规范实施许可和转让，加强对商业秘密和商标的保护，依法规范使用他人知识产权，防止侵权行为。⑦商业伙伴。对重要商业伙伴开展合规调查，通过签订合规协议、要求做出合规承诺等方式促进商业伙伴行为合规。⑧其他需要重点关注的领域。

（二）合规管理的重点环节

《中央企业合规管理指引（试行）》提出，加强对以下重点环节的合规管理：①制度制定环节。强化对规章制度、改革方案等重要文件的合规审查，确保符合法律法规、监管规定等要求。②经营决策环节。严格落实"三重一

[①] 该指引已由《中央企业合规管理办法》取代，但确定的合规管理重点领域和重点环节，仍有参考价值。

大"制度，①细化各层级决策事项和权限，加强对决策事项的合规论证把关，保障决策依法合规。③生产运营环节。严格执行合规制度，加强对重点流程的监督检查，确保在生产经营过程中照章办事、按章操作。④其他需要重点关注的环节。

参考文献

[1] 国务院国有资产监督管理委员会.中央企业合规管理指引（试行）[Z].2018-11-09.

[2] 郑石桥.内部控制基础理论研究[M].北京：中国国际广播出版社，2018.

---

① 重大事项决策、重要干部任免、重要项目安排、大额资金的使用，必须经集体讨论做出决定的制度，简称"三重一大"制度。

第十一章 经济违规的内部防控（二）：防控目标和防控要素

本章阐述内部防控体系中的防控目标和防控环境、违规风险评估、防控活动、信息与沟通、防控监视合称防控要素。

第一节 经济违规内部防控的防控目标

本书第五章在阐述经济违规防控体系时，提出"经济违规的防控目标是人们希望通过经济违规的防控所得到的结果，也可以表述为，期望通过经济违规的防控所达到的境界"，具体内容就是"抑制经济违规，使其达到可容忍的水平"，此处的防控目标指整个经济违规防控体系的防控目标，而整个经济违规防控体系由外部防控体系、内部防控体系和环境因素共同组成。从某种意义上来说，这种防控目标可以称为整体防控目标。本节阐述的防控目标是内部防控体系所要达到的目标，所以也可以称为经济防控的内部防控目标。

目标是对特定活动预期结果的主观设想，是在头脑中形成的一种主观意识或期望，是特定活动的预期目的，为该特定活动指明方向。内部防控目标是组织希望通过内部防控活动得到的结果，它为本组织开展内部防控活动指明了方向。一般来说，内部防控目标包括两个维度：一是预期对哪些风险进行控制，二是预期将这些风险控制到什么程度。前者称为内部防控目标的范围，后者称为内部防控目标的达成程度。组织内部的不同防控主体，都有自己特定的内部防控目标，形成一个内部防控目标体系。另外，对于特定的组织或防控主体来说，内部防控目标受到多种因素的影响，所以，内部防控目标呈现差异化和动态性。下面，对上述问题做进一步的阐释。

一、内部防控目标的范围：内部防控的总目标和具体目标

从本质上说，内部防控是组织内部建立和实施的违规风险应对机制。所以，无论何种组织，内部防控的建立和实施应该是为了抑制违规风险对组织的影响，要么是预防违规风险，使违规风险不对本组织发生负面影响，要么是降低违规风险对组织的负面影响程度。所以，抑制违规风险对组织的负面影响，应该是内部防控的总目标。内部防控的总目标是针对全部违规风险总体而言的，并不涉及特定的违规风险。

然而，任何一个组织的资源都是有限的，同时，不同的违规风险对组织的负面影响也是不同的，而组织的管理层对于不同违规风险的感知也是不同的，所以，任何一个组织不可能把所有的违规风险都纳入正式制度的防控范围，而会有所选择，对于有些违规风险予以防控，对于另外一些违规风险则不建立正式的防控制度。正是这种选择，使得对组织有负面影响的违规风险一分为二，一部分纳入了防控范围，另外一部分没有纳入防控范围。在这种情形下，对于纳入防控范围的违规风险形成了预期防控目标，而对于没有纳入防控范围的违规风险，也就没有预期的防控目标，这样就形成了内部防控目标的范围。

不同的违规风险有不同的特征，会发生在不同的环节，需要有针对性的应对，同时需要不同的防控主体来控制。所以，对于纳入防控范围的违规风险需要进行分类，形成针对不同违规风险的防控目标，就是内部防控总目标在不同领域的违规风险中的体现，可以称为具体防控目标。内部防控的具体目标一定是针对特定违规风险的，而不是泛泛而论的，也可以说是内部防控抑制违规风险这个总目标在特定违规风险的具体化。

二、内部防控目标达成程度：不同达成程度的选择

内部防控目标除了有明确的防控目标所关注的范围，还有一个重要的维度，就是目标的达成程度。对于确定的内部防控目标范围，以何种程度来达成这些目标呢？例如，《企业内部控制基本规范》确定的内部控制目标之一是法律法规遵循性，那么，企业对相关的法律法规遵循到何种程度呢？一般来说，这个遵循程度不可能达到100%，原因有两个方面：一是技术上不具有可能性，企业涉及的法律法规很多，如果要全部遵循，必须建立和实施非常严密的防控系统，而人是有限理性的，不可避免地在制度建立或制度实施过程中存在遗漏或错误，从而对一些违规行为不能及时防范；二是不符合成本效益原则，即使对某些违规行为有防范技术，但是，这种防范的成本大于这些违规行为带来的损失，对于企业来说，防范这种违规风险并不符合成本效益原则。所以，上述两个方面综合起来，企业对于有些违规风险可能不会进行专门防范，而是采取违规风险承受策略，这就说明，企业必须容忍一定的违规风险。所以，法律法规遵循性这个目标不能全部达成。企业的内部防控目标不能全部达成，非企业组织的内部防控目标也是如此，不能全部达成。

那么，内部防控目标要达成何种程度呢？一般来说，由于违规风险对本组织会带来负面影响，所以，只要符合成本效益原则，任何一个组织都希望将违规风险对本组织的影响降到最低。但是，这只是本组织的一厢情愿，有些违规风险并不是本组织能控制的，或者是本组织对有些违规风险的影响力是较小的，所以，究竟将违规风险控制到何种程度，或者说内部防控目标要达成何种程度，除了基于成本效益的考虑，更为重要的是要基于本组织对这些违规风险的防控能力。防控能力越强，则本组织越能有效地控制这些违规风险，从而内部防控目标达成程度也就越高；对本组织难以防控的违规风险，则本组织难以有效地应对这些违规风险，从而内部防控目标达成程度也就较低。本节将上述思路称为可控制性原则。

一般来说，如果本组织对某类违规风险的防控能力较强，并且符合成本效益原则，通常将防控目标的达成程度确定为合理保证，这种目标达成程度很

高。对于不能将防控目标达成程度确定为合理保证的特定违规风险，其防控目标达成程度并无统一的要求，通常要视本组织对该类违规风险的防控能力并考虑成本效益，防控能力越强，目标达成程度越高。

三、内部防控目标体系：防控具体目标和防控主体的关联

以上分析了内部防控总目标和具体目标以及具体目标达成程度的影响因素，总目标和具体目标已经表明内部防控目标是分层级的，形成一个目标体系。然而，内部防控目标需要不同层级的内部防控主体来实现，所以，还需要将防控目标与防控主体联系起来，进一步描述内部防控目标体系。

任何组织都有一定的科层，都是科层组织，组织内部的每个科层都是一个组织，都会有对其形成负面影响的不确定性事项，所以，都需要建立和实施违规风险应对机制，这个违规风险应对机制对于所要应对的违规风险也会有所选择，并不是将全部违规风险都纳入防控目标的范围，而是有所选择，并对形成的不同违规风险领域予以关注，这就形成了各个科层的内部防控具体目标，基本情况如表 11-1 所示。

表 11-1　基于防控主体的防控具体目标体系

项　目		防控的具体目标范围（关注的违规风险领域）				
		A	B	C	D	……
防控主体（科层）	第一层级	★	★	★	★	★
	第二层级	★	★	★	★	★
	……	★	★	★	★	★
	普通岗位	★	★	★	★	★

注："★"表示可能有这种控制的具体目标。

每个科层关注的违规风险领域有两种情形：一是上级科层的目标传导，凡是上级科层关注的违规风险领域，下级科层组织都要纳入其内部防控目标范围；二是本科层特别关注的违规风险领域，对于上级科层未予关注或未予

以重点关注,但是本级科层很重要的违规风险领域,也应该纳入本科层的内部防控目标范围。

四、内部防控目标差异化和动态性:内部防控目标选择的影响因素

内部防控目标差异化表现为不同组织的内部防控目标不同,内部防控目标动态性表现为同一组织的内部防控目标在不同时期不同。这种防控目标差异化和动态性体现在两个维度:一是具体目标的范围不同,二是具体目标的实现程度不同。影响目标实现程度选择的原因有两个:一是成本效益原则,二是可控制性原则。下面,我们来分析具体目标范围不同的原因。

分析内部防控具体目标范围的差异化和动态性,需要搞清楚影响其差异化和动态性的因素,正是由于这种因素呈现了差异化和动态性,内部防控具体目标才会呈现差异化和动态性。那么,影响内部防控具体目标差异化和动态性的因素有哪些呢?主要的原因是内部防控需求,包括来自外部驱动因素形成的需求和内在需求因素形成的需求。一般来说,防控主体感知到的某种违规风险给本组织带来的负面影响越大,则该类违规风险越会被纳入内部防控目标的范围;同时,随着外部内部防控需求和内在内部防控需求的变化,或者是内部防控主体对内部防控需求感知的变化,则违规风险的地位也会发生变化,从而纳入内部防控目标的违规风险也会发生变化。当然,影响内部防控需求的外在驱动因素和内在因素较多,进而也就决定影响内部防控具体目标范围的差异化和动态性的因素较多,这里不详细讨论。

第二节 经济违规内部防控的基本原则

防控环境、违规风险评估、防控活动、信息与沟通、防控监视合称防控要素,这五个要素组合起来发挥防控作用,而它们的组合需要遵守一定的原

则，这就是经济违规内部防控的基本原则。内部防控是组织内部建立和实施的违规风险应对机制。然而，建立和实施这个违规风险应对机制必须遵守一些具有普适性的通用规则，这些通用规则就是内部防控通用原则，离开这些通用原则，内部防控要么不能达到预期的目标，要么不符合成本效益而达到了预期目标。所以，理解并遵守内部防控通用原则是内部防控建立和实施的重要事项。

各种版本的 COSO 报告都没有正式提出内部控制通用原则，但是，财政部等颁布的《企业内部控制基本规范》确定了全面性原则、重要性原则、制衡性原则、适应性原则和成本效益原则，财政部颁布的《行政事业单位内部控制规范（试行）》确定了全面性原则、重要性原则、制衡性原则和适应性原则。我们认为，这些通用原则概括了内部防控建立和实施的各个主要方面，具有一定的权威性。内部防控如果要具有适应性并符合成本效益原则，同时能达到内部防控目标，就必须是多种防控措施的综合，并且必须是要素齐全的，所以，需要增加两个原则——组合性原则和要素齐全原则。人是内部防控中最重要的因素，既是内部防控的主体，也是内部防控的客体，所以，如何对待人，是内部防控中的重要事项。因此，需要增加以人为本的原则。总体来说，内部防控通用原则包括以下八项：全面性原则、重要性原则、要素齐全原则、组合性原则、制衡性原则、适应性原则、成本效益原则和以人为本原则。下面，对各个原则做一个简要的阐释。

一、全面性原则

关于全面性原则，《企业内部控制基本规范》的解释是："内部控制应当贯穿决策、执行和监督全过程，覆盖企业及其所属单位的各种业务和事项。"《行政事业单位内部控制规范（试行）》的解释是："内部控制应当贯穿单位经济活动的决策、执行和监督全过程，实现对经济活动的全面控制。"

一般来说，内部防控全面性主要涉及内部防控的范围，体现在四个方面：一是全员性，所有的人都要纳入内部防控的范围；二是所有的业务和事项都要纳入内部防控的范围；三是所有的内部组织都纳入内部防控的范围；四是管理的全过程都要纳入内部防控的范围。

全面性原则的依据是对组织有负面影响的违规风险对组织的影响范围可能是全面的，为了有效地应对这些违规风险，必须对违规风险可能影响的各个方面都纳入内部防控的范围，所以需要遵守全面性原则。现实生活中，一些组织发生违规风险事件，很大程度上是对这些违规风险事件的相关领域的关注不够。

二、重要性原则

关于重要性原则，《企业内部控制基本规范》的解释是："内部控制应当在全面控制的基础上，关注重要业务事项和高风险领域。"《行政事业单位内部控制规范（试行）》的解释是："在全面控制的基础上，内部控制应当关注单位重要经济活动和经济活动的重大风险。"

做任何事情都要抓主要矛盾，组织内部的违规风险应对也是如此，尽管违规风险应对要坚持全面性原则，但并不是对所有的违规风险都同等对待，而是要抓住重点领域，以这个领域的违规风险防范作为内部防控工作的重点，将资源更多地投入这个领域。重要性原则并没有放弃全面性原则，是把某些领域作为重点，将这两个原则配合起来，内部防控将更加有效，更加符合成本效益原则。

三、要素齐全原则

内部防控是组织内部的违规风险应对过程，应对违规风险有两个逻辑过程：一是寻找违规风险，二是应对违规风险。同时，还必须有信息及其沟通来支持违规风险寻找和违规风险应对。此外，这种违规风险应对还必须是持续有效的。基于上述要求，内部防控要素作为组织内部的一个违规风险应对过程，由违规风险评估、防控环境、防控活动、信息与沟通和防控监视五大要素组成，违规风险评估解决违规风险寻找的问题，防控环境、防控活动解决违规风险抑制的问题，信息与沟通是其他内部防控要素的信息及沟通平台，防控监视是内部防控各要素持续有效的保障机制。上述这五个要素，缺一不可，没有违规风险评估，就不知道违规风险的状况，当然无法有效地应对违规风险。防控环境、防控活动共同解决违规风险抑制的问题，但是，二者缺一不可，只有防控环境，就会缺乏有针对性的防控活动，防控效果将缺乏基础。相反，只有防控活动，没有防控环境，防控活动的成本将很高，不符合成本效益原则。缺乏信息与沟通，内部防控的其他各要素将是盲人瞎马，如同神经系统被破坏的植物人，不可能发挥其功能；没有防控监视，内部防控的缺陷将妨碍内部防控的有效运行，持续有效没有保障。所以，有效的内部防控必须是上述五要素齐全的。依据要素齐全原则，任何一个组织在建立和实施违规风险应对机制时，必须协同建立和实施上述五个要素；同时，在评估内部防控时，也必须评估其五要素是否齐全、是否协同。

四、组合性原则

内部防控五要素中，防控环境和防控活动是直接抑制违规风险的，而防控环境和防控活动各自又有多种措施。不同的防控措施，其适用情形不同，成本不同，效果也不同。因此，违规风险抑制措施的选择不能只是依赖于单一的防控措施，而必须是基于防控成本和防控效果综合考虑之后，对各种防控措施进行组合，这个组合有两个层级：一是防控环境和防控活动的组合，不能只是依赖防控活动，而必须是在防控环境的基础上，基于防控成本和防控效果的考虑，再增加一些有针对性的防控活动；二是防控环境和防控活动各自内部的组合，防控环境有多种，防控活动也有多种，需要基于防控成本和防控效果的考虑，对不同的防控环境和防控活动做出组合性选择。只有达到了组合性原则的要求，内部防控才能做到防控成本和防控效果相适宜，符合成本效益原则。

五、制衡性原则

关于制衡性原则，《企业内部控制基本规范》的解释是："内部控制应当在治理结构、机构设置及权责分配、业务流程等方面形成相互制约、相互监督，同时兼顾运营效率。"《行政事业单位内部控制规范（试行）》的解释是："内部控制应当在单位内部的部门管理、职责分工、业务流程等方面形成相互制约和相互监督。"

制衡性原则与组合性原则相关，根据组合性原则，违规风险抑制需要将防控环境和防控活动的各种防控措施组合起来，不能依赖单一的防控措施。然而，在组合各种防控措施时，不同的防控措施有不同的效率效果，进而决定了不同的防控措施在防控组合中有不同的地位，有的是骨架性的，有的是辅助性的，如同建构房屋，房屋的框架结构是骨架性的，其他工程都是辅助性或装饰性的。如果将内部防控比作一栋房屋，则这栋房屋的框架结构必须是制衡性防控措施，如果不以制衡性防控措施作为内部防控的骨架，而以监督性或其他性质的防控措施作为骨架，则这个内部防控体系的效果可能没有保障，或者是不符合成本效益原则。总体来说，制衡性原则是指抑制违规风险的内部防控组合中，要以制衡性措施为骨架，其他性质的防控措施为辅助。制衡性原则的道理是，制衡性控制是将防控置于流程中的防控，正是这种特征，决定了制衡性防控措施具有稳定性，其防控效果具有可预期性，因此，防控效果较好。当然，制衡性原则只是要求以制衡性控制作为违规风险抑制的骨架，并不排除其他性质的防控措施，所以，这个原则需要与组合性原则联合起来考虑。

六、适应性原则

关于适应性原则，《企业内部控制基本规范》的解释是："内部控制应当与企业经营规模、业务范围、竞争状况和违规风险水平等相适应，并随着情况的变化及时加以调整。"《行政事业单位内部控制规范（试行）》的解释是："内部控制应当符合国家有关规定和单位的实际情况，并随着外部环境的变化、单位经济活动的调整和管理要求的提高，不断修订和完善。"

适应性原则要求任何组织的内部防控必须是量身定做的，照搬他人的内部防控体系可能是没有效率效果的，其中的道理很明确，内部防控是组织内部建立和实施的违规风险应对机制，不同的组织有不同的违规风险，即使本组织与其他组织有类似的违规风险，这些违规风险相关的环境因素也不同，组织中的人也不同，因此，需要不同的应对机制。

根据适应性原则，任何组织都要从本组织的具体环境出发建立和实施内部防控，不能照搬他人的内部防控。那么，适应性原则是否与内部防控通用原则相违背呢？既然要有适应性，如何又有通用原则呢？这里的适应性是指在遵守内部防控通用原则基础上的适应性，内部防控通用原则及内部防控五要素等属于内部防控的基本原理，这些基本原理在所有的组织都有共性，但是，这些基本原理的应用在不同的组织会有不同的特征，任何一个组织，需要根据本组织的特征来应用这些内部防控基本原理。适应性还有另外一个含义，就是对于权威组织发布的内部防控规范，这个规范的内容可能超出内部防控基本原理的范围，对内部防控提出了一些要求，而这些要求需要根据组织的特征来落实，并不是机械式地照搬。

七、成本效益原则

关于成本效益原则，《企业内部控制基本规范》的解释是："内部控制应当权衡实施成本与预期效益，以适当的成本实现有效控制。"《行政事业单位内部控制规范（试行）》没有这项原则。

内部防控是抑制违规风险的机制，之所以要抑制违规风险，是为了防止或降低违规风险给本组织带来的负面影响或损失，抑制了这些违规风险，就会防止或降低这些损失，形成防控收益。但是，抑制违规风险需要进行违规风险识别，并建立和实施违规风险应对措施，还需要持续改进这些机制，这都需要花费资源，也就形成了防控成本。对于特定的违规风险是否需要控制、控制到何种程度、用什么方法控制，需要将防控收益与防控成本联合起来考虑，只有防控收益大于防控成本才是正确的选择，这就是成本效益原则。

当然，这里的防控成本和控制效益可能有两个角度：一是本组织的角度，二是社会的角度。选择的角度不同，对成本效益的考虑范围也不同，从而会得出不同的结论。一般来说，企业组织主要从本组织的角度来考虑，而公共部门则不一定只从本组织的角度来考虑。在某些情形下，对于特定的公共组织来说是符合成本效益原则的，但从社会的角度来看，不一定符合成本效益原则，也正是这个原因，《行政事业单位内部控制规范（试行）》没有将成本效益原则作为行政事业单位内部控制的基本原则。

八、以人为本原则

人是内部防控中最重要的因素，既是内部防控的主体，也是内部防控的客体，所以，如何对待人，是内部防控中的重要事项。内部防控中的以人为本，就是内部防控的建立和实施要以人为"根本"，内部防控的建立和实施，要以人为出发点和中心，围绕着激发和调动人的主动性、积极性、创造性来展开，体现在以下几方面：第一，以人为本的内部防控要求在内部防控过程中树立以人为出发点和中心的指导思想；第二，以人为本的内部防控要求围绕着激发和调动人的主动性、积极性和创造性来展开；第三，以人为本的内部防控要求致力于人与组织的共同发展。

除了上述八项原则，国资委2018年印发的《中央企业合规管理指引（试行）》[1]，还提出了强化责任、协同联动和客观独立等原则。强化责任是指把加强合规管理作为企业主要负责人履行推进法治建设第一责任人职责的重要内容，建立全员合规责任制，明确管理人员和各岗位员工的合规责任并督促有效落实；协同联动是指推动合规管理与法律风险防范、监察、审计、内控、风险管理等工作相统筹、相衔接，确保合规管理体系有效运行；客观独立是指严格依照法律法规等规定对企业和员工行为进行客观评价和处理，合规管理牵头部门独立履行职责，不受其他部门和人员的干涉。

---

[1] 该文件已经由《中央企业风险管理办法》所取代，但这些原则仍有价值。

第三节　经济违规内部防控的防控环境

内部防控是组织内部建立和实施的违规风险应对机制，在这个违规风险应对机制中，一方面，防控环境为其他内部防控要素提供营运环境，从而影响内部防控的有效性；另一方面，防控环境本身也可以直接应对违规风险，并且具有广泛性。所以，防控环境是非常重要的内部防控要素。现实中，一些组织不重视内部防控，或者片面强调防控活动，对防控环境的作用认知不到位，这些现象的根源都是没有适宜的防控环境。

一、防控环境的概念

关于什么是防控环境，有两种表述：一种表述为，防控环境是指对内部防控的设计和实施产生重大影响的各种环境因素的总称，本节称之为"环境因素论"；另一种表述为，防控环境是对建立、加强或削弱特定政策、程序及其效率产生影响的各种因素，本节称之为"特定影响论"。

我们认为，这两种表述都在一定程度上抓住了防控环境的本质，但是，又都有失偏颇。环境因素论强调了防控环境对内部防控其他各要素的影响，但忽视了防控环境本身对违规风险的抑制作用；特定影响论强调了防控环境对特定政策、程序及其效率的影响，但也忽视了防控环境本身对违规风险的抑制作用。同时，某些防控环境并不只是影响特定的政策、程序及其效率，而具有广泛的影响。所以，对于防控环境的界定，一方面要强调防控环境对内部防控其他要素的广泛影响；另一方面，还必须强调防控环境本身直接应对违规风险的抑制作用（本节随后的内容中将阐释防控环境对违规风险的直接抑制，例如，组织文化就可能对违规风险有广泛的抑制作用）。

基于以上认识，我们对防控环境界定如下：防控环境是对组织所面临的违规风险具有广泛抑制作用或为内部防控其他要素的效率效果创造营运环境的内部防控要素。

理解防控环境需要把握两个要点：一是广泛性，二是基础性。广泛性强调防控环境本身直接抑制违规风险，但是，与防控活动不同，防控环境并不是针对特定违规风险而设计的控制措施，而是对许多违规风险都具有抑制作用，所以，防控环境对违规风险的抑制具有广泛影响。基础性强调防控环境对内部防控其他要素的影响，没有适宜的防控环境，内部防控其他要素难以发挥作用，所以，防控环境的作用具有基础性。当然，防控环境的上述两个特征，需要与防控环境的内容及作用相贯通。

二、防控环境的要素

防控环境包括什么要素呢？财政部等五部委联合颁布的《企业内部控制基本规范》提出，防控环境一般包括治理结构、机构设置及权责分配、内部审计、人力资源政策、企业文化等。这种观点最具有代表性，一方面，它借鉴了 COSO 报告的观点；另一方面，它集合了不同专家的观点。但是，这种观点也有一些缺憾，例如，内部审计也是组织内部的一种机构，不宜单独作为一个防控环境要素；未能显现管理理念、管理风格和高层基调在防控环境中的作用。同时，我们认为，无论是营利组织，还是非营利组织，它们的防控环境要素应该具有通用性，只是具体内容不同。基于以上考虑，我们提出的防控环境要素如下：管理理念、管理风格和高层基调，组织治理，组织结构，人力资源政策，组织文化。下面，我们对上述防控环境要素做一简要阐释。

（一）管理理念、管理风格和高层基调

管理理念是管理者对管理及相关事项的认知，例如，什么是管理，对人应该如何管理等；管理风格是在管理过程中所一贯坚持的原则、目标及方式等方面的总称，也就是管理模式；高层基调是一个组织的高层对待违规风险的态度。很显然，最终影响内部防控的是高层基调。但是，管理理念是管理风格的基础，而管理理念和管理风格共同决定高层基调。对于一个特定的组织来说，适宜的高层基调是其违规风险应对机制的逻辑起点，没有恰当的高层基调，有效的违规风险应对机制是难以建立和实施的。一般来说，高层基调需要协调好工作效率与违规风险防范之间的关系，过分重视效率而忽视违规风险，可能导致组织处于高违规风险的状态，同样，过分

重视违规风险而忽视效率，可能导致组织处于低效率的状态。因此，以管理理念、管理风格为基础的高层基调，需要从组织价值最大化出发，协调好工作效率与违规风险防范之间的关系。所以，管理理念、管理风格和高层基调是防控环境。

（二）组织治理

组织治理是一个组织内部高层治理主体及其责权利和治理流程的安排，是组织的决策机构，也是利益相关者实现其利益诉求的制度安排。一般来说，一个组织的副职以上的岗位及机构都属于组织治理。组织治理的设计和运行，首先要考虑的是治理效率效果，要选择对组织治理效率效果有利的治理设计。但是，组织治理的设计和运行，还要考虑防控违规风险，如果将违规风险抑制不纳入组织治理的设计，治理效率效果可能被违规风险所吞食。所以，组织治理设计必须兼顾效率和风险（其中包括违规风险），一方面要考虑治理效率效果；另一方面，要将决策违规风险的防范纳入其中，使组织治理中有纠偏机制。例如，公司董事会中设置独立董事、设置专门的监事会、董事长不兼任总经理、设置专门的纪委，这些治理主体与治理效率效果关联不大，但它们是治理主体中的纠偏机制，对于组织目标的达成具有重要的保障功能。所以，组织治理是防控环境。

（三）组织结构

组织结构就是一个单位除了治理主体之外的其他各种组织机构及其责权利安排。一般来说，一个组织的中层及基层的机构设置及其责权利安排，都属于组织结构。组织结构主要有两方面的内容：一是机构设置，二是责权利安排。关于机构设置，从纵向来说，有扁平结构和高层结构两种模式；从横向来说，有大部制和专业化分工两种模式。关于责权利安排，有集权和分权两种模式。任何一个组织在设计其组织结构时，必须考虑效率和风险（包括违规风险）两种因素，一是要有利于提高工作效率，二是要考虑防范风险（包括违规风险），对于效率和违规风险的考虑最终要体现在机构设置和责权利安排中，通过扁平结构与高层结构的选择，通过大部制和专业化分工的选择，通过集权和分权的选择，将效率和风险（包括违规风险）兼顾起来。所以，组织结构是防控环境。

（四）人力资源政策

人力资源政策是一定的组织为了实现其目标而制定的有关人力资源获取、开发、保持和利用的方针政策，主要包括员工聘用、培训、辞退与辞职，员工的薪酬、考核、晋升与奖惩，强制休假制度和定期岗位轮换制度，掌握重要秘密的员工离岗的限制性规定，有关人力资源管理的其他政策。任何一个组织在设计人力资源政策时，必须考虑效率和风险（包括违规风险）两个因素：一是人力资源政策必须有利于工作效率的提高，所以，在人力资源政策中要体现激励员工努力工作的要素；二是必须将风险（包括违规风险）防范的考虑纳入人力资源政策，所以，人力资源政策中也要采取一些违规风险防范措施。现实生活中的人力资源政策都是效率和风险（包括违规风险）二者兼顾的结果。所以，从这个意义上来说，人力资源政策也是防控环境。

人力资源政策还有另一个方面的内容，就是建立专业化、高素质的合规管理队伍，根据业务规模、合规风险水平等因素配备合规管理人员，持续加强业务培训，提升队伍能力水平。

（五）组织文化

组织文化是组织及其成员共同秉持的价值观念和行为规范，它是组织的灵魂，是推动组织发展的不竭动力，其核心是组织的精神和价值观，这里的价值观是组织及组织成员在从事业务营运活动中所秉持的价值观念。尽管组织文化的建设有多种导向作用，但是，效率和风险（包括违规风险）是两个不可或缺的导向，一方面，组织文化要有利于提高本组织的工作效率，所以，组织文化应该助力提高工作效率；另一方面，组织文化也要将风险（包括违规风险）防范意识纳入其中，使得文化基因中有违规风险防范意识，组织文化应该助力于违规风险防范。所以，从这个意义上来说，组织文化也是防控环境。

三、防控环境的作用

一般来说,防控环境有两方面的作用:一是直接抑制违规风险,防控环境抑制违规风险不同于防控活动,后者是针对特定的违规风险量身定做而设计的,具有针对性,而防控环境可以作用于许多的违规风险,所以,并不是针对特定违规风险,防控环境抑制违规风险具有广泛性的特征;二是为内部防控其他要素提供营运环境,防控环境本身并不抑制违规风险,但是,它为内部防控其他要素抑制违规风险提供营运环境,这些营运环境的适宜性对内部防控其他要素作用的发挥有重大的影响。防控环境要素的作用类型及特点归纳起来,如表11-2所示。

表11-2 防控环境要素的作用类型和特点

项　目		作用类型		作用特点	
		抑制违规风险	提供营运环境	广泛性	基础性
防控环境要素	管理理念、管理风格和高层基调		★		★
	组织治理	★	★	★	★
	组织结构	★	★	★	★
	人力资源政策	★	★	★	★
	组织文化	★	★	★	★

注:"★"表示有这种情形。

管理理念、管理风格和高层基调表征的是高层对违规风险的态度,本身并不直接应对违规风险,但是,这个基调是组织内部建立和实施违规风险应对机制的逻辑起点,所以,从这个意义上来说,它为内部防控其他要素提供了营运环境,在违规风险应对机制的建立和实施中发挥基础性的作用。组织治理、组织结构、人力资源政策和组织文化这些防控环境要素,都可以直接抑制违规风险,这些要素抑制违规风险并不只是针对特定的违规风险的,而是对组织所面临的许多违规风险都有抑制作用,所以,这种违规风险抑制具有广泛性的特点,也正是从这个意义上,这些违规风险抑制要素属于防控环境，不属于防控活动。当然，这些要素也可以成为一些防控活动的基础，支持防控活动更好地发挥作用。

第四节 经济违规内部防控的违规风险评估

内部防控是组织内部建立和实施的违规风险应对机制，而违规风险应对的前提是知道违规风险的状况，这主要依赖于违规风险评估。从现实状况来说，不少的组织并不重视违规风险评估，经常面临突发事件，应急管理似乎成为常态，这些组织的管理事实上处于危机管理的态势。所以，违规风险评估是内部防控制度建构的重要要件，是任何一个组织从危机管理态势过渡到常态管理的前提。

一、违规风险评估的概念

违规风险评估是一定的主体采用一定的方法对违规风险或违规风险要素进行识别、分析及监测。这个概念包括以下四个方面的含义：第一，违规风险评估是一定的主体实施的，这个主体就是违规风险评估者，既可能是组织内部的主体，也可能是组织外部的主体；第二，违规风险评估要采用系统的方法，并不是随心所欲，也不是毫无章法，当然，不同的领域，所用的违规风险评估方法既有共性，也有差异；第三，违规风险评估对象可能是违规风险，也可能是某些违规风险要素；第四，违规风险评估是对评估对象的识别、分析及监测，包括识别、分析及监测三种不同的职能。识别是找到违规风险或违规风险要素，分析是用一定的方法对违规风险或违规风险要素进行测度，监测是通过一定的手段对违规风险或违规风险要素进行跟踪。对于特定的违规风险来说，违规风险识别和分析是必须的，没有识别和分析是无法搞清楚违规风险状况的，而违规风险监测则强调动态跟踪违规风险的状况，并不是所有的违规风险都需要动态跟踪，也不是所有的违规风险都能动态跟踪，所以，违规风险监测只适用于某些违规风险，一般是能定量的重大违规风险。上述违规风险评估对象与职能的匹配关系归纳起来，如表 11-3 所示。

表 11-3 违规风险评估对象与职能的匹配关系

项 目		违规风险评估职能		
		识 别	分 析	监 测
违规风险评估对象	违规风险	★	★	☆
	违规风险要素	★	★	☆

注："★"表示必需的职能，"☆"表示选择性职能。

二、违规风险评估的逻辑框架

违规风险评估是为确定该特定违规风险的应对措施服务的，所以，需要搞清楚特定违规风险的状况。从逻辑上来说，违规风险评估包括三个步骤：一是违规风险识别，二是违规风险分析，三是违规风险应对策略的选择。下面，我们分别阐释这三个逻辑步骤。

（一）违规风险识别

违规风险识别是采用系统方法对特定违规风险或违规风险因素进行寻找，知道有哪些违规风险或违规风险因素。这里有两个关键词，一个是"采用系统方法"，也就是说，违规风险识别是有系统方法的，并不是随心所欲的。当然，不同的专门领域，其违规风险识别的方法不同，目前，尚无通用的违规风险识别方法或逻辑框架。另一个是"违规风险或违规风险因素"，采用系统方法要识别的违规风险或违规风险因素，有三种可能性：一是违规风险本身，二是违规风险事件，三是违规风险因素；这三者的关系是：违规风险因素导致违规风险事件，而违规风险事件导致违规风险。在违规风险识别中，识别出来的，可能是违规风险本身，也可能是违规风险事件，还可能是违规风险因素，由于三者的这种因果关系，所以，违规风险识别要对三者都关注。

（二）违规风险分析

违规风险分析是采用系统方法对特定违规风险或违规风险因素的分析，有两个分析维度：一是分析特定违规风险或违规风险因素发生的可能性，二是分析该特定违规风险或违规风险因素发生后可能带来的后果以及对组织目标或组织带来的负面影响的程度。上述两个维度或其中的任何一个维度，都可以称为违规风险度量，如果有足够的数据，可以形成一定的违规风险分析模型（例如蒙特·卡罗方法）；如果没有足够的数据，也可以通过定性的方式来进行定量评价，例如区分为不同的等级程度。由于每个违规风险或违规风险因素都分析了可能性和后果，两个维度组合起来，形成违规风险坐标图（图11-1）。二者组合的数值一般称为违规风险期望值或违规风险因素期望值。

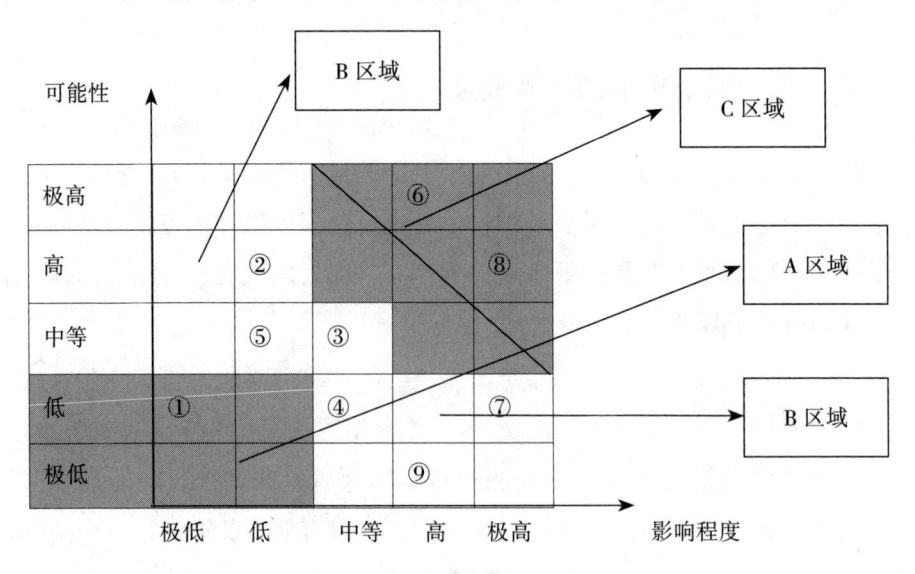

图 11-1 违规风险坐标图

由于违规风险因素和违规风险之间具有因果关系，所以，违规风险分析还可以在违规风险因素和违规风险之间建立模型，通过违规风险因素的变动来分析违规风险的变动。这种情形通常适用于因果关系已经得到验证的违规风险及其违规风险因素。

对于定量的重大违规风险或违规风险因素，如果需要的话，可以对其进行持续动态监测，这就是违规风险监测。从某种意义来说，违规风险监测是对特定违规风险或违规风险因素的持续分析。

（三）违规风险应对策略的选择

违规风险应对策略是违规风险分析结果的应用，是根据违规风险分析结果，对应对特定违规风险的策略的选择。一般来说，有四种策略：违规风险承受策略、违规风险降低策略、违规风险分担策略、违规风险规避策略。不同的策略适用于不同的违规风险状况。根据图11-1所示的违规风险坐标图，不同违规风险应对策略的含义及适用范围如下。

1. 违规风险承受策略

一般来说，防控环境和防控活动是应对违规风险的主要手段，而防控环境对于所有的违规风险都起作用，防控活动是针对特定的违规风险量身定做的。违规风险承受策略对特定的违规风险并没有设置量身定做的防控活动，只有防控环境对该特定违规风险发挥作用，从这种意义上来说，本组织选择了不进行量身定做的控制，所以称为违规风险承受策略。这种应对策略通常适用于违规风险期望值或违规风险因素期望值较低的领域，即使没有量身定做的控制，违规风险期望值或违规风险因素期望值已经低于可容忍程度，图11-1所示的违规风险坐标图中的A区域就属于这种情形，属于"双低型"，发生可能性低，发生以后的影响程度也低。

2. 违规风险降低策略

当违规风险期望值或违规风险因素期望值高于可容忍程度，但又不是非常高，本组织通过自己实施的防控环境和防控活动就能将其降低到可容忍程度，这就是违规风险降低策略，这种策略的实质是将违规风险或违规风险因素降低到可容忍程度，所以称为违规风险降低策略。图11-1所示的违规风险坐标图中的B区域就属于这种情形，属于"高低混合型"，要么是发生可能性低但影响程度高，要么是发生可能性高但影响程度低。

3. 违规风险分担策略

当违规风险期望值或违规风险因素期望值非常高但又未达到需要放弃与该违规风险相关的业务时，本组织依赖自己的力量可能难将其降低到可容忍程度，此时，需要借助外部力量与本组织共同将违规风险降低到本组织可容忍的程度，这种违规风险应对策略就是违规风险分担策略，其实质是本组织之外的组织与本组织分担违规风险（当然，前提是本组织付出相应的对价）。图 11-1 所示的违规风险坐标图中的 C 区域的斜线之下的部分就属于这种情形，属于"双高型"，发生可能性高且影响程度高。

4. 违规风险规避策略

当违规风险期望值或违规风险因素期望值非常高，本组织自身无法将其降低到可容忍程度，即使借鉴外力也无法将其降低到可容忍程度，此时，只有放弃与该特定违规风险相关的业务，这种策略称为违规风险规避策略，从表面来看是规避违规风险，其实质是不涉及无法控制违规风险的业务领域。图 11-1 所示的违规风险坐标图中的 C 区域的斜线之上的部分就属于这种情形，属于"绝对双高型"，发生可能性和影响程度都绝对高。

第五节 经济违规内部防控的防控活动

内部防控是组织内部建立和实施的违规风险应对机制，在这个违规风险应对机制中，防控活动是直接抑制违规风险的要素，这无疑决定了防控活动在内部防控要素中的重要地位。现实世界中，一些组织出现违规风险事件，从根源上来说，都是防控活动存在缺陷导致的。

一、防控活动的概念

关于什么是防控活动，有三种观点：第一种观点认为，防控活动是实施管理层指令的政策和程序；第二种观点认为，防控活动是实现防控目标的措施；第三种观点认为，防控活动是防范违规风险或减少损失的措施。上述三种观点中，将防控活动界定为实施管理层指令的政策和程序，虽然没有错误，却过于泛化了防控活动，未能抓住防控活动的本质。将防控活动界定为实现防控目标的措施，当然是正确的，但是，实现防控目标的措施较多，严格地说，内部防控所有要素都是实现防控目标的措施，所以，这种观点未能将防控活动与内部防控其他要素区分开来。将防控活动界定为防范违规风险或减少损失的措施，在最大限度上抓住了防控活动的本质，能够将防控活动与违规风险评估、信息与沟通、内部防控监视这些内部防控要素区分开来，但无法将防控活动与防控环境相区分，因为不少的防控环境要素也能防范违规风险或减少损失。所以，只将防控活动界定为防范违规风险或减少损失的措施还不够。

从防控活动的本质出发，我们认为，防控活动是对组织所面临的特定违规风险发挥抑制作用的内部防控要素。这个概念体现了防控活动的两个本质特征：第一，防控活动是抑制违规风险的内部防控要素。在内部防控的多个要素中，不同的要素有不同的分工，违规风险评估这个要素是寻找违规风险并搞清楚违规风险的详态；防控环境的一些要素是直接抑制违规风险，另外一些要素是为内部防控其他要素营造营运环境；防控活动是直接抑制违规风险；信息与沟通主要是为内部防控其他要素提供信息及其沟通的平台；内部监视是内部防控持续可靠的保障机制。在五大要素中，只有防控活动和防控环境是直接抑制违规风险的。第二，防控活动是针对特定违规风险发挥抑制作用的内部防控要素。虽然防控环境和防控活动都能直接抑制违规风险，但防控环境抑制作用具有广泛性，能对许多的违规风险发挥抑制作用；而防控活动则不同，它是针对特定的违规风险量身定做的，并不具有广泛性，而是具有针对性，特定的防控活动是对特定的违规风险量身定做的。正是防控活动的这个特点，使得防控活动与防控环境相区别。

二、防控活动的作用

根据我们前面对防控活动的界定，防控活动的作用是抑制违规风险，并且是针对特定违规风险评估结果，量身定做和执行的违规风险抑制措施。

从防控活动的作用路径来说，有三个方面：一是抑制违规风险发生的可能性，使得违规风险发生的可能性降低；二是抑制违规风险可能产生的后果，使得违规风险发生后带来的负面影响降低；三是抑制违规风险发生之后的损失，进一步降低违规风险带来的负面影响。

从防控活动的作用机理来说，防控活动发挥作用的方式有两种：一是预防性防控，二是检查性防控。预防性防控是事先预防违规风险及其损失的措施，这种措施的优点是事前控制，防患于未然，效果较好，然而，通常情形下，这种防控措施的成本较高，所以，过于强调预防性防控，可能会提高防控成本。检查性防控是事后对已经完成的交易和事项进行检查，发现其中存在的问题，并进行纠正。这种措施的优点是事后控制，成本较低，但通常情况下，效果不如预防性防控。

防控活动抑制违规风险的特点除了具有针对性外，还具有并非一一对应的特征。防控活动虽然是针对特定违规风险设计和执行的，但是，不能认为防控活动与违规风险之间是一一对应的，也就是说，不能认为一种防控活动只能应对某一个违规风险，也不能认为某一个违规风险只有一个防控活动来应对。事实上，在许多情形下，是多种防控活动来应对多种违规风险，一种防控措施与几个违规风险相关，一个违规风险有几个相关的防控活动来应对，防控活动与违规风险之间的可能关系如表11-4所示。

表11-4 防控活动与违规风险之间的可能关系

项目		防控活动		
		防控活动1	防控活动2	……
违规风险	违规风险A	★	★	★
	违规风险B	★	★	★
	……	★	★	★

注："★"表示可能出现的情形。

表11-4显示，防控活动与违规风险之间并非一一对应关系，但无论如何，某一个违规风险的主要应对措施是清晰的，某一个防控活动应对的主要违规风险也是清晰的，从这个意义上来说，防控活动对违规风险的抑制具有针对性，不具有广泛性，这也是防控活动与防控环境的关键区别。

防控活动抑制违规风险，为了符合成本效益原则，还需要区分常规防控与应急机制。有一类违规风险——特殊违犯风险，其发生的可能性很小，发生以后的后果非常严重，对于这种违规风险，通常需要很严密的防控活动，因此，这种防控活动的成本很高，对于这种违规风险，如果在常规的防控系统中设计防控活动，则增加防控成本，所以，将应对违规风险的防控活动区分为常规防控与应急机制。常规防控中不考虑这种发生可能性很小但发生后后果很严重的特殊违规风险，对于特殊违规风险，另外设计专门的预警和应对机制来应对，如此一来，常规防控中不考虑这种特殊的违规风险，降低了常规防控的营运成本，同时，又有专门的预警来观测这种特殊违规风险，一旦其发生可能性达到一定程度，则启动应急机制，这种特殊违规风险也得到了有效应对，因此，从整体来说，抑制违规风险的成本是降低了。

三、防控活动的要素

对内部防控活动的分类体系有多种，一些文献从防控活动涉及的领域来概括防控活动的类型，一些文献从实施防控活动的管理层级来概括防控活动的类型，更多的文献是从防控活动的技术视角来概括防控活动的类型。

我们认为，从防控活动的技术视角来概括防控活动的类型更能理解防控活动的本质，财政部等联合颁布的《企业内部控制基本规范》将控制活动分为不相容职务分离控制、授权审批控制、会计系统控制、实物控制、预算控制、运营分析控制和绩效考评控制等。COSO报告认为，控制活动包括审批、授权、确认、核对、审核经营业绩、实物控制以及职责分工等，都是从技术视角来进行列举，至于具体有哪些控制活动，并没有一个完整的清单。

我们认为，在财政部等联合颁布的《企业内部控制基本规范》列举的七类控制活动的基础上，结合国务院国资委2018年印发的《中央企业合规管理指引（试行）》及随后取代它的《中央企业合规管理办法》，并考虑违规风险的特征，违规风险的防控活动主要包括11类：不相容职务分离控制、授权审批控制、会计系统控制、实物控制、预算控制、运营分析控制、绩效考评控制、透明控制、检查控制、合规审查、合规审计。

不相容职务分离控制要求单位全面系统地分析、梳理业务流程中所涉及的不相容职务，实施相应的分离措施，形成各司其职、各负其责、相互制约的工作机制。

授权审批控制要求单位根据常规授权和特别授权的规定，明确各岗位办理业务和事项的权限范围、审批程序和相应责任。单位应当编制常规授权的权限指引，规范特别授权的范围、权限、程序和责任，严格控制特别授权。常规授权是指单位在日常经营管理活动中按照既定的职责和程序进行的授权；特别授权是指单位在特殊情况、特定条件下进行的授权。单位各级管理人员应当在授权范围内行使职权和承担责任。单位对于重大的业务和事项，应当实行集体决策审批或者联签制度，任何个人不得单独进行决策或者擅自改变集体决策。

会计系统控制要求单位严格执行国家统一的会计准则制度，加强会计基础工作，明确会计凭证、会计账簿和财务会计报告的处理程序，保证会计资料真实完整。单位应当依法设置会计机构，配备会计从业人员。从事会计工作的人员，必须取得会计从业资格证书。会计机构负责人应当具备会计师以上专业技术职务资格。作为防控活动的会计系统控制，需要区别于作为信息与沟通要素之一的会计信息系统，作为防控活动的会计系统控制强调的是凭单和记录控制，而作为信息与沟通要素之一的会计信息系统，强调的是违规风险抑制所需要的财务信息的收集、加工及沟通。

《企业内部控制基本规范》没有"实物控制"，而是"财产保护控制""要求单位建立财产日常管理制度和定期清查制度，采取财产记录、实物保管、定期盘点、账实核对等措施，确保财产安全""单位应当严格限制未经授权的人员接触和处置财产"。我们认为，这可能是对"physical control"的翻译问题，这个词可以翻译为"财产控制"，也可以翻译为"实物控制"，如果翻译为"财产控制"，就是如何保护财产了，《企业内部控制基本规范》使用了"财产保护控制"，我们认为，翻译为"实物控制"更为合适，它不是保护财产，而是通过实物手段来防范风险。

预算控制要求单位实施全面预算管理制度，明确各责任单位在预算管理中的职责权限，规范预算的编制、审定、下达和执行程序，强化预算约束。

运营分析控制要求单位建立运营情况分析制度，经理层应当综合运用生产、购销、投资、筹资、财务等方面的信息，通过因素分析、对比分析、趋势分析等方法，定期开展运营情况分析，发现存在的问题，及时查明原因并加以改进。

绩效考评控制要求单位建立和实施绩效考评制度，科学设置考核指标体系，对单位内部各责任单位和全体员工的业绩进行定期考核和客观评价，将考评结果作为确定员工薪酬以及职务晋升、评优、降级、调岗、辞退等的依据。

透明控制是将透明机制作为防控活动，透明是最好的防腐剂，许多经济违规活动是暗箱操作的结果，如果增加透明度，许多经济违规的行为就难以发生，所以，各组织在衡量成本效益的基础上，尽量增加透明度，对一些经济违规行为可以发挥抑制作用。

检查控制是将一个人对另外一个人的工作进行检查作为防控活动，也可以称为复核，检查控制对经济违规的作用机制有两个路径：一是揭示机制，就是对已经发生的交易或事项进行检查，寻找不符合经济法律法规及内部规章的事项；二是震慑机制，就是内部单位和个人都知道有检查控制的存在，所以，在策划经济违规活动时，会考虑被检查发现的可能性，因此，很有可能放弃经济违规的打算。检查控制有多种类型，上级对下级的检查，业务流程中后续环节对前面环节的检查，独立机构对其他单位的检查，都属于检查控制。合规审查、合规审计都属于独立机构的检查，由于其在经济违规防控中的特殊地位，将其从检查控制中分离出来，作为独立的防控活动。

合规审查是一种专门的事前检查控制，通常是对拟出台的重要内部规章制度是否符合法律法规、拟形成的重要决策是否符合相关法律法规、拟签订的重要合同是否符合相关法律法规以及是否维护了本单位的利益，所进行的审查。通过这种审查，将经济违规行为防控于未发生之前。

合规审计也是一种检查控制，通常是针对已经发生的交易和事项，以审计所特有的系统方法，独立检查这些交易和事项是否符合相关法律法规及内部规章制度，是审计固有功能在经济违规内部防控中的运用。

无论何种防控活动，每种防控活动都包括两个要素：一是政策，二是程序。政策描述应该做什么，提出了控制要求；程序描述应该怎么做，提出了控制步骤、方法和技术。政策是程序的基础，不同的政策会有不同的程序；而政策也离不开程序，程序使政策的要求得以实现，没有程序，政策无法落实。无论何种防控活动的设计和执行，都必须兼顾效率和风险（包括违规风险），既不能因为要提高效率，降低违规风险防范要求，也不能因为要抑制违规风险，而不顾工作效率。每种防控活动的设计和执行，要同时对工作效率和风险抑制做出权衡，在抑制违规风险的基础上提高工作效率，在保障工作效率的基础上抑制违规风险。

总体来说，以上列举的11种防控活动，其构成要素及设计和执行要求归纳起来，如表11-5所示。

表11-5 防控活动的构成要素和执行要求

项目		构成要素		设计和执行要求	
		政策	程序	保障效率	抑制违规风险
防控活动	不相容职务分离控制	★	★	☆	☆
	授权审批控制	★	★	☆	☆
	会计系统控制	★	★	☆	☆
	实物控制	★	★	☆	☆
	预算控制	★	★	☆	☆
	运营分析控制	★	★	☆	☆
	绩效考评控制	★	★	☆	☆
	透明控制	★	★	☆	☆
	检查控制	★	★	☆	☆
	合规审查	★	★	☆	☆
	合规审计	★	★	☆	☆

注："★"表示有这种要素，"☆"表示有这种要求。

第六节　经济违规内部防控的信息与沟通

内部防控是组织内部建立和实施的违规风险应对机制，在这个违规风险应对机制中，信息与沟通是服务于其他要素的，这个要素的状况对其他要素能否有效地营运具有很大的影响，这无疑决定了信息与沟通在内部防控要素中的重要地位。现实中的许多违规风险事件，从根源上说，都是信息与沟通存在缺陷所导致的。

一、信息与沟通的概念

内部控制的一些权威规范及研究性文献涉及信息与沟通的概念，这些概念强调了两个方面：一是内部控制相关信息的收集和传递，二是信息与沟通的关系，认为信息与沟通是一个统一体。这两个方面，无疑抓住了信息与沟通的本质特征。但是我们认为，内部控制相关信息并不只是收集和传递，应该还有加工，同时，内部控制相关信息的收集、加工和沟通，必须以系统的方式进行，而不是随意或临时的。基于以上认识，我们对作为内部防控要素之一的信息与沟通有如下概念：信息与沟通是以系统方法对内部防控相关信息进行收集、加工和沟通的内部防控要素。这个概念的核心内涵有三个方面：第一，强调信息与沟通中的信息是与内部防控相关的信息，并不是全部信息，所以，信息与沟通是专门为内部防控服务的信息与沟通，不是一般意义上的信息与沟通。第二，强调对信息进行收集、加工和沟通，对内部防控相关的信息，要同时发挥三种功能，一是收集，二是加工，三是沟通，三者缺一不可。没有收集，当然无从加工和传递；没有加工，收集的信息不能显现其价值；没有沟通，不能让相关人员及时掌握这些内部防控相关信息，信息的收集和加工也就失去意义。第三，强调系统方法，也就是说，内部防控相关信息的收集、加工和沟通都必须有经过策划的、可靠的程序和方法，只有这样，信息与沟通这个要素才能持续可靠地为内部防控其他要素提供信息服务。

二、信息与沟通的作用

内部控制的一些权威规范及研究性文献涉及信息与沟通的作用，概括起来有两类观点：一种观点认为，信息与沟通是为实施内部控制的控制主体提供信息及其沟通服务的，COSO 报告就是这种观点，我们称之为"主体服务论"；另一种观点认为，信息与沟通是为内部控制其他要素提供信息及沟通服务的，我们称之为"要素服务论"。

主体服务论强调的是为控制主体服务，而要素服务论强调的是为内部防控其他要素服务。控制主体要实施内部防控，必须通过内部防控要素，所以从本质上来说，两种观点并无实质性区别，只是视角不同而已。但是，要素服务论的逻辑性更强，因为防控主体最终是要通过内部防控要素来达成其防控目标，所以，我们主张要素服务论，强调以内部防控其他要素对信息及其沟通的需求为基础来建立和实施信息与沟通体系。具体地说，要根据违规风险评估、防控环境、防控活动、防控监视这些要素的信息需求和沟通需要来梳理内部防控信息及其沟通需求，在此基础上，建立服务于各内部防控要素且具有全面性、及时性、准确性的信息及沟通系统，为内部防控的有效营运提供信息保障。

三、内部防控信息的内容

内部防控相关信息究竟包括什么？主要有三种观点：一是财政部等联合颁布的《企业内部控制基本规范》按信息来源，将内部控制信息区分为内部信息和外部信息，我们称之为"来源信息论"；二是按不同的内部防控元素来确定信息的内容，我们称之为"元素信息论"，这里的内部防控元素除了包括内部防控要素外，还包括内部防控主体、内部防控客体和内部防控目标；三是按违规风险所在的领域，分别对不同的领域确定其信息内容，我们称之为"领域信息论"。上述三种观点从不同的视角强调了内部防控的信息需求，从现实需求来说，需要将三者结合起来，形成立体的内部防控信息组合，基本情况如表 11-6 所示（防控监视的信息需求包括内部监视和外部监视的信息需求）。

表 11-6　内部防控信息的内容

项　目		A 领域		B 领域		……	
		内部信息	外部信息	内部信息	外部信息	内部信息	外部信息
内部防控要素	违规风险评估	★	★	★	★	★	★
	防控环境	★	★	★	★	★	★
	防控活动	★	★	★	★	★	★
	防控监视	★	★	★	★	★	★
内部防控主体		★	☆	★	☆	★	☆
内部防控客体		★	☆	★	☆	★	☆
内部防控目标		★	☆	★	☆	★	☆

注："★"表示有这种信息，"☆"表示需要这种信息。

表 11-6 所示的各种内部防控信息，在很多情形下，就是任何一个组织在一般管理中所需要的信息。也有少量的信息可能与一般管理无关，纯粹是因为内部防控的需要而增加的信息。所以，总体来说，表 11-6 所示的内部防控信息的内容可以分成两类：

（1）双重用途的信息。任何一个组织管理都有两个不可缺少的主题，一是提高效率，二是防范风险（包括违规风险）。一般管理可能有许多主题，但是，提高效率应该是主要关注的主题。为了提高效率，需要有许多的信息，这就产生了为一般管理服务的信息；同样，防范风险（包括违规风险）也需要信息，这就产生了为风险防范服务的信息。在许多情形下，服务于一般管理和服务于风险防范的信息是相同的，或者说，许多信息既能服务于一般管理，也能服务于风险防范。这种信息就是双重用途的信息，许多的财务信息和业务信息都属于这种情形。

（2）内部防控专用信息。这种信息是指与一般管理无关，专门服务于违规风险防范的信息，通常情形下，这种信息是为违规风险防范而增加的信息。例如，为防范腐败行为而专门设置的举报系统所形成的信息、人事信息中增加是否有犯罪前科或其他不良嗜好等信息，都是为了防范违规风险而增加的信息，这些信息与一般管理无关。

四、内部防控信息沟通的方式

内部防控信息沟通的方式就是如何沟通内部防控信息，或者是以何种方式沟通内部防控信息，其实质是建立什么样的内部防控信息系统。信息沟通方式有多种分类方法：一是分为手工信息系统、信息化信息系统、手工与信息化相结合的信息系统；二是分为正式信息系统和非正式信息系统；三是分为外部信息系统和内部信息系统；四是分为主观信息系统和客观信息系统；五是分为常规信息系统和反舞弊机制及投诉举报信息系统。

上述这几种分类方法都有一定的合理性，但是我们认为，从可实施的视角出发，内部防控信息沟通的方式必须与内部防控信息的内容相关联，内部防控信息沟通方式一般可以分为整合信息系统和专门信息系统两种情形。整合信息系统是在为一般管理服务的信息系统中收集、加工和沟通内部防控信息，同时服务于一般管理及内部防控的双重用途的信息，显然要采用这种信息系统，而不能脱离本组织已经存在的信息系统另外建立服务于内部防控的信息系统。对于内部防控专用信息，也需要进行区分，对于那些形成于业务营运之中，可以融服务于一般管理的信息系统中的内部防控专用信息，也需要在现有的信息系统中增加这些内部防控专用信息，不必在现有的信息系统之外再建立专门的内部防控信息系统。只有那些无法或不宜融于现有的信息系统中的内部防控信息才需要建立专门的信息系统，这就产生了内部防控信息沟通的第二种方式——内部防控专门信息系统。

一般来说，任何一个组织的会计信息系统、各种业务信息系统、内部报告系统、文件系统、办公系统、会议系统、电话系统、电视系统、监视系统、邮箱系统都属于同时服务于一般管理及内部防控的信息沟通系统，并且多数情形下，这些信息系统与业务流程是融合的。

内部防控专门信息系统是为那些无法或不宜融于现有的信息系统中的内部防控信息专门建立的信息系统，这种信息系统的存在有三个原因：一是保密的需要，这些信息不宜被无关人员知晓；二是保护信息提供者的需要，这类信息的提供者可能受到报复或其他危害，为了保护信息提供者，需要专门的信息系统；三是基于成本效益的考虑，将这种信息融于为一般管理服务的信息系统，可能会形成较高的成本，为了降低成本，干脆将这种信息独立出来。现实生活中，也可能是上述三种原因同时存在。例如，许多单位设立的举报系统是内部防控专门信息系统的典型代表，通过举报信、举报电话、举报电子邮箱、举报信箱等多种方式，收集与舞弊或腐败相关的信息，这个信息系统如果与服务于一般管理的信息系统融合起来，可能会有害于信息保密，也可能会给举报人带来负面影响，也可能会增加举报的难度或成本，正是由于上述这些原因，将举报系统独立出来。

以上简要地阐释了信息与沟通的概念、作用、内容及方式。需要说明的是，信息与沟通的研究通常还有两个常规性的问题，一是信息技术在内部防控中的应用，二是信息系统本身的违规风险防范。限于本节的主题，这里未阐述这两个问题。

第七节　经济违规内部防控的防控监视

内部防控是组织内部建立和实施的违规风险应对机制，在这个违规风险应对机制中，防控监视是内部防控持续改进的保障机制，这无疑决定了防控监视在内部防控要素中的重要地位。现实世界中，一些组织出现的违规风险事件，很大程度上是内部防控缺乏持续改进所导致的，而缺乏持续改进的根源则是防控监视未能有效地发挥作用。

一、防控监视的概念

财政部等联合颁布的《企业内部控制基本规范》指出，内部监督是企业对内部控制建立与实施情况进行监督检查，评价内部控制的有效性，发现内部控制缺陷，及时加以改进。这里的"内部监督"就是本节的"防控监视"，为了避免将防控监视与内部监督中的纪检、监督及内部审计相混淆，我们主张使用"防控监视"而不是"内部监督"。《企业内部控制基本规范》对内部监视的界定抓住了内部监视的核心内容，但是，由于企业之外的组织也同样存在内部监视，并且，"评价内部控制的有效性"和"发现内部控制的缺陷"是一枚钱币的两面，没有必要同时强调，所以，我们对防控监视提出如下概念：防控监视是组织内部采用系统方法对本组织的内部防控体系建立与实施情况进行检查，评价内部防控的有效性，并推动内部防控持续改进的内部防控要素。

这个概念的核心内涵有四个方面：第一，强调组织内部对本组织的内部防控体系建立与实施情况的检查，这区别于由外部机构实施的内部防控审计或检查；第二，强调评价内部防控的有效性，组织内部对本组织的内部防控建立与实施情况进行检查，是问题导向，着眼于寻找内部防控存在的缺陷，并在此基础上评价内部防控的有效性；第三，强调内部防控的持续改进，寻找内部防控缺陷并不是最终目的，最终目的是对内部防控缺陷进行整改，以保障内部防控持续改进，并在此基础上，做到持续有效；第四，强调要采用系统方法，即使是本组织对自己的内部防控进行检查，也要策划，并要采用科学有效的方法，而不是随意为之。

二、内部监视的作用

防控监视有什么作用？内部防控是组织内部建立和实施的违规风险应对机制，就应对违规风险来说，由防控环境、违规风险评估、防控活动、信息与沟通、防控监视五个要素组成。不同的要素有不同的功能，违规风险评估的主要功能是寻找违规风险和搞清楚违规风险的内容，防控环境和防控活动的主要功能是直接抑制违规风险，某些防控环境还是内部防控其他要素有效营运的基础，信息与沟通的主要功能是为内部防控其他要素提供信息保障。那么，防控监视的功能是什么呢？答案是，保障内部防控其他要素的持续有效，因为内部防控各要素都可能存在缺陷，而正是这些缺陷的存在，使得内部防控不能有效营运，很多情形下，只要内部防控的某个要素存在缺陷，则内部防控的其他要素即使健全，可能也难以发挥其作用，因为各个要素要协调一致才能作为一个整体来发挥作用。所以，内部防控作为一个整体要发挥作用，必须各个要素都持续有效，为此，必须有一个保障内部防控各要素持续有效的机制，这个保障机制就是防控监视（当然，也不排除内部防控的外部审计或监管也能发挥一定的保障作用）。如何保障呢？就是对内部防控进行持续评估，不断地发现内部防控缺陷，并在此基础上，不断地推动对内部防控缺陷的整改，通过上述持续评估和持续改进，做到内部防控各要素持续有效，如此一来，内部防控作为一个整体也就持续有效了。

三、防控监视的内容

防控监视的内容可以从不同的角度来阐释，所以，监视内容形成一个多维体系。

从监视结果的用途来说，防控监视的内容可以分为持续改进监视和绩效评价监视。持续改进监视的结果用于内部防控的持续改进，因此，这种监视必须具有针对性，要发现内部防控缺陷的具体所在，并针对这种具体缺陷推动整改；绩效评价监视的结果用于内部防控绩效评价，关注的是内部防控的整体状况，需要对内部防控各方面进行综合评价，这种综合评价的结果就是内部防控绩效，不同单位的内部防控综合评价结果不同，表明其内部防控绩效不同。

从监视内容所涵盖的要素来说，既可以是内部防控各要素的设计和执行，也可以是内部防控作为一个整体的状况，基本情况如表 11-7 所示。

表 11-7 内部监视的内容

项 目		监视维度	
		制度设计的健全性	制度执行的有效性
内部防控要素	违规风险评估	★	★
	防控环境	★	★
	防控活动	★	★
	信息与沟通	★	★
	防控监视	★	★
内部防控整体		★	★

注："★"表示有这种监视内容。

表 11-7 的内容显示，防控监视可以针对每个内部防控要素，通常是持续改进监视；也可以针对内部防控整体，通常是绩效评价监视。然而，无论是对各内部防控要素的监视，还是对内部防控整体的监视，都需要关注两个维度：一是制度设计的健全性，二是制度执行的有效性。前者注重内部防控制度本身是否存在缺陷，后者关注建立的内部防控制度是否得到有效执行。制定的制度存在缺陷，执行不到位也是有缺陷的，制定的制度再好，如果不能有效执行，同样不能达到其拟达到的目标。所以，发现内部防控制度制定的缺陷和发现执行制度的缺陷同样重要。

四、防控监视的主体

谁来进行防控监视？涉及的是防控监视主体。一般来说，为了保障内部防控的持续有效，需要对内部防控进行监视。从监视主体来说，可以区分为外部监视和内部监视，而外部监视和内部监视各自有多种情形，无论是外部监视还是内部监视，监视内容可以是内部防控各要素，也可以是内部防控作为一个整体，监视主体和监视内容结合起来的基本情形如表 11-8 所示。

表 11-8　内部防控监视主体和监视内容结合

项目		监视主体				
		外部监视		内部监视		
		内部防控审计	内部防控监管	自我监视	独立监视	
					定期评价	专项评价
监视内容	违规风险评估	★	★	★	★	★
	防控环境	★	★	★	★	★
	防控活动	★	★	★	★	★
	信息与沟通	★	★	★	★	★
	防控监视	★	★	★	★	★
	内部防控整体	★	★	★	★	★

注："★"表示有这种情形。

表 11-8 显示，外部监视有两种情形：一是内部防控审计，通常是外部审计机构（包括民间审计组织和国家审计机关）来实施的；二是内部防控监管，通常是某些行业主管部门所实施的，如证券交易所对上市公司的内部防控的监管，金融监管机构对金融企业的违规风险管理系统的监管，都属于这种情形。

内部监视首先区分为自我监视和独立监视，自我监视不等于内部监视，它是内部监视的一种类型，有两种情形：一是内部防控的执行者对其自身执行的内部防控所进行的检查或反省；二是内部防控的设计者对其自身设计的内部防控所进行的检查或反省。自我监视的优点是专业胜任能力强，但独立性缺失，可能存在的弊端是不能如实报告所发现的内部防控设计或执行缺陷。由于自我监视可以在设计或执行内部防控的日常工作中来进行，所以也称为日常监视。独立监视则是内部防控设计及执行之外的内部机构对其他部门设计及执行的内部防控进行的监视，由于这种监视的监视者不直接负责内部防控的设计或执行，具有独立性，所以称为独立监视。独立监视与自我监视不同，虽然二者都是组织内部的机构对内部防控进行的监视，但是，独立监视的实施者不负责内部防控的设计和执行，所以具有独立性。而自我监视的实施者直接负责内部防控的设计或执行，不具有独立性，所以不能将独立监视作为自我监视。当然，独立监视也有其优点和缺点，优点是独立性，缺陷是专业胜任能力可能不如自我监视。

由于独立监视通常由内部的第三者来实施，所以也称为内部防控评价。由于评价的动机不同，通常将内部防控评价分为定期评价和专项评价两种情形。定期评价是基于内部防控持续改进的目的，对内部防控要素或内部防控整体进行的评价，通常要形成内部防控评价报告，用于内部防控绩效评价，并针对发现的内部防控具体缺陷进行整改。一般来说，定期的时限通常是一年，所以定期评价也就是年度内部防控评价。专项评价是在特殊情形下，对某些特定范围的内部防控进行的评价，这种评价的目的是关注这个特定范围的内部防控的状况。一般来说，通常是某些特定范围的内部防控发生了显著变化或出现了重大的违规风险事件，因此，有必要在定期评价之外，对这个特定范围的内部防控进行评价。例如，并购了一个单位，内部组织机构发生了重要变化，关键岗位人员发生了重要变化，业务流程由手工改为信息化，等等，这些重要变化都预示着相关的内部防控也会发生重要的变化，为此，需要对这个领域的内部防控进行专门的评价。

五、内部监视的步骤

从监视方式来说，无论何种主体实施的内部防控监视，都包括寻找缺陷和评价缺陷等级两个逻辑步骤。寻找缺陷是识别内部防控设计缺陷和执行缺陷，评价缺陷等级就是对已经识别出来的缺陷进行等级划分，也称为缺陷认定，所以，缺陷识别和缺陷认定也是内部监视的两个逻辑步骤，下面对这两个步骤做一简要的介绍。

内部防控缺陷识别首先是通过一定的程序来寻找内部防控偏差。通常采用风险导向的方法，这里的"风险"是指内部防控缺陷风险。美国的PCAOB-AS5（美国公众公司会计监督委员会审计准则第5号）、日本《关于财务报告内部控制评价与审计准则以及财务报告内部控制评价与审计实施准则的制定（意见书）》及我国的内部控制审计准则都选择"从上到下，风险导向"作为主流方法。对于识别的内部防控偏差，要将其分为内部防控缺陷和内部防控例外事项。通常，例外事项不能作为内部防控缺陷。

对于已经确认的内部防控缺陷，要对其划分等级，这就是内部防控缺陷认定。美国PCAOB-AS5、日本《关于财务报告内部控制评价与审计准则以及财务报告内部控制评价与审计实施准则的制定（意见书）》及我国《企业内部控制评价指引》《企业内部控制审计指引》都将内部控制缺陷按严重程度划分为三个等级：重大缺陷、重要缺陷、一般缺陷。问题的关键是，如何将内部防控缺陷认定为不同等级呢？国内外的相关权威规范都要求评价人员自行确定内部控制缺陷认定的定性标准和定量标准。在此基础上，首先判断是否属于定性评估范围，如果是，则按定性标准进行认定；如果不适用于定性评估，则按定量标准进行认定。

参考文献

［1］郑石桥.内部控制基础理论研究［M］.北京：中国国际广播出版社，2018.

［2］郑石桥.合规审计［M］.北京：中国人民大学出版社，2018.

第十二章　经济违规的内部防控（三）：经济违规责任追究

本章首先阐述经济违规责任追究的一般原理，在此基础上，以国务院国资委 2018 年发布的《中央企业违规经营投资责任追究实施办法（试行）》为基础，阐述中央企业违规经营投资责任追究的相关内容。

第一节　经济违规责任追究的一般原理

为了抑制经济违规行为，各个经济主体在环境因素和外部防控体系的基础上，会建构自己的内部防控体系。然而，无论如何，不可能将经济违规消灭，总是不可避免地出现一些经济违规行为。因此，对经济违规的责任者进行责任追究，是防控经济违规的重要环节。本节阐述经济违规责任追究的一般原理，主要包括违规经济责任的认定、违规经济责任追究的概念、违规经济责任追究的功能、违规经济责任追究的原则和违规经济责任追究的类型。

一、违规经济责任的认定

违规经济责任认定就是在核实清楚经济违规事实的基础上，确定经济违规的性质、经济违规的损失、经济违规的责任者及责任程度。借鉴刑法学原理，违规经济责任认定类似于刑法领域的定罪。

经济违规的性质是指确定经济违规具体违反了何种法律法规及规章制度

的何种法条,也可以称为经济违规的定性,类似于法学领域的法律适用。经济违规定性的基本要求是准确定性,如果定性不准确,则以其为基础的责任追究就失去意义,甚至出现规则悖反。要准确地对发现的经济违规定性,必须注意两个方面的问题:一是精准地适用法条,也就是要用最恰当的法条对经济违规行为定性,通常来说,法无明文不为过,如果找不到准确的法条,就不应该定性为经济违规;二是正确地处理合理与合法的矛盾,通常情形下,合理与合法是统一的,但在特殊情形下,合理与合法可能出现背离,此时要借鉴法学领域的目的性扩张原则和目的性限缩原则,处理好合理与合法的矛盾。

经济违规的损失是指经济违规的行为给本单位及社会带来的资产损失和其他负面影响。资产损失包括直接损失和间接损失。直接损失是与相关人员行为有直接因果关系的损失金额及影响;间接损失是由相关人员行为引发或导致的,除直接损失外、能够确认计量的其他损失金额及影响。其他负面影响是指资产损失之外的不利影响,如声誉损失、信誉损失、社会风气的不利影响等。

经济违规的责任者是指对已经发生的经济违规承担责任的单位和自然人,包括决策者、执行者和其他相关者。通常来说,对于特定的经济违规来说,经济违规的责任者可能有多个,而不同的责任者在经济违规中发挥的作用不同,因此,需要认定不同责任者的责任程度。一般来说,经济违规的责任可以划分为直接责任、主管责任和领导责任。直接责任是指相关人员在其工作职责范围内,违反规定,未履行或未正确履行职责,对造成的资产损失或其他严重不良后果起决定性直接作用时应当承担的责任;主管责任是指相关人员在其直接主管(分管)工作职责范围内,违反规定,未履行或未正确履行职责,对造成的资产损失或其他严重不良后果应当承担的责任;领导责任是指单位主要负责人在其工作职责范围内,违反规定,未履行或未正确履行职责,对造成的资产损失或其他严重不良后果应当承担的责任。

二、违规经济责任追究的概念和功能

违规经济责任追究是在违规经济责任认定的基础上，对责任者做出的处理处罚，既包括对责任单位的处理处罚，也包括对自然人责任者的处理处罚。借鉴刑法学原理，违规经济责任追究类似于刑法领域的量刑。

那么，为什么要对违规经济行为进行责任追究呢？这主要是基于违规经济责任追究可以发挥的震慑功能，这种震慑功能主要是通过增加经济违规的成本，进而减少经济违规的净收益，从而发挥抑制经济违规的作用。具体来说，有事前震慑功能和事后震慑功能两种情形。事前震慑功能是指潜在的经济违规者在策划经济违规行为时，如果有明确的责任追究，则会考虑一旦被发现而被追究责任的可能成本，从而放弃经济违规的打算。事后震慑功能是指对经济违规予以责任追究之后，对后续的经济违规可能发挥的抑制作用。这种抑制作用有个别预防和一般预防两种路径：个别预防是对经济违规的责任者进行处理处罚之后，该违规者今后会减少经济违规行为，因为他已经知道了经济违规的严重负面后果；一般预防是指尚未发生经济违规行为的单位或自然人，看到经济违规会受到处理处罚，而放弃经济违规的策划，从而减少经济违规行为。

当然，经济违规责任追究的震慑功能的发挥是有前提条件的，这就是针对经济违规的处理处罚要达到一定的力度，并且最终要与自然人的利益相关联。如果经济违规责任追究的力度不够，或者与自然人个人利益基本无关，则经济违规责任追究的震慑功能难以发挥。

三、违规经济责任追究的原则

刑法学量刑的一个基本原则是罪刑相当，要求刑罚的轻重应当与犯罪的轻重相适应。刑罚的轻重，应当与犯罪分子所犯罪行和承担的刑事责任相适应，罪重的量刑则重，罪轻的量刑则轻。借鉴这个基本原则，违规经济责任追究的基本原则可以表述为责罚相当，这里的"责"包括两个方面的内容：一是经济违规带来的损失，根据损失的金额和性质，通常可以分为一般损失、较大损失和重大损失；二是责任者对经济违规的责任程度，通常可以分为直接责任、主管责任和领导责任。上述两个维度组合起来，就构成了经济违规责任追究中责罚相当原则中的"责"，具体情况如表 12-1 所示。

表 12-1 责罚相当原则中的"责"

项 目		责任程度		
		直接责任	主管责任	领导责任
损失程度	一般损失	A	B	C
	较大损失	D	E	F
	重大损失	G	H	I

表 12-1 中显现了 9 种具体的"责"，这些情形下，或者是损失程度有差别，或者是责任程度有差别，或者是二者都有差别，这些情形类似于刑法学中"犯罪"的"不同具体罪行"。因此，借鉴罪刑相当原则，对这些不同的经济违规情形，要给予不同的"罚"——也就是处理处罚，并且"罚"要与"责"相当。具体地说，有两个方面：第一，经济违规处理处罚的性质和强度要与经济违规的性质和严重程度相适应，轻责轻罚，重责重罚，责罚相称，罚当其责。经济违规形式是多种多样的，危害也有轻有重，因此在确定经济违规的处理处罚时，各个法律条文要统一平衡，不能责重的处理处罚比责轻的轻，也不能责轻的处理处罚比责重的重。第二，处理处罚的性质和强度要与经济违规责任的轻重相适应。在对具体经济违规裁量处理处罚时，不仅考虑经济违规行为本身的轻重，而且还应考虑责任者承担责任的轻重。影响经济违规责任轻重的因素主要有损失金额和责任程度。对经济违规的责任者进行处理处罚时，严厉程度不能超过其应负责任的程度。

贯彻责罚相当原则，具有重要的意义。首先，在建构经济违规的责任追究制度时，贯彻责罚相当原则，能协调各种经济违规与处理处罚的关系，确定打击的重点，起到震慑经济违规的作用；其次，在经济违规责任追究工作中贯彻责罚相当原则，能防止责任追究中畸轻畸重的责罚失衡现象，不但能有效地惩罚经济违规，而且能防止一些有不良动机的人或单位策划经济违规，从而达到责任追究的个别预防和一般预防的目的。

四、违规经济责任追究的类型

经济违规经过责任认定之后，需要按责罚相当原则对责任者予以处理处罚。那么，单位作为一个经济主体，对有经济违规行为的内部单位和自然人能够做出哪些处理处罚呢？

通常来说，单位内部对经济违规责任者的处理处罚方式包括组织处理、扣减薪酬、禁入限制、纪律处分、移送国家监察机关或司法机关等，可以单独使用，也可以合并使用。

组织处理包括批评教育、责令书面检查、通报批评、诫勉、停职、调离工作岗位、降职、改任非领导职务、责令辞职、免职等。

扣减薪酬包括扣减和追索绩效年薪或任期激励收入，终止或收回其他中长期激励收益，取消参加中长期激励资格等。有一个相关问题是，为什么是扣减薪酬，而不是直接予以罚款。单位内部对经济违规的经济处罚，如果是针对内部单位的，内部单位在实施经济处罚时，没有合法的开支渠道，根据现行的财务制度和税法，不允许将本单位对内部单位的罚款在成本费用中列支，而从内部单位应得的薪酬总额或绩效奖励中扣减，则并不存在从成本费用中列支的问题，并不违反现行财务制度和税法。单位内部对经济违规的经济处罚，如果是针对员工的，根据《中华人民共和国劳动法》和《中华人民共和国劳动合同法》的精神，用人单位不宜对员工实行罚款，但是，作为员工奖惩的组成部分，从其薪酬或绩效奖励中扣减则不违背《中华人民共和国劳动法》和《中华人民共和国劳动合同法》。

禁入限制是指一定时期直至终身不得担任本单位某些层级的管理岗位。

纪律处分是指由本单位内部相应的纪检监察机构查处。

移送国家监察机关或司法机关处理是指有单位依据国家有关法律规定，将单位内部的责任人移送国家监察机关或司法机关查处。

第二节　中央企业违规经营投资责任追究

本节介绍国务院国资委2018年发布的《中央企业违规经营投资责任追究实施办法（试行）》中确定的中央企业违规经营投资责任追究的主要内容。

一、违规责任追究的概念

违规责任追究是指中央企业经营管理有关人员违反规定，未履行或未正确履行职责，在经营投资中造成资产损失或其他严重不良后果，经调查核实和责任认定，对相关责任人进行处理的工作。由于违规经济活动主要发生在经营活动和投资活动中，所以，违规责任追究，其实质是违规经营投资责任追究。

概念中"经营管理有关人员违反规定"中的"规定"，包括国家法律法规、国有资产监管规章制度和内部管理规定等，"未履行职责"，是指未在规定期限内或正当合理期限内行使职权、承担责任，一般包括不作为、拒绝履行职责、拖延履行职责等；"未正确履行职责"，是指未按规定以及岗位职责要求，不适当或不完全行使职权、承担责任，一般包括未按程序行使职权、超越职权、滥用职权等。

二、违规责任追究的原则

（一）坚持依法依规问责

以国家法律法规为准绳，按照国有资产监管规章制度和单位内部管理规定等，对违反规定、未履行或未正确履行职责造成国有资产损失或其他严重不良后果的经营管理有关人员，严肃追究责任，实行重大决策终身问责。

（二）坚持客观公正定责

贯彻落实"三个区分开来"重要要求，结合单位实际情况，调查核实违规行为的事实、性质及其造成的损失和影响，既考虑量的标准也考虑质的不同，认定相关人员责任，保护经营管理有关人员干事创业的积极性，恰当公正地处理相关责任人。

（三）坚持分级分层追责

按照国有资本出资关系和干部管理权限，界定责任追究工作职责，分级组织开展责任追究工作，分别对不同层级经营管理人员进行追究处理，形成分级分层、有效衔接、上下贯通的责任追究工作体系。

（四）坚持惩治教育和制度建设相结合

在对违规经营投资相关责任人严肃问责的同时，加大典型案例总结和通报力度，加强警示教育，发挥震慑作用，推动单位不断完善规章制度，堵塞经营管理漏洞，提高经营管理水平，实现国有资产保值增值。

（五）坚持协同追责

在责任追究工作过程中，发现经营管理有关人员违纪或职务违法的问题和线索，应当移送相应的纪检监察机构查处；涉嫌犯罪的，应当移送国家监察机关或司法机关查处。

三、责任追究的范围

中央企业经营管理有关人员违反规定，未履行或未正确履行职责致使发生下列情形，造成国有资产损失或其他严重不良后果的，应当追究相应责任。

（一）集团管控方面的责任追究情形

（1）违反规定程序或超越权限决定、批准和组织实施重大经营投资事项，或决定、批准和组织实施的重大经营投资事项违反党和国家方针政策、决策部署以及国家有关规定。

（2）对国家有关集团管控的规定未执行或执行不力，致使发生重大资产损失对生产经营、财务状况产生重大影响。

（3）对集团重大风险隐患、内控缺陷等问题失察，或虽发现但没有及时报告、处理，造成重大资产损失或其他严重不良后果。

（4）所属子企业发生重大违规违纪违法问题，造成重大资产损失且对集团生产经营、财务状况产生重大影响，或造成其他严重不良后果。

（5）对国家有关监管机构就经营投资有关重大问题提出的整改工作要求，拒绝整改、拖延整改等。

（二）风险管理方面的责任追究情形

（1）未按规定履行内控及风险管理制度建设职责，导致内控及风险管理制度缺失，内控流程存在重大缺陷。

（2）内控及风险管理制度未执行或执行不力，对经营投资重大风险未能及时分析、识别、评估、预警、应对和报告。

（3）未按规定对企业规章制度、经济合同和重要决策等进行法律审核。

（4）未执行国有资产监管有关规定，过度负债导致债务危机，危及企业持续经营。

（5）恶意逃废金融债务。

（6）瞒报、漏报、谎报或迟报重大风险及风险损失事件，指使编制虚假财务报告，企业账实严重不符。

（三）购销管理方面的责任追究情形

（1）未按规定订立、履行合同，未履行或未正确履行职责致使合同标的价格明显不公允。

（2）未正确履行合同，或无正当理由放弃应得合同权益。

（3）违反规定开展融资性贸易业务或"空转""走单"等虚假贸易业务。

（4）违反规定利用关联交易输送利益。

（5）未按规定进行招标或未执行招标结果。

（6）违反规定提供赊销信用、资质、担保或预付款项，利用业务预付或物资交易等方式变相融资或投资。

（7）违反规定开展商品期货、期权等衍生业务。

（8）未按规定对应收款项及时追索或采取有效保全措施。

（四）工程承包建设方面的责任追究情形

（1）未按规定对合同标的进行调查论证或风险分析。

（2）未按规定履行决策和审批程序，或未经授权和超越授权投标。

（3）违反规定，无合理商业理由以低于成本的报价中标。

（4）未按规定履行决策和审批程序，擅自签订或变更合同。

（5）未按规定程序对合同约定进行严格审查，存在重大疏漏。

（6）工程以及与工程建设有关的货物、服务未按规定招标或规避招标。

（7）违反规定分包等。

（8）违反合同约定超计价、超进度付款。

（五）资金管理方面的责任追究情形

（1）违反决策和审批程序或超越权限筹集和使用资金。

（2）违反规定以个人名义留存资金、收支结算、开立银行账户等。

（3）设立"小金库"。

（4）违反规定集资、发行股票或债券、捐赠、担保、委托理财、拆借资金或开立信用证、办理银行票据等。

（5）虚列支出套取资金。

（6）违反规定超发、滥发职工薪酬福利。

（7）因财务内控缺失或未按照财务内控制度执行，发生资金挪用、侵占、盗取、欺诈等。

（六）转让产权、上市公司股权、资产等方面的责任追究情形

（1）未按规定履行决策和审批程序或超越授权范围转让。

（2）财务审计和资产评估违反相关规定。

（3）隐匿应当纳入审计、评估范围的资产，组织提供和披露虚假信息，授意、指使中介机构出具虚假财务审计、资产评估鉴证结果及法律意见书等。

（4）未按相关规定执行回避制度。

（5）违反相关规定和公开公平交易原则，低价转让企业产权、上市公司股权和资产等。

（6）未按规定进场交易。

（七）固定资产投资方面的责任追究情形

（1）未按规定进行可行性研究或风险分析。

（2）项目概算未按规定进行审查，严重偏离实际。

（3）未按规定履行决策和审批程序擅自投资。

（4）购建项目未按规定招标，干预、规避或操纵招标。

（5）外部环境和项目本身情况发生重大变化，未按规定及时调整投资方案并采取止损措施。

（6）擅自变更工程设计、建设内容和追加投资等。

（7）项目管理混乱，致使建设严重拖期、成本明显高于同类项目。

（8）违反规定开展列入负面清单的投资项目。

（八）投资并购方面的责任追究情形

（1）未按规定开展尽职调查，或尽职调查未进行风险分析等，存在重大疏漏。

（2）财务审计、资产评估或估值违反相关规定。

（3）投资并购过程中授意、指使中介机构或有关单位出具虚假报告。

（4）未按规定履行决策和审批程序，决策未充分考虑重大风险因素，未制定风险防范预案。

（5）违反规定以各种形式为其他合资合作方提供垫资，或通过高溢价并购等手段向关联方输送利益。

（6）投资合同、协议及标的企业公司章程等法律文件中存在有损国有权益的条款，致使对标的企业管理失控。

（7）违反合同约定提前支付并购价款。

（8）投资并购后未按有关工作方案开展整合，致使对标的企业管理失控。

（9）投资参股后未行使相应股东权利，发生重大变化未及时采取止损措施。

（10）违反规定开展列入负面清单的投资项目。

（九）改组改制方面的责任追究情形

（1）未按规定履行决策和审批程序。

（2）未按规定组织开展清产核资、财务审计和资产评估。

（3）故意转移、隐匿国有资产或向中介机构提供虚假信息，授意、指使中介机构出具虚假清产核资、财务审计与资产评估等鉴证结果。

（4）将国有资产以明显不公允低价折股、出售或无偿分给其他单位或个人。

（5）在发展混合所有制经济、实施员工持股计划、破产重整或清算等改组改制过程中，违反规定，导致发生变相套取、私分国有资产。

（6）未按规定收取国有资产转让价款。

（7）改制后的公司章程等法律文件中存在有损国有权益的条款。

（十）境外经营投资方面的责任追究情形

（1）未按规定建立企业境外投资管理相关制度，导致境外投资管控缺失。

（2）开展列入负面清单禁止类的境外投资项目。

（3）违反规定从事非主业投资或开展列入负面清单特别监管类的境外投资项目。

（4）未按规定进行风险评估并采取有效风险防控措施对外投资或承揽境外项目。

（5）违反规定采取不当经营行为，以及不顾成本和代价进行恶性竞争。

（6）违反本章其他有关规定或存在国家明令禁止的其他境外经营投资行为的。

此外，不包括不属于上述十类情形，其他违反规定，未履行或未正确履行职责造成国有资产损失或其他严重不良后果的责任追究情形。

四、资产损失认定

对中央企业违规经营投资造成的资产损失,在调查核实的基础上,依据有关规定认定资产损失金额,以及对企业、国家和社会等造成的影响。

资产损失包括直接损失和间接损失。直接损失是与相关人员行为有直接因果关系的损失金额及影响;间接损失是由相关人员行为引发或导致的,除直接损失外、能够确认计量的其他损失金额及影响。中央企业违规经营投资资产损失 500 万元以下为一般资产损失,500 万元以上、5000 万元以下为较大资产损失,5000 万元以上为重大资产损失("以上"包括本数,"以下"不包括本数)。涉及违纪违法和犯罪行为查处的损失标准,遵照相关党内法规和国家法律法规的规定执行。

资产损失金额及影响,可根据司法、行政机关等依法出具的书面文件,具有相应资质的会计师事务所、资产评估机构、律师事务所、专业技术鉴定机构等专业机构出具的专项审计、评估或鉴证报告,以及企业内部证明材料等,进行综合研判认定。

相关违规经营投资虽尚未形成事实资产损失,但确有证据证明资产损失在可预见的未来将发生,且能可靠计量资产损失金额的,经中介机构评估可以认定为或有损失,计入资产损失。

五、责任认定

中央企业经营管理有关人员任职期间违反规定,未履行或未正确履行职责造成国有资产损失或其他严重不良后果的,应当追究其相应责任。违规经营投资责任根据工作职责划分为直接责任、主管责任和领导责任。

直接责任是指相关人员在其工作职责范围内,违反规定,未履行或未正确履行职责,对造成的资产损失或其他严重不良后果起决定性直接作用时应当承担的责任。

企业负责人存在以下情形的,应当承担直接责任:①本人或与他人共同违反国家法律法规、国有资产监管规章制度和企业内部管理规定。②授意、指使、强令、纵容、包庇下属人员违反国家法律法规、国有资产监管规章制度和企业内部管理规定。③未经规定程序或超越权限，直接决定、批准、组织实施重大经济事项。④主持相关会议讨论或以其他方式研究时，在多数人不同意的情况下，直接决定、批准、组织实施重大经济事项。⑤将按有关法律法规制度应作为第一责任人（总负责）的事项、签订的有关目标责任事项或应当履行的其他重要职责，授权（委托）其他领导人员决策并且决策不当或决策失误等。⑥其他应当承担直接责任的行为。

主管责任是指相关人员在其直接主管（分管）工作职责范围内，违反规定，未履行或未正确履行职责，对造成的资产损失或其他严重不良后果应当承担的责任。

领导责任是指企业主要负责人在其工作职责范围内，违反规定，未履行或未正确履行职责，对造成的资产损失或其他严重不良后果应当承担的责任。

中央企业所属子企业违规经营投资致使发生下列情形的，上级企业经营管理有关人员应当承担相应的责任。上一级企业有关人员应当承担相应责任的情形包括：①发生重大资产损失且对企业生产经营、财务状况产生重大影响的；②多次发生较大、重大资产损失，或造成其他严重不良后果的。除上一级企业有关人员外，更高层级企业有关人员也应当承担相应责任的情形包括：①发生违规违纪违法问题，造成资产损失金额巨大且危及企业生存发展的；②在一定时期内多家所属子企业连续集中发生重大资产损失，或造成其他严重不良后果的。

中央企业违反规定瞒报、漏报或谎报重大资产损失的，对企业主要负责人和分管负责人比照领导责任和主管责任进行责任认定。

中央企业未按规定和有关工作职责要求组织开展责任追究工作的，对企业负责人及有关人员比照领导责任、主管责任和直接责任进行责任认定。

中央企业有关经营决策机构以集体决策形式做出违规经营投资的决策或实施其他违规经营投资的行为，造成资产损失或其他严重不良后果的，应当承担集体责任，有关成员也应当承担相应责任。

六、责任追究处理

(一)责任追究处理的类型

对相关责任人的处理方式包括组织处理、扣减薪酬、禁入限制、纪律处分、移送国家监察机关或司法机关等,可以单独使用,也可以合并使用。

组织处理包括批评教育、责令书面检查、通报批评、诫勉、停职、调离工作岗位、降职、改任非领导职务、责令辞职、免职等。

扣减薪酬包括扣减和追索绩效年薪或任期激励收入,终止或收回其他中长期激励收益,取消参加中长期激励资格等。

禁入限制是指五年直至终身不得担任国有企业董事、监事、高级管理人员。

纪律处分是指由相应的纪检监察机构查处。

移送国家监察机关或司法机关处理是指依据国家有关法律规定,移送国家监察机关或司法机关查处。

(二)责任追究处理的适用:发生资产损失

中央企业发生资产损失,经过查证核实和责任认定后,除依据有关规定移送纪检监察机构或司法机关处理外,应当按以下方式处理:

(1)发生一般资产损失的,对直接责任人和主管责任人给予批评教育、责令书面检查、通报批评、诫勉等处理,可以扣减和追索责任认定年度50%以下的绩效年薪。

(2)发生较大资产损失的,对直接责任人和主管责任人给予通报批评、诫勉、停职、调离工作岗位、降职等处理,同时按照以下标准扣减薪酬:扣减和追索责任认定年度50%~100%的绩效年薪、扣减和追索责任认定年度(含)前三年50%~100%的任期激励收入并延期支付绩效年薪,终止尚未行使的其他中长期激励权益、上缴责任认定年度及前一年度的全部中长期激励收益、五年内不得参加企业新的中长期激励。对领导责任人给予通报批评、诫勉、停职、调离工作岗位等处理,同时按照以下标准扣减薪酬:扣减和追索责任认定年度30%~70%的绩效年薪、扣减和追索责任认定年度(含)前三年30%~70%的任期激励收入并延期支付绩效年薪，终止尚未行使的其他中长期激励权益、三年内不得参加企业新的中长期激励。

（3）发生重大资产损失的，对直接责任人和主管责任人给予降职、改任非领导职务、责令辞职、免职和禁入限制等处理，同时按照以下标准扣减薪酬：扣减和追索责任认定年度100%的绩效年薪、扣减和追索责任认定年度（含）前三年100%的任期激励收入并延期支付绩效年薪，终止尚未行使的其他中长期激励权益、上缴责任认定年度（含）前三年的全部中长期激励收益、不得参加企业新的中长期激励。对领导责任人给予调离工作岗位、降职、改任非领导职务、责令辞职、免职和禁入限制等处理，同时按照以下标准扣减薪酬：扣减和追索责任认定年度70%~100%的绩效年薪、扣减和追索责任认定年度（含）前三年70%~100%的任期激励收入并延期支付绩效年薪，终止尚未行使的其他中长期激励权益、上缴责任认定年度（含）前三年的全部中长期激励收益、五年内不得参加企业新的中长期激励。

（三）责任追究处理的适用：中央企业所属子企业发生资产损失

中央企业所属子企业发生资产损失，按照本办法应当追究中央企业有关人员责任时，对相关责任人给予通报批评、诫勉、停职、调离工作岗位、降职、改任非领导职务、责令辞职、免职和禁入限制等处理，同时按照以下标准扣减薪酬：扣减和追索责任认定年度30%~100%的绩效年薪、扣减和追索责任认定年度（含）前三年30%~100%的任期激励收入并延期支付绩效年薪，终止尚未行使的其他中长期激励权益、上缴责任认定年度（含）前三年的全部中长期激励收益、三至五年内不得参加企业新的中长期激励。

（四）责任追究处理的其他规定

（1）对承担集体责任的中央企业有关经营决策机构，给予批评教育、责令书面检查、通报批评等处理；对造成资产损失金额巨大且危及企业生存发展的，或造成其他特别严重不良后果的，按照规定程序予以改组。

（2）责任认定年度是指责任追究处理年度。有关责任人在责任追究处理年度无任职或任职不满全年的，按照最近一个完整任职年度执行；若无完整任职年度的，参照处理前实际任职月度（不超过12个月）执行。

（3）对同一事件、同一责任人的薪酬扣减和追索，按照党纪处分、政务处分、责任追究等扣减薪酬处理的最高标准执行，但不合并使用。

（4）相关责任人受到诫勉处理的，六个月内不得提拔、重用；受到调离工作岗位、改任非领导职务处理的，一年内不得提拔；受到降职处理的，两年内不得提拔；受到责令辞职、免职处理的，一年内不安排职务，两年内不得担任高于原任职务层级的职务；同时受到纪律处分的，按照影响期长的规定执行。

（5）中央企业经营管理有关人员违规经营投资未造成资产损失，但造成其他严重不良后果的，经过查证核实和责任认定后，对相关责任人参照本办法予以处理。

（6）有下列情形之一的，应当对相关责任人从重或加重处理：①资产损失频繁发生、金额巨大、后果严重的；②屡禁不止、顶风违规、影响恶劣的；③强迫、唆使他人违规造成资产损失或其他严重不良后果的；④未及时采取措施或措施不力导致资产损失或其他严重不良后果扩大的；⑤瞒报、漏报或谎报资产损失的；⑥拒不配合或干扰、抵制责任追究工作的；⑦其他应当从重或加重处理的。

（7）对中央企业经营管理有关人员在企业改革发展中所出现的失误，不属于有令不行、有禁不止、不当谋利、主观故意、独断专行等的，根据有关规定和程序予以容错。有下列情形之一的，可以对违规经营投资相关责任人从轻或减轻处理：①情节轻微的；②以促进企业改革发展稳定或履行企业经济责任、政治责任、社会责任为目标，且个人没有谋取私利的；③党和国家方针政策、党章党规党纪、国家法律法规、地方性法规和规章等没有明确限制或禁止的；④处置突发事件或紧急情况下，个人或少数人决策，事后及时履行报告程序并得到追认，且不存在故意或重大过失的；⑤及时采取有效措施减少、挽回资产损失并消除不良影响的；⑥主动反映资产损失情况，积极配合责任追究工作的，或主动检举其他造成资产损失的相关人员，查证属实的；⑦其他可以从轻或减轻处理的。

（8）对于违规经营投资有关责任人应当给予批评教育、责令书面检查、通报批评或诫勉处理，但是具有本办法第四十条规定的情形之一的，可以免除处理。

（9）对违规经营投资有关责任人减轻或免除处理，须由做出处理决定的上一级企业或国资委批准。

（10）相关责任人已调任、离职或退休的，应当按照本办法给予相应处理。

（11）相关责任人在责任认定年度已不在本企业领取绩效年薪的，按离职前一年度全部绩效年薪及前三年任期激励收入总和计算，参照本办法有关规定追索扣回其薪酬。

（12）对违反规定，未履行或未正确履行职责造成国有资产损失或其他严重不良后果的中央企业董事、监事以及其他有关人员，依照国家法律法规、有关规章制度和本办法等对其进行相应处理。

七、责任追究工作职责

国资委和中央企业原则上按国有资本出资关系和干部管理权限，组织开展责任追究工作。

（一）国资委在责任追究工作中的主要职责

国资委内设专门责任追究机构，受理有关方面按规定程序移交的中央企业及其所属子企业违规经营投资的有关问题和线索，初步核实后进行分类处置，并采取督办、联合核查、专项核查等方式组织开展有关核查工作，认定相关人员责任，研究提出处理的意见建议，督促企业整改落实。国资委在责任追究工作中的主要职责如下：

（1）研究制定中央企业责任追究有关制度。

（2）组织开展中央企业发生的重大资产损失或产生严重不良后果的较大资产损失，以及涉及中央企业负责人的责任追究工作。

（3）认为有必要直接组织开展的中央企业及其所属子企业责任追究

工作。

（4）对中央企业存在的共性问题进行专项核查。

（5）对需要中央企业整改的问题，督促企业落实有关整改工作要求。

（6）指导、监督和检查中央企业责任追究相关工作。

（7）其他有关责任追究工作。

（二）中央企业在责任追究工作中的主要职责

中央企业应当明确相应的职能部门或机构，负责组织开展责任追究工作，并做好与企业纪检监察机构的协同配合。中央企业应当建立责任追究工作报告制度，对较大和重大违规经营投资的问题和线索，及时向国资委书面报告，并按照有关工作要求定期报送责任追究工作开展情况。中央企业未按规定和有关工作职责要求组织开展责任追究工作的，国资委依据相关规定，对有关中央企业负责人进行责任追究。

中央企业在责任追究工作中的主要职责如下：

（1）研究制定本企业责任追究有关制度。

（2）组织开展本级企业发生的一般或较大资产损失，二级子企业发生的重大资产损失或产生严重不良后果的较大资产损失，以及涉及二级子企业负责人的责任追究工作。

（3）认为有必要直接组织开展的所属子企业责任追究工作。

（4）指导、监督和检查所属子企业责任追究相关工作。

（5）按照国资委要求组织开展有关责任追究工作。

（6）其他有关责任追究工作。

八、责任追究工作程序

开展中央企业责任追究工作一般应当遵循受理、初步核实、分类处置、核查、处理和整改等程序。

（一）受理

受理有关方面按规定程序移交的违规经营投资问题和线索，并进行有关证据、材料的收集、整理和分析工作。

国资委专门责任追究机构受理下列企业违规经营投资的问题和线索：①国有资产监督管理工作中发现的；②审计、巡视、纪检监察以及其他有关部门移交的；③中央企业报告的；④其他有关违规经营投资的问题和线索。

对受理的违规经营投资问题和线索，及相关证据、材料进行必要的初步核实工作。

（二）初步核实

初步核实的主要工作内容包括：①资产损失及其他严重不良后果的情况；②违规违纪违法的情况；③是否属于责任追究范围；④有关方面的处理建议和要求等。

初步核实的工作一般应于30个工作日内完成，根据工作需要可以适当延长。根据初步核实情况，对确有违规违纪违法事实的，按照规定的职责权限和程序进行分类处置。

（三）分类处置

分类处置的主要工作内容包括：①属于国资委责任追究职责范围的，由国资委专门责任追究机构组织实施核查工作；②属于中央企业责任追究职责范围的，移交和督促相关中央企业进行责任追究；③涉及中管干部的违规经营投资问题线索，报经中央纪委、国家监委同意后，按要求开展有关核查工作；④属于其他有关部门责任追究职责范围的，移送有关部门；⑤涉嫌违纪或职务违法的问题和线索，移送纪检监察机构；⑥涉嫌犯罪的问题和线索，移送国家监察机关或司法机关。

（四）核查

国资委对违规经营投资事项及时组织开展核查工作，核实责任追究情形，确定资产损失程度，查清资产损失原因，认定相关人员责任等。结合中央企业减少或挽回资产损失工作进展情况，可以适时启动责任追究工作。

核查工作可以采取以下工作措施核查取证：①与被核查事项有关的人员谈话，形成核查谈话记录，并要求有关人员做出书面说明；②查阅、复制被核查企业的有关文件、会议纪要（记录）、资料和账簿、原始凭证等相关材料；③实地核查企业实物资产等；④委托具有相应资质的专业机构对有关问题进行审计、评估或鉴证等；⑤其他必要的工作措施。

在核查期间，对相关责任人未支付或兑现的绩效年薪、任期激励收入、中长期激励收益等均应暂停支付或兑现；对有可能影响核查工作顺利开展的相关责任人，可视情况采取停职、调离工作岗位、免职等措施。

在重大违规经营投资事项核查工作中，对确有工作需要的，负责核查的部门可请纪检监察机构提供必要支持。

核查工作一般应于6个月内完成，根据工作需要可以适当延长。

核查工作结束后，一般应当听取企业和相关责任人关于核查工作结果的意见，形成资产损失情况核查报告和责任认定报告。

（五）处理

国资委根据核查工作结果，按照干部管理权限和相关程序对相关责任人追究处理，形成处理决定，送达有关企业及被处理人，并对有关企业提出整改要求。

被处理人对处理决定有异议的，可以在处理决定送达之日起15个工作日内，提出书面申诉，并提供相关证明材料。申诉期间不停止原处理决定的执行。

国资委或中央企业做出处理决定的，被处理人向做出该处理决定的单位申诉；中央企业所属子企业做出处理决定的，向上一级企业申诉。

国资委和企业应当自受理申诉之日起30个工作日内复核，做出维持、撤销或变更原处理决定的复核决定，并以适当形式告知申诉人及其所在企业。

（六）整改

中央企业应当按照整改要求，认真总结吸取教训，制定和落实整改措施，优化业务流程，完善内控体系，堵塞经营管理漏洞，建立健全防范经营投资风险的长效机制。

中央企业应在收到处理决定之日起60个工作日内，向国资委报送整改报告及相关材料。

国资委和中央企业应当按照国家有关信息公开规定，逐步向社会公开违规经营投资核查处理情况和有关整改情况等，接受社会监督。

积极运用信息化手段开展责任追究工作，推进相关数据信息的报送、归集、共享和综合利用，逐步建立违规经营投资损失和责任追究工作信息报送系统、中央企业禁入限制人员信息查询系统等，加大信息化手段在发现问题线索、专项核查、责任追究等方面的运用力度。

参考文献

[1] 刘涛，贺光学，王志国．违规经营投资责任追究案例集［M］．广州：广东经济出版社，2021．

[2] 陈兴．规范刑法学［M］．北京：中国政法大学出版社，2003．

第十三章 经济违规的内部防控（四）：保障机制

本章阐述经济违规内部防控的保障机制，主要包括合规培训、合规考核机制和商业伙伴合规管理。

第一节 合规培训

任何一个组织的经济违规内部防控体系要有效运用，其前提条件是得到广大员工的理解和支持，而合规培训则是让员工理解和支持内部防控体系的重要手段。本节阐述合规培训的相关内容，包括合规培训的目的、合规培训的对象、合规培训的内容和合规培训的方式。

一、合规培训的目的

培训作为一种教育员工的方式，有多种目的。例如，引导员工熟悉和了解工作职责、工作环境和工作条件，并适应外部环境的发展变化；提高员工素质；提高员工绩效；等等。合规培训作为一种具体的培训类型，在经济违规的防控中也能发挥重要的作用。通常来说，合规培训有四个目的：

第一，让管理人员及员工树立合规理念。通过合规管理理念的讲解，让各级管理人员及员工真正理解合规（也就是经济违规防控）的含义、意义、原则、程序等原理性内容，树立合规理念。只有树立了正确的合规理念，才有可能在履行岗位职责中自觉地遵守内部防控的各项规定。这些合规管理原理性内容的了解，也是管理人员及员工熟悉本单位合规管理制度的基础。

第二，让管理人员及员工了解本单位的合规管理制度。为了应对经济违规的风险，本单位建立了经济违规的内部防控体系，这个体系也就是本单位的合规管理制度体系。而这个合规管理制度体系是由本单位的管理人员及员工来执行的，如果管理人员及员工对这些管理制度不理解，甚至错误解读，那么这个合规管理制度体系的执行会大打折扣，其效果也会受到影响。

第三，让管理人员及员工掌握本岗位的合规管理职责及履行程序。经济违规的内部防控要求全员参与，组织内部的每个管理人员及员工在履行岗位职责时，都包括合规的职责，而不同岗位由于其业务职责不同，合规职责也不同，这些不同都会体现在本单位的内部防控体系中，如果管理人员及员工不掌握本岗位的合规职责及履行程序，那么这种职责就难以履行到位。通过合规培训，特别是针对不同部门和岗位人员的培训，能够让管理人员及员工掌握本岗位的合规管理职责及履行程序，从而为其有效地履行合规职责奠定基础。

第四，让管理人员及员工及时了解经济法律法规及规章制度的变化。经济违规是违反了国家颁布的经济法律法规及主管部门或单位制定的规章制度，如果管理人员不及时了解经济法律法规的变化，员工不及时了解本单位规章制度的变化，很有可能在不知情的情况下，出现经济违规。因此，当经济法律法规及规章制度发生变化时，可以通过合规培训的方式，使管理人员及员工及时了解这些变化，有利于防控经济违规。

二、合规培训的对象和内容

从某种意义上说，合规管理是全员合规管理，因此，单位的全体员工都要接受合规培训，即单位领导、管理人员及普通员工都要接受合规培训。但不同岗位的职责不同，在违规风险防控中的职责也不同，因此所要接受的合规培训的内容也不同。同时，无论何种岗位人员，对于合规管理的一些基本知识，都是必须了解或掌握的，因此，合规培训的内容既有共性，也有个性。

（一）合规培训的共性内容

从单位领导到管理人员和员工，合规培训的内容主要有两个方面：一是合规管理的基本知识，这些知识来自合规管理权威规范的规定，通过这些基本知识的培训，让所有人员了解合规管理；二是本单位制定的合规管理基本制度，任何一个单位的合规管理都有一整套制度，而合规管理基本制度是最重要的，从单位领导到每个员工，都必须了解本单位合规管理基本制度。

（二）合规培训的针对性内容

合规培训的针对性内容指不同岗位职责及合规责任不同，需要接受的培训内容也不同。也就是说，单位领导、合规管理人员、管理人员及员工这四类人员，所要接受的合规培训内容不同。

对于单位领导来说，针对性的培训内容通常包括：政府或行业组织发布的权威的合规管理规范及其修订；本行业相关的重大方针政策及法律法规的出台及其修订；本行业出现的重大违规事件分析。

对于合规管理人员来说，由于要具体负责组织实施合规管理，因此，单位领导所接受的培训内容，合规管理人员都应该接受培训。同时，合规管理人员还应该掌握合规管理的基本原理，并了解本行业其他单位的合规管理情况。另外，根据每个年度的合规管理评价（也就是经济违规内部防控的内部监视）情况，合规管理制度会不断地完善，合规管理人员应该及时了解和掌握这些制度的修订情况。

对于管理人员来说，针对性的培训内容通常包括三个方面：一是本部门、本单位的合规管理制度，任何一个单位的合规管理，都有合规管理基本制度，同时，这个基本制度会落实到各个具体的业务领域和职能部门，而管理人员都属于特定的业务领域和职能部门，因此，掌握本业务领域和职能部门的合规管理制度，是管理人员有效履行合规管理职责的前提；二是本部门、本单位相关的法律法规的变化情况，各个业务领域、各个职能部门的工作，都涉及一定的法律法规，及时掌握这些法律法规的变化，有利于防控经济违规，因此，每个管理人员都应该跟踪本业务领域、本职能部门的法律法规变化情况；三是同行业中，本业务领域、本职能部门出现的违规案例情况，了解这些情况，有利于吸取教训，防患于未然。

对于普通员工来说，针对性的培训内容通常包括四个方面：一是本岗位合规管理职责及其履行程序；二是本岗位相关的法律法规及规章制度变化情况；三是合规管理评价中，本岗位相关合规管理制度的缺陷及整改情况；四是同行业中，本岗位出现的违规案例。

三、合规培训的方式

合规培训的方式有很多种，从培训师资来源看，可以分为外部培训和内部培训。从培训时机来说，通常可以分为上岗培训、定期培训和非定期培训三种类型。上岗培训是指管理人员及员工到新的岗位时，必须接受该岗位合规管理的相关培训，使得管理人员或员工掌握该岗位合规管理的职责及履行程序。定期培训是指在固定时间举办的合规培训，通常是每年一次，这种培训的内容主要包括三个方面：一是近期相关法律法规及规章制度的变化情况，二是合规管理评价发现的问题及整改情况，三是同行业中出现的合规管理案例。非定期培训并非基于固定的时间，而是在有必要培训时开展的合规培训，通常是在定期培训的基础上增加的合规培训，一般来说，如果出现以下情况，应该考虑开展相应的合规培训：单位内部的政策、流程等发生较大变化，单位的组织结构发生较大变化，本单位相关的法律法规发生较大变化，合规管理相关的权威规范发生较大变化，单位的业务经营活动发生较大变化，各类监管中发现了较多的问题。

第二节　合规考核机制

本节阐述合规考核机制，主要内容包括合规考核的重要性和合规考核机制的内容。

一、合规考核的重要性

激励约束是一定的激励约束主体根据组织目标、人的行为规律，通过各种方式，去激发人的动力，使人有一股内在的动力和要求，迸发出积极性、主动性和创造性，朝着激励主体所期望的目标前进的过程。内部防控的建立和实施，作为一项专业性强且具有复杂性、需要持续努力的工作，如果没有相应的激励约束机制，各层级的内部防控主体可能不会有效地履行其内部防控责任。为此，2008年，财政部、证监会、审计署、银监会、保监会联合印发颁布的《企业内部控制基本规范》规定："应当建立内部控制实施的激励约束机制，将各责任单位和全体员工实施内部控制的情况纳入绩效考评体系，促进内部控制的有效实施。"2018年，国务院国资委印发的《中央企业合规管理指引（试行）》[①] 提出："加强合规考核评价，把合规经营管理情况纳入对各部门和所属单位负责人的年度综合考核，细化评价指标。对所属单位和员工合规职责履行情况进行评价，并将结果作为员工考核、干部任用、评先选优等工作的重要依据。"2006年，银监会印发的《商业银行合规风险管理指引》提出："商业银行应建立对管理人员合规绩效的考核制度。商业银行的绩效考核应体现倡导合规和惩处违规的价值观念。"国际上一些合规管理的规范也有类似要求。可见，各国合规管理的权威规范，都将合规考核作为合规管理的一个重要环节。

二、合规考核机制的内容

内部防控激励约束机制的核心内容有两个方面：一是激励约束的主体和客体，二是激励约束机制的内容。

对内部防控激励约束的主体和客体而言，激励约束主体是激励约束的施加者，而激励约束客体则是激励约束的对象。通常在一个组织内部，上一层

[①] 该指引已经由《中央企业合规管理办法》取代，但这个要求并不实质性变化。

级的内部防控主体是激励约束主体,其下属的内部防控主体则是激励约束客体。就组织内部的高层主体、中层主体和基层主体来说,高层主体是内部防控激励约束的主体,而中层主体和基层主体是其激励约束的客体,中层主体还是基层主体的激励约束主体。此外,内部防控建设职能部门和内部防控评价职能部门,在内部防控激励约束机制中也有重要作用,通常内部防控建设职能部门是内部防控激励约束机制的直接操作者,而内部防控评价职能部门则提供内部防控评价相关的信息,用于内部防控激励约束机制。

对内部防控激励约束机制的内容而言,通常包括两个方面:一是内部防控绩效评价,二是基于内部防控绩效的奖惩。内部防控绩效通常包括内部防控各环节的绩效,由内部防控建立绩效、内部防控执行绩效、内部防控自我评价绩效、内部防控独立评价结果及内部防控整改绩效五个方面的内容组成。一般来说,内部防控自我评价绩效和内部防控独立评价结果由内部防控评价职能部门提供数据,其他方面的内部防控绩效信息则由内部防控建设职能部门自行获取信息。内部防控绩效如何评价,通常需要有专门的内部防控绩效评价制度来规定。基于内部防控绩效的奖惩,也就是将内部防控绩效评价结果与内部防控责任主体的利益联系起来,凡是内部防控绩效好的,可以获得奖励;凡是内部防控绩效不好的,则要给予必要的惩罚。这种奖励或惩罚的力度,需要根据本组织对内部防控建立和实施的努力程度的需求而定,需求程度越高,基于内部防控绩效的奖惩力度越大。

需要说明的是,基于内部防控绩效的奖惩,并不是经济违规的责任追究,[1]但二者有一定的关联。当出现经济违规时,首先要对责任者进行违规责任追究,在此基础上,作为内部防控执行绩效的组成部分,纳入内部防控绩效,并以此绩效为基础进行奖惩。

---

[1] 经济违规的责任追究,详见本书第十二章。

第三节 商业伙伴合规管理

商业合作伙伴主要是指有业务合作关系的单位，通常包括客户、供应商、代理商和承包商等。单位选择商业合作伙伴的主要考量是看他们能否很好地实现业务目标，如果商业合作伙伴存在违规问题，那么可能会给本单位带来多种负面影响，如影响本单位的业务营运，甚至导致本单位对负面后果也要承担一部分责任。因此，商业合作伙伴的合规经营，对本单位的合规经营有重要的影响。基于此，不少单位都开展商业合作伙伴合规管理。

一、商业合作伙伴合规管理的内容

单位合规政策应服务于帮助单位挑选可信赖、讲道德的业务伙伴，并与其维持健康良好的业务合作关系。对商业合作伙伴的合规管理制度一般体现在合作伙伴选择和后续管理两个环节。在商业合作伙伴的选择阶段，调查和评估潜在合作伙伴是否存在违规风险，是将风险阻拦在正式签订业务合同之前的一道防火墙。而对现有已经进入业务合作的商业合作伙伴，则应在后续管理上持续监督和关注其违规风险，通过沟通宣传等各种方式方法提高商业合作伙伴的合规意识，并对发现的诚信合规问题及时做出处理。概括起来，单位对商业合作伙伴的合规管理通常包括以下内容：识别合规风险、批准与执行、检查与提升、培训与沟通。

（一）识别合规风险

由于大部分单位需要与各种类型的商业伙伴合作，如果对所有的商业伙伴都实行同样的尽职调查以及审核程序，将会极大地增加单位的成本。因此，需要重点关注更容易出现合规风险的商业伙伴，并且根据一定的风险识别标准来确定商业伙伴的风险级别。尽管每一家单位风险识别的标准在具体情况中可能不同，但是一般都需要考虑业务所在国的腐败风险、商业伙伴的类型、业务范围、与本单位的业务关系、之前的诚信记录、政府关系等，由此来确定商业伙伴的风险等级以及之后的尽职调查、批准和监督流程。

对于各种类型的商业伙伴，需要考虑所有可能存在的不合规风险，包括违反人权、环保、质量、安全以及商业贿赂等各种因素，并在此基础上收集商业伙伴的相关信息，即搜集对商业伙伴合规尽职调查的关键数据。可以通过现场调查、开展调查问卷，或从全球商业数据库、政府的诚信管理系统或互联网以及公司内部已有的关于商业伙伴的数据库等资源中搜集相关资料。

一般来讲，具体需要了解的单位与商业伙伴之间关系的重要问题包括：①是否有正式的商务合同；②合同中是否包含了有关合规和反腐败的要求和权利；③合同是否包含了审计条款；④谁拥有该商业伙伴；⑤该商业伙伴是否揭示了所有有关的第三方关系；⑥该商业伙伴所有的经营地点是否都已经进行了揭示；⑦商业伙伴是否正涉及诉讼或具有独特的政府关系，可能会在现存顾客或外部监管机构中造成负面影响。

（二）批准与执行

根据尽职调查获得关于商业伙伴的信息，可以对关键的商业伙伴风险因素进行评价，进而得出商业伙伴的风险等级。事实上，尽职调查结果评定的风险等级不仅显示了商业伙伴与贿赂相关的各种风险，还应包括其他更广泛的内容，如贸易限制、环境保护以及洗钱等各方面的风险。不同风险等级的商业伙伴需要不同级别的管理层审核批准合作。

在与符合要求的商业伙伴签署的合同中，必须明确提供服务的内容以及包含必要的诚信条款。诚信条款要求商业伙伴承诺在代表单位工作时，遵循所有适用的规章制度，包括承诺避免各种形式的贿赂，一旦发现其参与了违规活动，单位有权终止合同。同时，商业伙伴应该提供定期报告，说明其在开展业务时的进展以及遇到的各种问题。

（三）检查与提升

在与商业伙伴合作的过程中，单位应当定期归集、整理、记录对商业伙伴的合规尽职调查程序文件及结果，建立商业伙伴监管档案，并定期维护与更新。同时，还应建立对商业伙伴的信息跟踪机制，实时跟踪商业伙伴在商业活动中的表现。定期审核商业伙伴监管档案，检查商业伙伴合规尽职调查的有效性与可靠性。检查内容主要包括：①合规尽职调查程序及商业伙伴后续管理情况是否符合本单位规定；②商业伙伴的聘用是否履行了适当的审批程序；③合同的起草、审查、会签、签署和履行情况是否规范；④支持性文件是否充分。

此外，应该定期对商业伙伴进行评估，评估合格的予以保留资格。对于评估不合格的，给出整改意见并在限期内要求商业伙伴整改。对阶段性评估不合格且在限期内未整改合格的商业伙伴、年审不合格的商业伙伴、违反商业伙伴管理规定且情节严重的商业伙伴，取消合作资格。连续两年内未与单位发生实际合作行为的，需重新履行尽职调查程序，进行资格审核。对违反相关法律法规及合同要求，且给单位造成损失或负面影响的商业伙伴，单位保留提起诉讼或仲裁的权力。

（四）培训与沟通

为了提高商业伙伴的合规意识，确保合规标准和风险管理的践行，应当定期对商业伙伴进行合规政策的宣讲和培训。培训的内容包括但不限于如下内容：单位对商业伙伴在社会、环境和道德行为上的要求。其中，道德行为要求包括反贿赂、利益冲突、公平竞争、可以接受的诚信财务和会计操作准则等，而且要保证这些标准可以随着相关法律法规的改变及时更新。为了促进商业伙伴更好地了解以上内容，单位还可以使用视频、在线学习和传统的面对面培训等手段来进行，同时要保证商业伙伴能够方便地获取各种学习材料。一些单位还会针对特定地区开展商业伙伴发展项目，为商业伙伴提供更加适宜的、个性化的培训。

商业伙伴可以通过电话、邮件或者网站咨询合规问题，或者举报投诉潜在的违规行为。违规行为包括商业伙伴的行为或者雇佣员工的行为。单位本身和商业伙伴都应遵从"无报复政策"，即对于员工询问潜在的违法、违规和违反单位政策的行为不予以惩罚。如果单位在全球多个国家运营，则需要建立多语言的热线，使当地员工可以表达疑虑。

二、商业合作伙伴违规的警示信号

危险信号是预示单位合规经营存在潜在风险的警示性信号。危险信号包括新的信息、反常的活动或者是未预料的情况,它们大大增加了不合规的可能性。识别这些危险信号可以使单位能够及时发现问题,并采取进一步防范措施减轻潜在的风险,从而避免情况恶化成为必须付出巨大代价才能解决的严重违规问题。例如:美国司法部和英国重大欺诈案件调查局都在其网站上列出了一系列属于危险信号的情况,帮助单位觉察风险,包括但不限于:

(1)间接或非常规付款:通过服务提供国以外的空壳公司或离岸银行账户进行付款;商业伙伴要求非常规预付或支付超额报酬。

(2)不寻常的政府或个人关系:商业伙伴与政府官员有亲属关系或业务联系;商业伙伴是由政府官员,特别是有商业决定权的政府官员推荐的。

(3)不合作态度:商业伙伴不愿意提供商业证明;商业伙伴不愿在合同中做出反腐败合规承诺。

(4)信息不实:商业伙伴缺乏足够的能力提供服务或产品;使用先前协议中未提及的外部职员、单位或代理商作为其主要联系人。

危险信号表明可能存在非法或不道德的行为。虽然危险信号本身可能并不构成违规行为,但它是一个警告信号,表示单位需要严肃对待此信号,并进行调查。一个或多个危险信号的存在并不一定意味着交易无法继续,而是表示需要进行更深入的尽职调查,并执行相应的保护措施。

危险信号会出现在合作关系的任何阶段,包括尽职调查期间、合同谈判期间、合同履行期间或合同终止时。危险信号在合作关系的某些阶段可能不是严重问题,但在某一阶段中出现时,或者与其他一系列情况同时出现时,就可能带来重大风险。因此,应当综合评估危险信号的重要性,而不是孤立地看待它。

总之,通过针对商业伙伴的一系列的合规管控程序,单位可以有效地管理其与商业伙伴的关系,既有效降低商业伙伴可能给单位带来的合规风险,也能够促进商业伙伴运营效率的提升。

参考文献

［1］刘相文，五德昌，刁维俣，赵超，五涛.全面合规体系建设实务指南［M］.北京：中国人民大学出版社，2019.

［2］王志乐.企业合规管理操作指南［M］.北京：中国法制出版社，2017.

［3］郭青红.企业合规管理体系实务指南［M］.北京：人民法院出版社，2020.